绿色公路建设关键技术研究与实践

张劲泉　王昭春　易振国　俞文生　编著

图书在版编目(CIP)数据

绿色公路建设关键技术研究与实践 / 张劲泉等编著
.—北京:人民交通出版社,2014.1
ISBN 978-7-114-10982-9

Ⅰ.①绿… Ⅱ.①张… Ⅲ.①道路工程 Ⅳ.①U41

中国版本图书馆 CIP 数据核字(2014)第 016611 号

书　　名: 绿色公路建设关键技术研究与实践
著 作 者: 张劲泉　王昭春　易振国　俞文生
责任编辑: 赵瑞琴
出版发行: 人民交通出版社
地　　址: (100011)北京市朝阳区安定门外外馆斜街 3 号
网　　址: http://www.ccpress.com.cn
销售电话: (010)59757973
总 经 销: 人民交通出版社发行部
经　　销: 各地新华书店
印　　刷: 北京市密东印刷有限公司
开　　本: 880×1230　1/16
印　　张: 12.25
字　　数: 380 千
版　　次: 2014 年 1 月　第 1 版
印　　次: 2014 年 1 月　第 1 次印刷
书　　号: ISBN 978-7-114-10982-9
定　　价: 48.00 元

《绿色公路建设关键技术研究与实践》

编　委　会

主　编：张劲泉　王昭春　易振国　俞文生

副主编：沈　毅　徐世田　高海龙　樊友伟　邵社刚　文旭卿

编　委：孟　强　谢晓如　秦晓春　徐建平　黄文红　王　丹

严绍洋　范庆春　邱志清　张　东　张伟联　杨艳刚

欧阳天庭　马建荣　杨志峰　孙　聪　余剑锋

目　　录

概念与理论篇

技术与实践篇

概念与理论篇

1 导 言

1.1 建设绿色公路的背景

(1)建设绿色公路,发展低碳经济,是响应当今国际应对气候变化发展战略的必然要求。

"十一五"以来,针对建设绿色交通体系的技术要求,我国交通行业开展了大量公路生态环境保护和资源节约方面的研究,在公路生态恢复、节能减排、材料循环利用技术等方面取得了显著成果。交通环境保护新理念与新技术的飞速发展,极大地促进了公路行业环境保护技术进步,为公路工程环保实践提供了有力的支撑。

《公路水路交通"十一五"发展规划》(交通部[1],2006)中明确要求"以低投入、低消耗、低排放、高效率为外在特征,加快建设资源节约型交通行业,实现交通发展对资源的少用、用好及循环使用,实现交通发展与自然生态的和谐统一"。《国家环境保护"十一五"科技发展规划》(国家环境保护总局[2],2006)提出"循环经济作为实现我国可持续发展的重要战略目标,对提高资源生产率和建设资源节约型、环境友好型社会具有重要意义,是长期和前瞻性的科技发展方向"。《国家中长期科学和技术发展规划纲要(2006—2020)》(国务院)也明确要求"促进交通运输向节能、环保和更加安全的方向发展"。建设"畅通、高效、安全、绿色"的现代交通运输体系,已成为我国"十二五"交通行业发展的主要任务。

(2)建设绿色公路,是交通行业建设生态文明的主要任务。

党的十八大报告首次把大力推进生态文明建设独立成篇,提出必须树立尊重自然、顺应自然、保护自然的生态文明理念,把生态文明建设放在突出地位,融入经济建设、政治建设、文化建设、社会建设各方面和全过程,努力建设美丽中国,实现中华民族永续发展。这为未来公路交通的发展提出了绿色方向,也启示我们如何有效地将生态文明融入公路交通环境保护中。

将生态文明理念引入交通行业,将成为未来公路建设的主导趋势。绿色公路建设是交通行业生态文明建设的主阵地。在绿色公路建设中,加强生态文明制度建设,就要把公路建设过程中带来的资源消耗、环境损害、生态效益纳入经济社会发展评价体系,建立体现生态文明要求的目标体系、考核办法、奖惩机制。要实现这一目标,就要在公路项目的决策、建设、竣工、运营的各个环节和时期充分有效地运用环境管理手段,加强环保监督和执行力度以及污染治理设施运行效果的监管,并健全生态环境保护责任追究制度和环境损害赔偿制度,在降低能源成本、实现环境保护最大化和资源配置最优化的同时,提高环境舒适度和公路的服务品质,在公路建设整个周期均能达到经济效益和环境效益和谐可持续发展。十八大生态文明建设的明确提出,为绿色公路建设注入了新的力量,也为自然资源的合理开发和利用提供了新的价值观。

(3)建设绿色公路,是构建"资源节约型、环境友好型"两型社会的重要内容。

十八大报告指出,坚持节约资源和保护环境的基本国策,坚持节约优先、保护优先、自然恢复为主的方针,着力推进绿色发展、循环发展、低碳发展,形成节约资源和保护环境的空间格局。建立绿色交通体系、促进材料循环利用、发展低碳经济,是交通行业"十二五"的主要任务,绿色公路建设是绿色交通体系建设的主阵地,对绿色公路进行研究,是构建"资源节约型、环境友好型"两型社会的必然要求。

1.2 建设绿色公路的意义

(1)公路建设的跨越式发展给资源和环境带来的压力与日俱增,建设绿色公路势在必行。

---

[1]交通部于2008年3月更名为交通运输部。

[2]国家环境保护总局于2008年3月更名为环境保护部。

近年来，公路建设的跨越式发展在促进社会、经济快速发展的同时，给当地的资源和环境造成的压力与日俱增。公路建设对农田林地等土地的占用、对能源的消耗、对环境的污染以及对生态平衡的破坏，直接关系到公路能否健康的可持续发展。

在传统的公路建设中，设计者往往注重建设成本的降低而忽略了低碳节能减排等绿色技术的应用。开发绿色技术、建设绿色公路，不仅能够提高资源和能源的利用率，减少环境污染，维持生态平衡，同时能够提高公路的运营效率，优化服务质量。我国在"十二五"规划中已明确将"节能减排"作为未来发展的目标之一。2010 年 4 月联合国开发计划署（UNDP）在北京发布的最新一期《中国人类发展报告》更是指出："中国目前的增长模式很难长期维持。中国在未来除了走低碳道路之外，别无选择。"交通运输行业是能源消耗的大户，发展低碳交通、建设绿色公路是交通运输业调整结构、转变发展方式的必然选择，也是我国走低碳道路的必由之路。

（2）公路交通绿色技术与评价亟待形成规范和标准，需要尽快开展绿色公路研究作为技术支撑。

近年来，我国在公路生态恢复、节能减排、材料循环利用技术等方面已经取得了显著成果，极大地促进了公路交通系统绿色低碳技术的发展。但目前行业内对于绿色公路的概念至今没有统一的界定[1]，也尚未形成公认的绿色公路建设的评价标准和方法[2,3]。因此，对绿色公路开展研究，构建绿色公路理论体系与评价体系，科学评价公路的可持续性，对于规范行业绿色公路评价标准、推广绿色公路建设实践、促进公路的健康可持续发展具有重要意义。

（3）绿色公路评价的综合性和复杂性，要求建立绿色公路评价指标体系作为量化工具。

绿色公路建设是实现公路交通可持续发展的必然要求，但架构绿色公路交通体系是一个高度复杂的系统工程，不仅需要环境工程师和公路设计者运用可持续发展的设计方法和手段，还需要决策者、管理机构和使用者都具备环境意识，共同参与营建的全过程。这种多层次合作关系的介入，需要在公路项目的决策、建设、竣工、运营的整个周期中确立一个明确的绿色公路评价标准，并在各个环节充分有效地采用绿色低碳技术，贯彻始终。因此，对绿色公路开展研究，建立绿色公路评价指标体系，可为公路可持续性的评定提供量化工具。

2 绿色公路的理念解析

2.1 绿色公路的内涵剖析

绿色，本是自然界中常见的颜色，是一种比刚长的嫩草的颜色深些的颜色或呈艳绿，或在光谱中介于蓝与黄之间的那种颜色。绿色，与大自然和植物紧密相关。并且这一概念不断被丰富扩展，现已更多地被用来描述一种有利于保护环境、节约资源、保护生态平衡的方式与行动。

“绿色公路”中的“绿色”二字，实际上就是“绿色”概念的发展与深化。对绿色公路的理解，不能仅仅停留在路界范围内的污染治理加绿化美化。不仅需要在近自然化的意义上把握绿色生态技术的本质，是一种从“浅绿色观念”向“深绿色观念”的转变，而且需要把绿色公路建设理解为是一种具有系统性的生活方式的再造，它应该包括绿色技术（物质层面）和绿色文化（精神层面）。

“绿色公路”中的“绿色”二字唤起一种新的绿色节能意识，把低碳思想注入公路环境体系。它使公路设计及建设的视野从围绕着公路本身扩展到公路与环境的范围，是当前应对全球化气候变化的低碳战略在公路领域的具体体现。从生态学的角度来看，公路作为按人类需要建立起来的人工生态系统，是对原有自然生态系统的入侵，形成了以交通运输为主体的新的生态系统。它是一个开放的不完整的生态系统，只有从其他系统输入能量，才能维持其自身的运行。绿色公路强调公路的生态性，并不是要求也不可能要求绿色公路像健康的自然生态系统那样能够自身维持其稳定性，而是以生态学和环境科学的理论指导绿色公路的发展，考虑减少整个过程各环节对环境的破坏，达到环境保护和生态平衡，注重其在现有条件下环境破坏最小化、资源利用最大化的实现。

所以，与其说“绿色公路”是一个类型概念，不如说是一个评价性的概念，它主要不是指某一种、某一类公路，而是指一种公路营建的思想和理念，是公路建设的方向和目标。因此，可以将绿色公路理解为：在设计理念和建设实施上以生态系统的良性循环为基本原则，在公路决策、设计、施工、运营、管理整个全寿命周期里综合运用各种措施，最大限度地节约资源，保护环境和减少污染，为人们提供安全、健康、舒适和高效的出行空间，与自然和谐共生、可持续发展的公路。绿色公路与可持续发展的关系如图 2-1 所示。

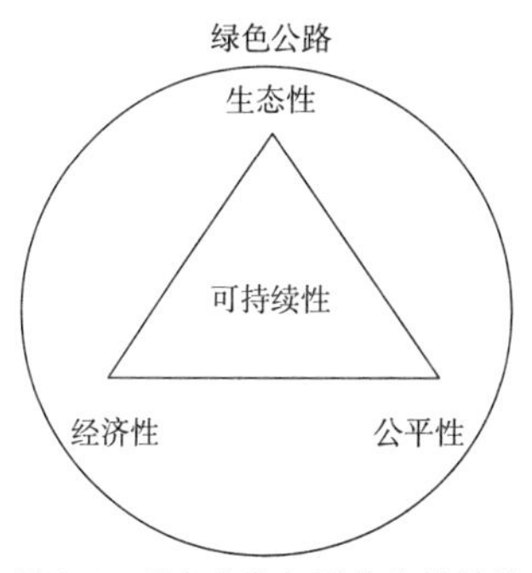

图 2-1　绿色公路与可持续发展的关系

2.2 绿色公路的主要特征

与传统公路相比，绿色公路从理念到实践都存在着较大差别。从侧重公路的功能因素、强调经济效益的传统建设思想转变为整体考虑区域经济、环境、社会综合系统的可持续发展思想；从单纯注重公路经济合理性、技术可行性的陈旧评价方法转变为综合经济、节能、环保、景观、可持续发展的多目标评价体系。绿色公路的出现可谓公路建设史上的一次革新，是科学技术发展的产物，标志着人类公路建设的节能环保意识从觉醒走向自觉的里程碑。当今鲜明的生态文明的时代特征成就了绿色公路与众不同的品质，然而由于它的宏观性和抽象性往往使人不易去理解和把握，因此需要分析绿色公路的具体特征。

2.2.1 资源配置最优化，综合效益最大化

绿色公路本身是一种可持续发展的产物。因此，在它的理论体系中与以往公路建设思想的最大不同就在于它不再盲目地割裂人与自然的关系，而是将人类纳入到整个自然生态系统之中。人类为了自身的发展，对自然的改造必须是以尊重自然和自然规律为前提的。人类不因为一己之私和一时之利剥夺其他生物

的生存权利，占用或消耗掉后代的自然资源，断绝了人类自身的可持续发展的基本条件。此外，从系统科学角度看，可持续发展实质上是社会系统和自然环境系统之间协调发展的问题。绿色公路要实现资源配置的最优化，经济效益、社会效益和环境效益的统一和综合最大化，必须把研究对象放在能源、资源、生态、环境、污染等诸要素构成的“公路—自然—经济—社会”复合系统中进行全面考虑，把性质不同的资源系统与公路经济系统研究有机结合起来。

2.2.2 生态破坏最小化，环境保护最大化

公路建设受到地质、地形、水文等自然条件的制约，又受到现有生产力水平、生产工艺、生产工具等技术条件制约，还受到社会经济水平的制约，使公路建设不可避免地对沿线的生态环境造成一定的影响，如植被破坏、水土流失、土地分割等。绿色公路就是要综合运用各种节能环保的技术措施、工程措施、生物措施、补偿措施和管理措施将公路建设的破坏限制在最小范围内，降低到最低程度，实现生态破坏的最小化、环境保护的最大化。

2.2.3 公平性与通达性，智能性与高效性

“绿色”一词本身就代表着和谐与健康，绿色公路自然也应是和谐健康之路。公路的基本职能就是为运输服务，所以这种“和谐健康”首先就是公路系统运输环境的和谐健康。因此，绿色公路必然要求行车安全舒适、运输高效便利，绿色公路的基础设施为货流、客流、能源流、信息流、价值流的运动创造必要的条件，从而在加速各种流的有序运动过程中，减少能源与经济损耗和对公路沿线环境的污染。

3 绿色公路的哲学思想

3.1 可持续的发展观

可持续发展思想是绿色公路最基本的指导思想，贯穿于绿色公路建设全过程。可持续发展就是要实现发展的可持续性，要求公路建设必须从全局出发，从“既满足当代人的需求又不影响后代人的利益”的思想出发，从代际公平、代内公平、物种公平的生态伦理出发，在满足社会发展对其更高要求的同时，既能满足公路交通运输系统内部和综合运输体系的协调发展，又使公路与经济、环境和社会各系统长期动态协调发展。可持续发展要求公路建设必须注意沿线生态资源、自然景观及人文景观的永久维护和利用，力争资源的循环利用，使开发建设与环境保护相协调，人类活动与自然生态环境的良性循环融为一体，从时间和空间上规划人的生活和生存空间，使沿线资源的建设保持持续稳定的发展态势，最大限度地保护环境，最大限度地恢复自然，最大限度地利用资源。只有这样才能保证公路交通的发展能力和持续的发展状态，保证公路建设既“有利于当代，又造福于子孙”最终目的的实现，满足和促进国民经济的需要和社会的全面进步。

3.2 生态文明的伦理观

中国在步入公路建设发展快车道的同时，环境问题也逐渐凸现。很长一段时间以来，人与自然生态环境的关系没有充分地在伦理活动中反映出来，道德责任感还没有深入到生态环境领域，人对自然的责任没有被上升为道德和价值观的范畴，自然生态环境不断地遭到破坏而人们却没有负罪感。公路建设引起生态环境的日益恶化告诉我们，公路生态环境问题的解决不能仅仅依赖于科学技术方面的保护工作，还必须加强对生态伦理道德的约束，诉诸哲学伦理信念。我国国土辽阔，生态环境多样，公路所穿越的区域自然环境往往敏感而脆弱地表现出原生态的自然美。因此，公路建设这一活动本身背负着一项潜在的伦理责任：保护公路环境原生态自然和人类文明遗产。生态伦理主张尊重生命和自然界，只有人与自然和谐发展、共同进步才是符合客观规律的。人类在利用和管理自然资源方面要遵循以下 4 个原则：第一，树立可持续发展的资源利用观。对一些现阶段开采利用率很低的矿藏留待以后技术进步了再使用也许更合理。第二，发展对自然界的新责任感。人类是自然界不可分割的一部分，尊重生命和自然界，与自然界协调发展而不是要征服自然。第三，保护生物多样性。许多物种虽然缺少经济价值但是它们还有其他方面的价值如生态价值，如果以单一的经济价值为目标任意毁掉那些没有经济价值的物种和群落，就毁掉了大地系统的完整性。第四，确立世世代代可持续发展的思想。当代人的发展不应当危害后代人的发展，当代人对自然资源的利用也应以不危害后代人的需求为限，要留给后代一个健全的生态环境。

公路本是人类文明进步的表现，但以往公路建设往往以耗费大量自然资源和环境严重破坏为代价，体现为征服自然、改造自然的传统工业文明。生态文明作为一种新的文明形态，它是对传统的工业文明的超越。及早面对公路建设生态环境的破坏问题，正需大力推广生态文明建设，以促使公路建设生态可持续与交通经济发展平衡并重。生态文明要求公路建设实现绿色发展、低碳发展、循环发展。在公路工程中，只有把生态伦理转化为行动，同公路自身特点紧密结合，自觉将生态伦理的道德运用到公路的规划、设计、施工、运营、养护的每一个环节中，全面树立公路建设的生态伦理观，自觉地把维护公路路域生物与其所在环境之间以及生物与生物之间相互联系、相互作用所形成的生态关系的动态平衡，作为一种自觉遵守的道德规范，将维护和保护生态美作为公路生态环境保护的终极目标。

3.3 自然辩证的系统观

公路系统是一个由多层次、多变量组成的时间和空间相协调的系统，是一个与环境、资源相联系的开放系统。公路运输系统与社会经济系统及自然生态系统之间的关系是辩证统一的。公路构筑于自然系统之中，其本身受到自然条件的制约，但同时公路建设又极大地改变着自然，当两种系统产生冲突时，谋求一种平衡发展则是绿色公路最终要达到的目的。公路系统作为一个人工系统，并不完全与自然生态系统对立，绿色公路理念要求用哲学观点把公路与环境看成一对既对立又统一的综合体。如果公路建设无视生态环境，破坏超出了环境的承载力阈值，那最终必将受到自然的惩罚。相反，如果能够充分地尊重自然，利用公路建设的契机改良不利的自然条件，则是对自然生态系统平衡稳定的促进和贡献。而区域社会经济系统的良性运转同样有赖于公路系统和自然生态系统的良好运转。因此，绿色公路从规划设计到建筑施工再到运营管理，必须始终强化系统整体意识。将公路系统置于整个区域系统之中，确保在公路建设的同时，充分维护自然生态系统和社会系统的协调统一，尽量减少对自然生态环境的破坏和扰动，实现区域经济、生态环境和社会系统健康可持续发展，这也是绿色公路建设的主要宗旨。绿色公路是建立在发展与环境相互协调的基础上，以生态系统的良性循环为基本原则，综合考虑规划、设计、施工、运营、管理的全过程，在一定区域范围内结合环境、经济和社会发展状况而建立起来的公路系统。

4 绿色公路的理论基础

4.1 生态学理论

生态系统，是整个生态学理论发展的基础。它是在一定时间和空间内，生物与其生存环境之间以及生物与生物之间相互作用，彼此通过物质循环、能量流动和信息交换，形成一个不可分割的整体。生态系统包括生物和非生物的环境两部分，或称之为生命系统和环境系统。这一概念科学地揭示了生物与其生存环境之间、生物体之间以及各环境因素之间错综复杂的关系，包含着丰富的科学思想，是生态系统乃至整个生态学中最为重要的概念。

与生态系统紧密相关的一个极重要的概念是生态平衡。当生态系统各组成成分间彼此保持一定的比例关系，能量、物质的输入与输出在较长时间内趋于相等，结构和功能处于相对稳定的状态，在受到外来干扰时能通过自我调节和再生恢复到初始的稳定状态，生态系统的这种状态称为生态系统的平衡，简称生态平衡，实际上就是生态的可持续性，很显然，生态平衡是相对的、动态的平衡，其运行机制属于负反馈调节机制，即当生态系统受到外来影响或内部变故而偏离正常状态时，系统会同时产生一种抵制外来影响和内部变故、抑制系统偏离正常状态的力量，但是，生态系统的自动调节能力是有限的，当外来影响或内部变故超过某个限度时，生态系统的平衡就可能遭到破坏。生态系统的失调或称生态平衡的破坏，是生态系统的再生机制瘫痪的结果。要维持一个生态系统的平衡也必须维护其再生机制，使系统内资源和能源的消耗小于其资源和能源的再生(包括自身的再生产能力和外部再生产能力的输入)。

在生态学的研究过程中已发展出很多基本原理。在绿色公路规划与设计中，必须考虑的生态学的基本原理主要包括整体有序原理、协调与平衡原理、循环再生原理、物种多样性原理、输入输出动态平衡原理以及环境资源有限原理等。对绿色公路的研究，要站在区域生态整体性的高度，从生态演化的内在基础与人类生态系统各个角度来把握整个系统的空间格局、生态过程、功能特征、动态演化。

4.2 耗散结构理论

耗散结构 (Dissipative Structure)理论是比利时科学家普利高津在1969年提出的，它指出了一个远离平衡态的开放系统，不断与外界交换物质、能量和信息，由于内部复杂的非线性相互作用，通过涨落导致系统向有序化发展。这一理论具有崭新的自然观和科学观，被称为20世纪下半叶科学思想的代表，解决了自然科学和社会科学中的许多难题，对世界科学图景和人类思维方式产生了深刻的影响。

耗散结构的形成必须具备以下条件：

(1)耗散结构只有在远离平衡的开放系统中能形成。所谓开放系统，是指与外界既有物质交换又有能量交换的系统。远离平衡态，首先要求是非平衡态，其次还要求处于非线性区，系统广义流与广义力存在式(4-1)的关系，远离平衡态时，式(4-1)的高阶项不可忽略。

$$J_k = J_k(\{x_t\}) = J_k^0(\{x_t^0\}) + \sum_t \left(\frac{\partial J_k}{\partial X_t}\right)_0 x_t + \frac{1}{2}\sum_t\sum_m \left(\frac{\partial^2 J_k}{\partial X_t \partial X_m}\right)_0 X_t X_k + \wedge ,_{\infty 年} \tag{4-1}$$

式中：J_k——系统的广义流；

X_m——系统的广义力，$\{X_t\} = X_1, X_2, \cdots, X_n$；

0——各量在平衡态的取值。

(2)必须满足不稳定性阈值条件。热力学分支由稳定变为不稳定的临界点称为不稳定性阈值条件，它是产生耗散结构不可缺少的条件。

(3)非线性。线性系统只存在两种演变前途，即衰亡和无限增长，而非线性系统的演化结果具有多样性。在近平衡区，由于非线性项与线性项相比可看作无穷小量，而对系统不产生影响，这时只存在热力学分支单解，当系统处于远离平衡状态时，非线性项的作用十分明显，一个非平衡约束就对应多重定态解，有的定态解是稳定的，有的是不稳定的，在不稳定分支附近的扰动随时间增长，最后演变到某一稳定的分支上。线性与非线性系统之间的一个明显区别就是叠加原理不适用于非线性系统，一个因素的微小变化可能导致用它的幅值无法衡量的结果。

对照耗散结构形成条件，可以发现公路—环境复合生态系统属于耗散结构。公路与环境组成的复合生态系统是一个开放系统，它与外界存在着物质和能量交换；其次公路生态系统有着影响自身稳定的控制因素，但这种因素改变超出一定阈值之后，系统平衡将被打破。如何保证物质和能量的良性循环，维持生态平衡的稳定性，是绿色公路需要考虑的问题。

4.3 恢复生态学理论

恢复生态学是研究生态系统退化的原因、退化生态系统恢复与重建的技术与方法和生态学过程与机理的科学。退化生态系统是指由于人类和自然灾害的干扰，破坏了生态系统的原有特性，使系统的物质循环、能量流动、信息联系发生了变化和障碍，形成破坏性的波动或恶性循环。系统恢复有两种含义：一种是无人工干预下的自然生态恢复，所需时间往往十分漫长；另一种是采取一定的工程、技术等措施的人工恢复。恢复生态学中的生态恢复应该指后者。运用于绿色公路研究的恢复生态学的主要内容包括干扰和受损的受损机理与过程和恢复目标与恢复措施，即非生物或环境要素的恢复技术，通常指运用工程技术或与生物有关的恢复技术改良被损害的土地并恢复其生物学潜力的措施。

4.4 污染生态学理论

污染生态学是环境科学的一个重要分支学科。它是研究生物与污染环境之间相互关系和基本规律的科学。在绿色公路的研究中，通过进行生态系统本底值的普查和污染情况的监测，从宏观和微观两方面深入研究污染物在公路生态系统各个层次上的迁移、转化、积累规律，探索生态系统的净化能力，确定各项有关参数。通过数学模式的建立和电子计算机的运算，将能更好地评价环境质量，预测和控制污染的发展趋势。

4.5 经济学理论

适用于绿色公路的经济学理论主要包括以下两种原理：

(1)生态经济平衡原理

生态经济平衡的基本要求，就是在绿色公路实践中要把经济平衡与生态平衡不断地协调统一起来，使生态系统的动态平衡与经济的持续稳定发展同时得以实现。

(2)循环经济原理

循环经济是按照“资源—生产—消费—废弃物—再生资源”的循环过程运行的，通过对一个封闭的经济循环体系的管理，促进经济体系和生态系统的和谐发展。在交通基础建设领域，一方面要大力研究路基填筑技术，包括钢渣、粉煤灰及工业废弃物等原料的再生利用，节约资源，保护环境，同时缩小取土范围，减少占地；另一方面加强旧路改造过程中的材料再生利用，推广使用再生沥青、混凝土等，加强废旧轮胎、车船等回收利用和废旧轮胎翻新利用力度等。另外，加强国土资源的综合开发力度，充分利用旧路资源，尽量在原有道路基础上加宽改造，避免原材料、投资的浪费和对生态环境的二次破坏。

4.6 社会学理论

社会生态系统具有生态平衡的状态特征和动态规律：在一定时期，一个社会生态系统的物质、能量和信息的输入与输出大体保持均衡状态，这个社会生态系统也就达到了生态平衡的状态，也就是社会生态平衡。

然而当物资、能源和信息的供应所制造的产品超过或满足不了社会生态系统的需求时，就出现了社会生态系统非平衡的基本状态。

4.7 系统学原理

系统理论认为，系统是由两个或两个以上相互关系、相互依赖、相互制约、相互作用的要素组成的具有特定功能的有机整体，即整体性。高速公路的建设是一个系统工程，系统工程就要按照系统学的原理进行总体设计，并对全过程进行规划。

系统理论的协调性原理包括明确协调目的、确定协调对象、建立协调基本关系及采用有效的协调方式。按照特定的目标，在一定的限制条件下，对标准系统的构成因素及其关系进行选择、设计或调整，使之达到最理想的效果，称为最优化原理。因此，在高速公路规划布局阶段，力求保持拟建公路与区域运输网和经济中心间的密切关系，重点从优化路线方案入手，通过工程、经济、环保等方面的综合分析，确立最佳的路线方案。

5 绿色公路的评价体系

5.1 公路可持续发展的需求分析

公路建设对农田林地等土地的占用、对能源的消耗、对环境的污染以及对生态平衡的破坏，直接关系到公路能否健康地可持续发展。公路可持续发展的需求要素，即制约公路可持续发展的主要因素，集中体现在公路建设和运营过程中对土地资源、能源、水资源及材料资源的影响。

5.1.1 公路建设对土地资源的影响分析

公路建设对土地资源的影响一方面表现在土地的占用，另一方面表现为加剧水土流失。前者在目前技术水平下几乎是无法避免的，而后者是可以通过一定的方式加以减轻的。因此公路建设对土地资源的可控制影响因素是水土流失。水土流失的不良影响主要集中在施工和运营初期，影响到坡面、河道和河谷，导致微丘地形顶部风化、岩石裸露，直接的淋溶使土壤有机质含量低，黏粒少，结持力弱。水土流失的直接起因是植被的破坏。在公路修建后留下的裸地，雨水不是变成地下泉水，而是形成地表径流流失。暴露的地面还会使植被更难以生长，这类问题在原来植被覆盖度就很低的北方山区，更具有代表性。这类环境中，工作暴露面和取、弃土场是水土流失的主要发生源。当植被覆盖了暴露面之后，流失过程趋于稳定。在南方，一般光、湿、热状况较好，植被恢复相对较快。山区土石方运输不便，坡面和隧道的多余土石方往往就近弃入山谷。会使一些过水通道被阻塞，季节性的山洪需要另取出路，引起新的水土流失。因此，弃土场尽量选择在谷地的一翼，不要占用原来的水道，在弃土场要修砌挡墙。图 5-1 详细说明了在公路施工期各环节所发生的水土流失问题。

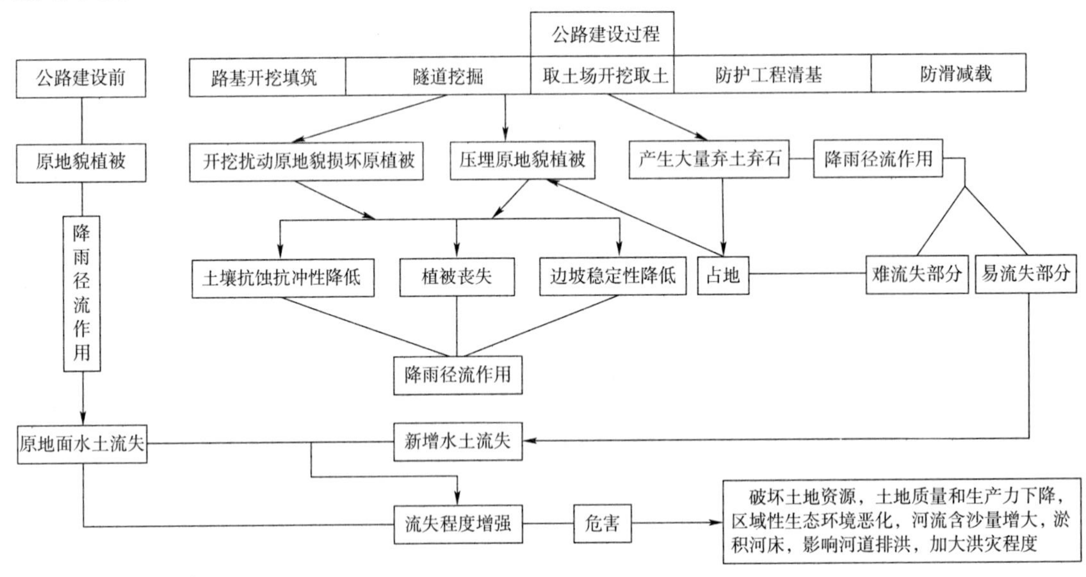

图 5-1 公路建设过程中产生水土流失的环节示意

5.1.2 公路建设对能源的影响分析

公路建设与能源是社会经济发展的重要支柱和基础产业。公路建设与正常运营离不开能源，公路是能源的消耗大户，公路建设与能源息息相关。公路的健康可持续发展，需要寻找一条能源的可持续发展道路，在公路建设中进行清洁的、可再生、无污染的绿色能源的利用和开发，是实现公路交通可持续发展的必要环节。

公路建设中的能源消耗包括直接能源消耗和间接能源消耗。直接能源消耗主要是消耗于驱动车辆的那一部分，主要是石油消耗。影响其使用效率的因素包括：

(1)车辆的特性，如车型、荷载、质量、车龄和发动机排量。

(2)公路几何特性与状况，如坡度、曲率和路面维护状况。

(3)交通条件，如交通流为通畅或阻塞等。

间接能源消耗主要指建设、维护运营交通运输系统所需要的能源，也包括修筑与养护公路的能源消耗、制造与维修运输车辆的能源消耗等。

绿色能源作为调整能源结构的关键步骤，引起了世界各国的重视。广义的绿色能源包括在利用开发中的污染较低的能源，如核能、天然气、清洁煤炭等。狭义的绿色能源是指可再生能源，如水能、太阳能、风能、氢能、燃料电池、生物能等，这些能源储存量丰富，基本上不会对环境造成污染，还可以就地使用，在利用形式上可以集中建设，也可以分散建设，形式灵活多样。公路建设中绿色能源的开发利用，是结合高速公路所处区域的自然地理及气候条件，对太阳能、地热能及生物质能等绿色能源进行综合开发利用，并开展公路配套设施绿色能源收集与发生设备或装置的系统开发，优化公路服务设施的能源消费结构，提高能源使用率，实现公路的可持续发展。

5.1.3 公路建设对水资源的影响分析

(1)对地表水流的影响

公路工程会改变地表径流的自然状态。公路的阻隔作用使地表径流汇水流域发生改变，导致土壤侵蚀加剧以及下游河段放塞，甚至会导致洪水的发生。这是公路设计中需要统筹考虑的问题之一。此外，路面会降低土壤的可渗透性，从而增加该地区地表径流量，产生类似的环境影响。公路工程会改变地表水体的水文条件。弃渣侵占河道、沿河而建的公路或跨越河流湖泊的公路桥梁，都会影响河流的过水断面、流量和流速等，使得冲刷动能增大，是产生河岸侵蚀和洪水的因素之一。有些公路建设项目还可能使河流改道，池塘、湖泊、水库被毁，对地表水资源、水环境产生危害。公路工程会对地表水质产生污染。集中表现在施工期工程污水、生活污水排放对沿线水质的影响，以及运营期路面径流和服务区污水对水质的影响。

(2)对地下水流的影响

公路挖方路段如果位于地下水水位线以下，则会导致路基边缘及开挖的山坡出现渗水，最终导致地下水位下降，地表植被萎缩或枯死，土地可蚀性增加，导致水土流失，甚至滑坡等现象，进而破坏生态平衡，破坏景观。在填方路段，路基会使地下水上游水位抬高，下游水位降低，最终导致类似的结果。公路隧道的渗水有时也会产生类似的后果，如图 5-2 所示。

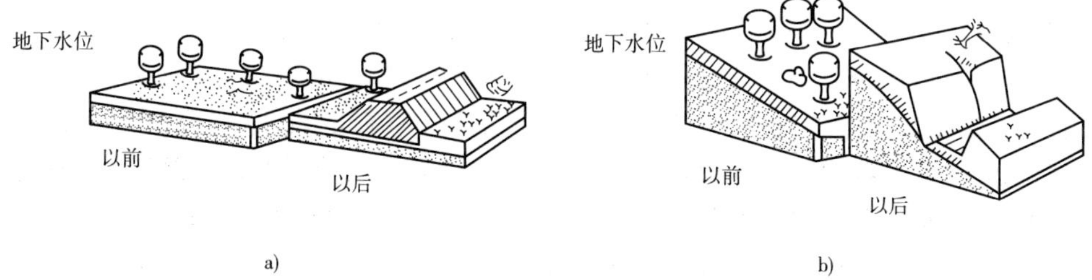

图 5-2 公路建设引起地下水位的改变

5.1.4 公路建设对材料资源的影响分析

公路建设是一种砂石材料耗用量巨大的基础设施工程，在公路工程的基层结构中采用可回收利用的再生材料，具有节省投资、保护环境、创造良好的社会综合效益等优点，公路建设中可再生材料的开发与利用也是公路材料可持续发展的必然要求。公路建设中可再生材料的开发与利用应以坚持经济、工程和环境 3 方面的基本目标为前提，即经济上要合算并具有可操作性，工程上要满足专业规范的要求，环保上不得造成污染。

公路建设中可回收利用的再生材料来源广泛，包括交通和城建部门产生的拆旧沥青路面铺筑料、拆旧水泥混凝土路面铺筑料、建筑废料和拆旧瓦砾；工业部门产生的炉渣、钢渣、煤渣、粉煤灰、矿粉、铸造废料、废弃轮胎、碎玻璃、碎砖瓦、碎塑料；环卫部门焚烧垃圾的余烬，矿山和采石场的废料、废渣等。

5.1.5 绿色公路的实践要点

根据公路可持续发展的需求分析，可知公路在建设与运营中对资源和环境的可控影响因素，主要集中在土地资源、能源、水资源和材料资源4个方面。绿色公路的建设，将是解决公路可持续发展的有益尝试。公路建设在时间上有着鲜明的阶段性特征，从规划、设计、施工，到运营、管理、养护，每阶段有自身的工作任务和方法，各阶段之间又彼此联系、相互影响。绿色公路要实现最终的建设目标，必须从土地资源、能源、水资源和材料资源几个方面，总体上实行全过程控制，使绿色公路的思想理念渗透到各阶段工作中，详细地制定各阶段的目标和评定标准。

5.2 绿色公路评价技术

5.2.1 评价系统建立的基本原则

(1)突出“四节一环保”要求

以节地、节能、节水、节材与环境保护为主要目标，贯彻执行国家技术经济政策，反映公路交通领域可持续发展理念。围绕上述目标，提出多层次、多方面的具体要求。

(2)体现过程控制

绿色公路的实施贯穿于公路的整个寿命周期，是一项包括材料生产、规划、设计、施工、运营等的系统工程。绿色公路评价不仅依据工程最终结果，还对规划、设计及施工等阶段提出控制要求。

(3)定性与定量相结合

对于较为成熟的评价指标，列出具体数值。对经综合分析认为或预期可达到的评价指标，提出具体数值。对缺乏相关基础数据(如材料的能源消耗、CO_2排放量、植物CO_2固定量)等评价指标，提出定性要求。

(4)系统性与灵活性相结合

充分考虑我国各地区在气候、地理位置、自然资源、经济社会发展水平等方面的差异，针对具体项目反映工程的特点，针对具体生态环境及生态影响，反映整个公路生态系统的地域性特点，保持评价主体框架稳定，可根据不同区域、不同条件灵活调整。

5.2.2 评价的基本要求

(1)绿色公路评价主要适用于评价高速公路和二级以上的高等级公路。

由于不同功能的公路，在建造和运营过程中的能源资源消耗和对环境的影响存在较大差异。高速公路和二级以上的高等级公路在建设的标准、功能及附属设施等方面有很多共性，节能潜力也最大。因此，本研究适用于评价能源、资源消耗较大的高速公路和二级以上的高等级公路，提出的评价指标体系也可作为评价其他公路的参考，但应根据公路功能及具体情况，对建设和运用的实际情况进行调整。

(2)绿色公路评价应统筹考虑公路全寿命周期内节地、节能、节水、节材、保护环境、满足公路功能之间的辩证关系。

公路从最初的规划设计到随后的施工、运营管理，形成一个全寿命周期。绿色公路的评价应关注公路的全寿命周期，不仅在规划设计阶段充分考虑并有效结合建筑所在地域的气候、资源、自然环境、经济、文化等条件，而且在施工过程中减少污染，降低对环境的影响，在运营阶段能为人民提供健康、舒适、低耗、无害的使用空间。

绿色公路要求在公路全寿命周期内，最大限度地节地、节能、节水、节材与保护环境，同时满足公路的功能要求，但这几项往往是彼此矛盾的，如为达到节能单项指标而过多地消耗材料，这是不符合绿色公路要求的；而为减少资源消耗而降低公路的功能要求，降低适用性，也不是绿色公路所提倡的。

因此，节地、节能、节水、节材、保护环境与满足公路功能直接的关系必须放在公路全寿命周期内统筹考虑并正确处理，同时还应重视信息技术、智能技术以及绿色公路的新技术、新产品、新材料和新工艺的应用。

(3)绿色公路评价应因地制宜，结合公路所在地域的气候、资源、自然环境、经济等特点进行综合评价。

我国不同地区的气候、地理环境、自然资源、经济发展与社会习俗等都有着很大的差异。发展绿色公路的基本原则是因地制宜。公路所在地域的气候、资源、自然环境、经济、文化等特点是评价绿色公路的重要依据。

在气候方面，应考虑地理位置、气候类别、温度、湿度、降雨量的时空分布、蒸发量、主导风向等因素。

在资源方面，应考虑当地能源结构、地方资源、水资源、土地资源、建材生产、既有公路状况等因素。

在自然环境方面，应考虑地形、地貌、自然灾害、地质环境、水环境、生态环境、大气环境、交通环境等因素。

在经济方面，应考虑人均 GDP、水价、电价、气价、房价、土地成本价、节能认知度、可再生能源利用认知度等因素。

在文化方面，应考虑地域性质、民族特色、文脉、古迹等因素。

评价时，应针对不同项目的各方面具体情况作具体的整体分析。

(4)对新建、扩建与改建的公路项目的评价，应在其投入使用一年后进行。

绿色公路评价适用于对新建、扩建与改建的公路项目进行评价，评价应在竣工通车投入使用一年后进行。

5.2.3 评价的方法与框架

(1)绿色公路评价指标的分类方法

将绿色公路评价体系的 6 类指标分为控制项和自选项：控制项作为绿色公路的必备项，是绿色公路必须达到的最低标准，也是所有认证绿色公路的共同特征，每一个控制项都和可持续发展、绿色发展的基本特点相吻合；自选项是实现难度较大、综合性较强、绿色度的较高的可选项，针对不同公路项目的自身特点，可以选择不同的自选项。

(2)绿色公路评价指标与可持续发展要求的映射关系

绿色公路评价指标的每个控制项和自选项给可持续发展和绿色发展带来的益处及对应关系，可以用“映射”来表达，以辅助不同决策者根据自己的理念和需求选择不同的自选项，见图 5-3。

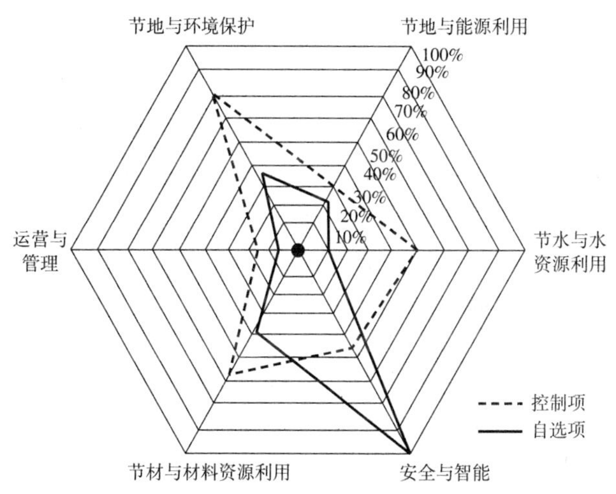

图 5-3 绿色公路控制项和自选项与可持续发展要求的映射关系

针对我国的地域、经济、社会情况，强调节能、节地、节水、节材与保护环境，建立有中国特色的绿色公路评价指标体系。绿色公路评价指标体系是对绿色公路性能的一种完整的表述，它可用于评估公路项目与绿色公路相比在性能上的差异。绿色公路指标体系由节地与环境保护、节能与能源利用、节水与水资源利用、节材与材料资源利用、安全与智能、运营与管理 6 类指标组成。这 6 类指标涵盖绿色公路的基本要素，包含公路全寿命周期内的规划、设计、施工、运营管理各阶段的评定指标的子系统。

(3)绿色公路评价框架体系

绿色公路评价框架体系见图 5-4。

5.2.4 评价指标的筛选和确定

1)节地与环境保护

(1)控制项

①节地评价。公路用地指标应符合《公路工程项目建设用地指标》的要求，出具由主管部门审批的土地

使用证明。

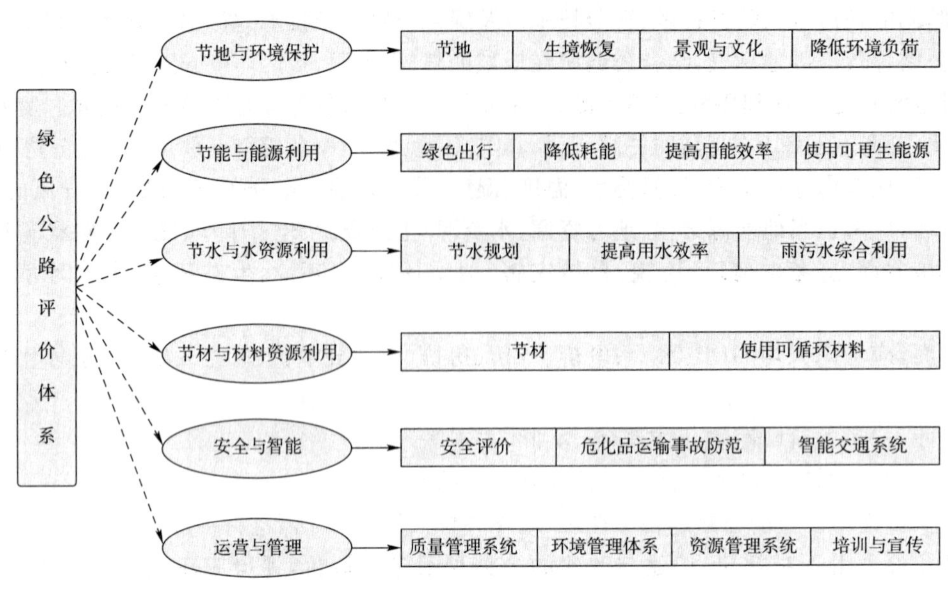

图 5-4　绿色绿色指标体系框架图

②环境影响评价。依托专业环境影响评估机构执行环境影响评估过程，执行过程应符合《中华人民共和国环境影响评价法》及《公路建设项目环境影响评价规范》(JTG B03—2006)要求。

项目立项阶段，提交通过主管部门审批的《环境影响报告书》；竣工验收阶段，提交通过主管部门审批的《竣工环境保护验收报告》。

③水土保持计划。应根据《开发建设项目水土保持技术规范》(GB 50433—2008)及交通部公路科学研究院于 2003 年 5 月颁布的《公路建设项目水土保持方案技术规范(初稿)》建立水土保持方案，预测水土流失状况，采用水土保持方案中防治水土流失措施。

项目立项阶段，提交通过主管部门审批的《水土保持报告书》；竣工验收阶段，提交通过主管部门审批的《水土保持验收报告》。

(2)自选项

①路网植被。路网植被包括路域植被和附属服务设施中种植的植物。

在进行植物的选择时，要做到：

a.对于那些适用于道路工程的现有本地植被，要调查研究它们的品性和生长过程，尽量使用本地物种或非侵入型的植物种类，要防止使用侵入型的植物和有害杂草。

b.调查本区域内存在的外来物种的种类和种植范围，尽量避免使用这些种类。

c.推荐使用在培植期之后不再需要灌溉的植物种类。

d.遵从本地或者国家有害植物法。

e.植物物种易生长、耐寒、耐旱、抗逆性强。

本地物种是指符合本地区自然生长规律的植物，在国家相关植物记载记录中有记录，或者是自然地生长于道路建设工地 300km 范围内的植物。典型的植物培植期是一到三年。季节性盆栽属于培植期过后仍需要灌溉的植物。确定培植期过后不需要灌溉的植物种类要综合考虑气候及植物特性。

②公路绿化。

a.按照绿化设计要求进行公路绿化。公路绿化树种配置合理，与季节相适应，色彩丰富，不影响驾驶员视线。

b.边坡绿化应做到与路基工程同步准备，同步实施，同步完成。

c.边坡、路侧、隧道洞口、互通式立交区、取弃土场苗木存活率达到 80%以上，草坪覆盖率达到 90%以上，植物生长状态良好，无明显病虫害。

③栖息地保护与修复。

a.路线设计应尽量避免穿过自然保护区、原始森林、湿地、珍稀濒危的野生动植物自然分布区域，如必须经过，应经主管部门许可，公路设计应符合《公路环境保护设计规范》(JTG B04—2010)的规定。

b.高于20m的高路堤，采用桥梁结构形式替代路堤；挖方路中深度大于30m或挖方边坡高度大于1.6倍的路基宽度值时，采用隧道形式替代路堑。

c.对于根据行业标准或者相关法律法规规定必须对栖息地进行恢复的公路建设项目，通过实施保护和恢复计划，以降低公路建设给栖息地带来的影响，恢复原有的栖息地水平。修复和保护栖息地范围(面积或体积)应大于或等于规范或法规规定范围(面积或体积)。

d.对于没有相关规范或者法律规定必须进行栖息地修复和保护的公路建设项目。对项目所在地及周边的生态系统和流域范围进行生态评价，对工程扰动区制定专门的生态修复方案，修复和保护栖息地范围(面积或体积)应大于或等于道路项目的实施过程中工程扰动范围(面积或体积)。

e.栖息地修复方案必须满足规范和法律规定公路的寿命期的需要，一般而言，在公路建设完成40年之内，都应发挥作用。

④生态连接。

a.项目的立项阶段应进行公路特殊点的野生动物(生物)的习性和迁移路线调查，包含动物(生物)物种、习性、分布区域、迁移路线、尺寸等，对公路项目进行特殊点的野生动物评估，确定公路工程对主要的生态系统所产生的影响，并判断该影响会对野生动物造成影响的种类和范围。

b.生态连接的设计应在初步设计及详细设计阶段有完整的设计方案，并得到生态学家的认可。

c.设置适当的生态连接设施。生态连接设施应设置在适当的位置，如道路穿越野生动物聚集区、原始森林、草原等，并对生态连接的具体形式(动物通过涵洞、生态天桥、围栏等)、尺寸及与动物种类的适应性进行评估。

d.对于改扩建公路，安装新的供野生动物通过设施和野生动物保护设施。同时对结构损坏、不符合要求、尺寸不合适、数量不足的现有野生动物通过涵洞和动物围栏等设施进行替换更新和升级。

e.对于新建道路，生态连接的数量、设施的设置方式、与当地动物种类的匹配程度、养护方案的制定等均有详细的方案论述并得到生态学家的认可。对生态连接通道制定长期的监测及管理措施，并设置警示标志。将生态连接通道的养护列入养护计划，制定恰当的养护方案(时间、频率、责任人等)。

f.穿越自然保护区的野生动物通道应建立长期的监测及管理措施。养护方案中应将对生态连接的养护列入计划，并在日常养护中制定恰当的养护方案(时间、频率、责任人等)。

⑤景观与保护。

a.项目被评为省级或国家级风景区或者省级或国家级景观公路。

b.项目进行了专业的公路景观规划与设计，通过观景台、服务设施、景观小品等景观设计，提供良好的景观或方便行人欣赏沿途景观。

c.对沿线的人文景观或历史遗产进行了专门的避让或保护，如对古树、文物的避让和保护等。

⑥文化拓展。

a.结合公路所在区域的风景名胜或历史遗迹、民俗特色等形成完整的公路文化展示方案，并通过交通标志、信息指示屏的设计引导行人到达该风景名胜、历史遗迹或民俗特色地。包括阐述文化拓展方案，与当地历史遗迹或风景名胜、民俗特色的相关性，信息基础设施等方案的具体设计和实施。

b.公路沿线文化设施有艺术感和文化气息，与自然结合紧密，展示公路的文化特色，通过设置雕塑、主题墙、指示标志等信息服务设施，来体现当地文化遗迹、文化特色以及风景特点、沿途少数民族、地理特色等，也可通过抽象的景观小品等给予公路使用者人文感受等。

c.在公路范围内，用于美学和文化建设方面的资金至少超过项目总预算1%。

⑦低噪或减噪措施。

a. 采用低噪路面，需有路面降噪设计方案，说明主要降噪手段、路面类型、降噪技术、低噪路面范围等。

对有限速要求的公路项目实施轮胎/路面噪声测试，采用车载声强测试法，限速要求在 80km/h 及以上，试验速度为 100km/h，75%以上路面面积的平均最大噪声等级不大于 99dBA。

对有限速要求的公路项目实施轮胎/路面噪声测试，采用车载声强测试法，限速要求在 50～79km/h 的公路，试验速度为 60km/h，75%以上路面面积的平均最大噪声等级不大于 91dBA。

b. 采用其他降噪措施，包括种植防噪林、设施隔声装置、设置限速禁鸣标志等，需有对应的设计方案。

c. 施工期间噪声应符合《建筑施工场界环境噪声排放标准》(GB 12523—2011)的规定，按照规定时段施工，对产生较大噪声的施工机械采取效果明显降噪措施。公路运营期的噪声控制标准应符合《声环境质量标准》(GB 3096—2008)的规定。

⑧附属服务设施烟尘处理。服务区锅炉、餐饮设备的尾气排放采用烟尘处理设施，排放的气体符合《锅炉大气污染物排放标准》(GB 13271—2001)。

⑨施工环境保护。施工材料堆放及材料加工场地选址合理，建筑材料的堆放标识明确、清晰，具备防污染处理方案，不得污染农田及地表水体，具备可回收再利用建筑材料的回收利用方案，回收率达到 60%及以上。

⑩驻地及场站建设。

a. 施工、监理和建设管理单位驻地布局合理，现场及场内主要公路做硬化处理，排水设施完善，生活、生产污水和垃圾应集中收集及处理。

b. 施工场站应执行混合料集中拌制、钢筋集中加工、混凝土构件集中预制的“三集中”制度，做到施工材料管理集中、生产工厂化、施工专业化。施工场站内应设洗车池、污水沉淀池和排水系统。

2)节能与能源利用

(1)控制项

节能评价。对公路建设项目进行节能评估，提交《公路建设项目节能评估报告》。

包括：分析并评估项目建设期内项目建设所需消耗的能源；分析并评估项目建成后运营期能源消耗。

节能评估应按《中华人民共和国节约能源法》《交通行业实施〈节约能源法〉细则》执行。节能评估内容执行《固定资产投资项目节能评估和审查暂行办法》第二章第六条的规定，并参照《固定资产投资项目节能评估报告编制指南》。

(2)自选项

①交通减排政策。

a. 项目所在地区有机动车尾气排放控制的相关政策，目前正在实施并相应运用中，能够达到减少温室气体和污染物排放的目的。

b. 项目业主为达到温室气体减排的目的，制定并提交专门的减排方案。方案中可采用多种方式达到减排目的。

②自行车道。

a. 对公路范围内现有自行车道设施进行完善和升级，包括(但不仅限于此)增加引导标志或提供自行车的通达性等，如设置环境友好的自行车道排水设施、给予自行车通行信号优先权或增加新的自行车停放设施(包括锁车装置、架台等)。

b. 在公路范围内新建自行车道设施，通过公路结构的外观、结构的改变，完成可供自行车行驶的专用车道，如自行车道、专用小路、桥涵结构，增加可供自行车通过的通行天桥等。

③公共交通与合乘车专用车道。

a. 在公路范围内为公交车设置专用车道，如公共快速干道或高速公路公交快速干道。

b. 在公路范围内为合乘车车辆提供合乘车车道，或者为公共交通车辆提供排队优先通行权。合乘车车辆是具有高承载率或拥有多个座位的车，可以满足居民合用同一辆车的需求，减少单人单车出行带来的高污染物排放。

c.设置公交车站的设施，包括照明设施、休息设施、服务设施等。

d.设置公共交通和高承载车辆引导标志和信号标志。

e.为公交车站提供旅客等候车棚。

④现场废弃物无害化处治。在施工阶段，制定并实施正规的现场回收方案，进行无害化处理，无害化处治率达100%。

a.路面施工过程中产生的废弃物的类型、数量、加工过程（包含路面再生材料的处理方式）、处理设施、处理地点，主要包括（不限于此）：

Ⅰ.摊铺过程的废料（热拌沥青，混凝土）；

Ⅱ.路面再生材料（沥青、水泥、集料）；

Ⅲ.破碎的废料、脱落和磨损的混凝土、石料；

Ⅳ.额外的钢筋以及其他金属材料；

Ⅴ.额外的塑料管和包装；

Ⅵ.挖方土和石料；

Ⅶ.清理的表层碎石和土；

Ⅷ.施工过程中的木材以及废纸（比如包装材料、硬纸板）；

b.项目管理过程产生的废弃物的类型、数量、加工过程、处理设施、处理地点，包含处理可再生的活动板房材料以及个人工作生活废物，主要包括（不限于此）：

Ⅰ.文件、复印件、其他纸类等；

Ⅱ.塑料制品；

Ⅲ.铝以及其他家用的金属器物；

Ⅳ.玻璃制品；

Ⅴ.日常垃圾或者排泄物等。

⑤降低化石燃料消耗的措施。可通过使用生物燃料或者生物混合燃料减少对化石燃料的消耗，降低施工过程中机械化石燃料的使用量。生物燃料是指从生物材料中提取的可再生的燃料，主要包括乙醇、甲醇、生物柴油等。

⑥降低施工设备有害气体的排放措施。公路工程施工设备的50%及以上应该安装有减少尾气排放设备和采用提高燃油效率的技术，以便能够达到《非道路移动机械用柴油机排气污染物排放限值及测量方法》（GB 20891—2007）第Ⅱ阶段的排放标准。并采用满足《非道路移动机械用柴油机排气污染物排放限值及测量方法》（GB 20891—2007）第Ⅱ阶段摊铺机摊铺70%及以上的热拌沥青混合料（HMA）。

⑦降低照明系统能源消耗方案与措施。公路照明系统所安装的灯具要符合《公路照明技术条件》（GB/T 24969—2010），制定专门的公路照明系统设计方案及降低照明系统能源消耗的方案。并采用高效光源、LED光源或太阳能源等方式达到节能以提高能源效率的目的。

⑧温拌沥青路面。使用添加剂或者先进拌和设备达到降低拌和温度的目的，降低热拌沥青混合料的拌和温度最少20℃，混合料的路用性能良好。拌和温度应该是混合料从拌和仓（拌和站）或搅拌机（配料厂）出锅时的测量温度。公路面层的沥青混合料至少15%使用了该温拌技术。

⑨降温路面。采用热反射技术或降温材料或透水路面等实现路面降温。路面面层反射率大于或等于0.3的路面面积与可透水性路面面积之和，占公路总面积的20%及以上。

⑩提高附属设施能源效率措施。对公路附属服务设施通过采用风能、太阳能等可再生能源措施和低碳设计技术等来提高能源效率。

3）节水与水资源利用

（1）控制项

径流控制。

a.为公路制定路面径流集中处理措施，处理地表径流。要求该方案对管理目标及措施衡量标准有确切描述。

b.地表雨水径流措施规划合理，公路界限内地表水质及污染物含量等达到《地表水环境质量标准》（GB 3838—2002）规定Ⅲ类水标准。

c.利用有效的径流管理措施管理地表径流，降低沉积物负荷，使总悬浮物的数量达到或低于25mg/L，作为综合处理水平的一个指标。

（2）自选项

①低影响开发雨洪控制。低影响开发雨洪控制是通过工程控制装置、雨水管理设施，并模拟未开发前相关地域水文条件的方式，来制定最佳雨洪管理措施，通过加强渗透、蒸发或者雨水的长期重复循环利用来达到水流控制和径流治理的目的。公路项目的低影响开发雨洪控制实施方案应包括：

a.对施工之前现场进行低影响开发水文评估，评估现有的雨水控制措施有地形评估（即森林、洪泛区等）、土质评估、水文评估、原有植被及水体特征（即湿地等）。

b.针对公路沿线状况确定最佳的雨洪管理措施，降低公路建设对水文环境带来的影响。

c.可选的低影响开发措施（不限于此）有避开生物敏感性地段、缓坡、透水性铺装，减少硬化路面面积，采用雨水分散、蒸发、渗透手段代替封闭排水系统等。

②雨洪生命周期成本分析。对最终的雨洪管理方案进行生命周期成本分析。计算低影响发展计划下，雨水控制方案的生命周期成本。

③水利用跟踪。对施工过程中水利用进行跟踪，统计公路建设中的用水总量，相应的用水数据为公路建设施工用水效率建立基准，提高项目管理人员的节水意识。水量可以通过测量仪、水管容量、水池数量、抽水率，或者其他适当的方式来测量。内容应包括：

a.日用水量；

b.总用水量；

c.饮用水水源来源；

d.每个施工环节所需要的用水量；

e.每一个施工环节实际用水量；

f.总用水量的测定方法；

g.处理闲置水的做法；

h.对水的类型有要求的施工环节，每个环节需要水的类型及用量；

i.若水的来源有多个，说明每种来源的用水量及占总用水量的比例。

④污水处理设施。施工期产生的施工、生活废水以及道路运营阶段的公路服务设施（如服务区生活污水、洗车场、加油站等）应设置污水处理系统，经过处理达到《污水综合排放标准》（GB 8978—1996）要求后方可排入当地污水受纳系统。

4）节材与材料资源利用

（1）控制项

生命周期评价。采用公路全生命周期技术和经济分析方法对公路项目进行技术经济及生命周期影响分析，分析过程执行《环境管理　生命周期评价　原则与框架》（GB/T 24040—2008/ISO 14040:2006）及《环境管理　生命周期评价 要求与指南》（GB/T 24044—2008/ISO 14044:2006），宜聘用第三方机构进行该评价。对于有多种备选方案项目，最终的决策应参照生命周期技术经济分析报告及生命周期影响评价报告。

（2）自选项

①路面生命周期成本分析。采用全生命周期成本分析对道路路面结构各备选方案进行方案比选。考虑初期修建费用、道路服务期、养护费用、道路使用者费用和后期大修费用等因素。生命周期成本分析可以采用计算机软件或者手算。

②路面生命周期清单。对项目备选的路面设计方案进行生命周期清单分析，对路面方案的能源使用情况及全球变暖潜能值（GWP）（CO_2 当量排放量）进行分析。要求输出项目的能源使用情况及全球变暖潜能值

(GWP),分析过程的原则和框架应符合《环境管理 生命周期评价 原则与框架》(GB/T 24040—2008/ISO 14040:2006)中对生命周期清单分析的内容,评价要求应符合《环境管理 生命周期评价 要求与指南》(GB/T 24044—2008/ISO 14044:2006)中有关生命周期清单分析的条款。生命周期清单必须的内容包括(但不限于此):

a.原始材料的类型和总质量。包括混凝土、黏结剂和基层材料。这些数值可以是设计的预测值或建设过程中所需的总量。

b.再生材料的类型和总质量。

c.预计所有物资的运输距离。

d.预计施工机械的类型。包括摊铺机、拌和机、挖掘机、压路机及整平设备等。

e.设计年限。

f.养护方案及养护年限。

③路面的重复利用。现场重复利用现有路面材料的比例达到80%以上。热拌沥青混合料(HMA)、普通水泥混凝土(PCC)、基层材料均在估算范围之内。

详细说明:

a.现有路面材料是指项目范围内用于现有路面结构(包括面层和基层)所有材料。包括行车道和路肩,不包括单独的自行车道和人行道。

b.再利用指的是在项目范围内继续利用或再利用现有的路面材料。在运输到项目施工范围之外经过处理再运回的材料不包含在此项之中。因此,该项目中的材料不包括厂拌热再生和厂拌冷再生的材料。

c.本项评分的再利用的范围只包括路面材料,适用于改建公路。土基材料和非道路结构组成填充材料不包含在内。该方法适用于以下材料:

Ⅰ.在现有路面结构上铺筑新材料的路面养护方法,如热拌沥青混合料(HMA)罩面层、普通水泥混凝土(PCC)加铺层(单层或者是多层)以及路面表面处理(例如碎石封层、稀浆封层等)。

Ⅱ.就地再生利用材料类,如现场热再生、现场冷再生、全厚式再生、水泥混凝土(PCC)的破碎—打裂压稳及碎石化等工艺。

Ⅲ.在同一项目中将现有材料用作其他用途。必须考虑到该材料不能离开项目界限。如果它离开了项目界限,那么要列入“④可循环材料利用”的考虑范畴。

④可循环材料利用。

可循环材料利用范围:

a.采用可循环材料替代路面材料中部分原材料,如废旧橡胶制品、粉煤灰、矿渣、钢渣等。

b.采用可循环材料替代路基填料中部分原材料,如粉煤灰、建筑垃圾、玻璃碴等。

c.采用可循环材料替代公路项目其他部位的部分原材料,如公路支挡结构、标志、交通控制装置、桥梁等其他结构。

可循环材料可以是以下类型(但不仅限于此):

a.来自于(本项目或其他项目的)旧路铣刨沥青混合料,将其送入加工厂进行再处理,再次用于本项目道路路面或者路基结构。

b.铣刨拆除现有(来自本项目或其他项目)的水泥混凝土结构层,通过运输工具将其运入工厂,并或按照一定等级破碎,用作本项目或者其他项目的人工碎石集料。

c.工业副产品,如粉煤灰、高炉矿渣等作为水泥混凝土的组成部分。

d.经处理的废料,如废旧轮胎、碎玻璃等作为沥青混合料的组成部分。

⑤土方工程平衡。公路项目土石方工程,每公里土石方量小于250000m^3。在公路项目施工中内部做到填挖平衡,填挖土石方体积之差小于或等于10%。

⑥材料运距。根据招投标资料及材料采购资料,计算出本项目所用材料,来源于施工现场500km范围内的材料费用占总材料费用比例应在60%以上。

⑦长寿命路面。行车道75%以上路面面积采用国际公认的长寿命路面设计方法,使沥青路面的设计使

用年限达到30年以上，水泥混凝土路面达到40年以上。在设计使用年限内无结构性的修复和重建，仅需根据表面层损坏状况进行周期性修复。

⑧透水路面。

渗透(多孔)的路面或其他透水铺装技术的透水性铺装的面积占公路总面积的15%以上。

5)安全与智能

(1)控制项

安全评价。设计阶段对公路进行安全评价，并提交相应报告，评价过程应符合《公路项目安全性评价指南》(JTG/T B05—2004)的规定。

对公路桥梁和隧道工程进行设计安全风险评估，并提交相应报告，设计安全风险评估过程参见交通运输部颁布的《公路桥梁和隧道工程设计安全风险评估指南》的内容。

(2)自选项

①危化品运输事故防范措施。设置公路应急处理方案，具备重特大交通事故、极端天气及易燃易爆等特殊物品运输安全事故处理预案及应急措施。重特大交通事故和极端天气处理方案完善，交通分流方案设置合理。易燃易爆等特殊危险品处理方案及应急措施有效，具备相关危险品处理物资及器材储备库。

②智能交通系统。

a. 设置交通监控系统，对车辆、基础设施、危险路段实现有效监控。

b. 设置交通控制系统，包括信号控制系统、动态的车速限制等。

c. 设置信息传递系统，包括动态信息提示板(DMS)、公路资讯无线天线(HAR)等。

d. 设置控制措施系统，包括限速、交通信号控制、引路调节灯控制等。

e. 设置匝道管制系统，包括匝道流量控制、优先驶入控制等。

f. 设置报警系统，包括转弯速度警告、下坡速度警告、超高加宽警告、公路与铁路交叉口警告系统、十字路口碰撞警告、行人安全、自行车警示、动物警示等。

g. 设置道路气象监测系统，包括路面状况、大气条件、水位等。

h. 设置运输管理系统，包括动态路径选择、终端、路旁情报板等。

i. 设置旅客信息系统，包括网络、公共电话等。

j. 设置电子收费系统，包括缴纳通行费、运输费用收费系统等。

k. 设置车辆突发事件处理系统，包括呼叫器、服务巡逻队、紧急救援车辆优先权等。

6)运营与管理

(1)控制项

①工程质量。工程质量应符合《公路工程质量检验评定标准　第一册　土建工程》(JTG F80/1—2004)的规定，建设项目竣工验收综合评分等级为优良。

②路面管理系统。公路应纳入路面管理系统，至少应包含数据采集系统和养护决策系统，公路路面状况检测数据采集频率不低于2年1次，根据养护决策模型制定养护方案。

③公路养护。制定并实施一套全面的道路日常维护计划，至少应列出以下项目(但不限于此)的负责部门、养护标准、养护频率、施工方法及资金来源等。

a. 公路养护，包括路面修补、修理和裂缝密封，路肩、人行道的养护和修理。

b. 排水系统的清洁与维修。

c. 路边植被，包括景观美化，控制杂草和有害植物。

d. 冰雪控制。

e. 交通管制设施，包括路面标识的维护和修理，交通标志的养护和维修，安全设备的养护和维修，交通信号灯的养护和维修，路灯的养护和维修，智能交通系统的养护和维修。

f. 清洁，包括路面清扫与清洁，禁止乱扔垃圾，垃圾收集。

公路的整个生命周期都应执行该道路日常维护计划，如果有任何一个项目未列入计划，则该项即不合格。

(2)自选项

①环境管理体系。

a.参与项目建设的设计单位、施工单位具备 ISO 14001 环境管理体系认证资质。

b.具备符合 ISO 14001 环境管理体系认证标准的公路项目环境管理体系文件。

c.监理单位设置专职的环境监理工程师。

②质量管理系统。

a.项目建设管理单位和项目设计单位应通过 ISO 9001 质量管理体系的认证。

b.施工主承包人应通过 ISO 9002 质量管理体系认证。

c.主承包人按照《质量管理体系 要求》(GB/T 19001—2008)和《工程建设施工企业质量管理规范》(GB/T 50430—2007)的要求建立并实施本道路工程的施工质量管理体系。

d.项目建设管理单位或项目各主承包人获得国家级以上质量奖。

③环保培训。

a.对项目参建的所有人员进行绿色公路理念、绿色公路评价体系及评价指标培训,参建各方责任明确。

b.针对本工程的环境敏感点,对相关岗位人员进行施工允许条件、行业标准、环境法规及岗位环境责任的培训,明确项目的环保要求重点及特殊性、环境监测及报告程序,明确扬尘及空气污染控制、噪声防治措施、废水处理措施、危险物处理程序等。

④宣传教育。为绿色公路建立全面的公共宣传计划,主要包括:

a.在公路界限范围内,建立永久标志,显示本项目的绿色公路等级或得分情况。

b.在路侧至少建立一个宣传亭(栏),以表现项目在设计、施工运营过程中采用了绿色公路的理念并达到相应的绿色公路认证等级。

c.保持项目网站信息公开并能够收集反馈和意见。

d.在道路业主及建设管理部门内部实施有关绿色公路及认证的永久性培训。

e.进行与项目有关的专业技术报告,宣传使用绿色公路评价指标体系的经验。

5.2.5 评价指标体系

表 5-1 所示为绿色公路的分项指标与重点应用阶段汇总情况。

分项指标与重点应用阶段情况汇总 表 5-1

指标类别	分项指标		重点应用阶段
节地与环境保护	控制项	节地评价	规划
		环境影响评价	设计、运营管理
		水土保持方案	设计、运营管理
	自选项	路网植被	设计、运营管理
		公路绿化	设计、施工、运营管理
		栖息地保护与修复	设计、施工、运营管理
		生态连接	规划、设计
		景观与保护	设计
		文化拓展	设计
		降噪或减噪措施	设计、施工
		附属服务设施烟尘处理	设计
		施工环境保护	施工
		驻地及场站建设	施工

续上表

指标类别	分项指标		重点应用阶段
节能与能源利用	控制项	节能评价	施工、运营管理
	自选项	交通减排政策	全寿命周期
		自行车道	设计
		公共交通与合乘车专用车道	设计
		现场废弃物无害化处置	施工
		降低化石燃料消耗的措施	施工
		降低施工设备有害气体的排放措施	施工
		降低照明系统能源消耗的方案与措施	设计
		温拌沥青路面	设计
		降温路面	设计
		提高附属设施能源效率措施	设计
节水与水资源利用	控制项	径流控制	设计
	自选项	低影响开发雨洪控制	设计
		雨洪生命周期成本分析	设计
		水利用跟踪	施工
		污水处理设施	全寿命周期
节材与材料资源利用	控制项	生命周期评价	全寿命周期
	自选项	路面生命周期成本分析	全寿命周期
		路面生命周期清单	全寿命周期
		路面的重复利用	设计、施工
		可循环材料利用	设计
		土方工程平衡	设计、施工
		材料运距	设计、施工
		长寿命路面	设计
		透水路面	设计
安全与智能	控制项	安全评价	设计
	自选项	危化品运输事故防范措施	设计
		智能交通系统	设计
运营与管理	控制项	工程质量	运营管理
		路面管理系统	运营管理
		公路养护	运营管理
	自选项	环境管理体系	运营管理
		质量管理系统	运营管理
		环保培训	运营管理
		宣传教育	运营管理

5.2.6 评价等级的划分

绿色公路评价指标体系由节地与环境保护、节能与能源利用、节水与水资源利用、节材与材料资源利用、安全与智能、运营与管理 6 类指标组成。每类指标包括控制项和自选项。控制项作为绿色公路的必备项，是绿色公路必须达到的最低标准，也是所有认证绿色公路的共同特征，绿色公路应满足所有控制项的要求，并按满足自选项数的程度，划分为一星级、二星级、三星级 3 个等级，等级划分按表 5-2 确定。

绿色公路控制项与自选项共有 48 项，其中控制项 10 项，自选项 38 项。除控制项应全部满足外，一星级、二星级、三星级还应满足表中对自选项的要求。当标准中某条文不适应公路所在地区、气候与公路类型等条件时，该条文可不参与评价，这时，参评的总项数会相应减少，表中对项数的要求可按原比例调整。设表中某指标一般项数共计为 a，某星级要求的一般项数为 b，则比例 $p=b/a$。存在不参与评价的条文时，参评的一般项数减少，这种情况下，可按表中规定的比例 p 调整，一般项数的要求调整为参评的一般项数 $\times p$。

划分绿色公路等级的项数要求 表 5-2

等级	一般项数					
	节地与环境保护（共 10 项）	节能与能源利用（共 10 项）	节水与水资源利用（共 4 项）	节材与材料资源利用（共 8 项）	安全与智能（共 2 项）	运营与管理（共 4 项）
★	4	4	1	5	—	1
★★	6	6	2	6	1	2
★★★	8	8	3	7	2	3

注：当标准中某条文不适应公路的具体情况如公路类型等条件时，该条文可不参与评价，参评的总项数相应减少，等级划分时对项数的要求可按原比例调整确定。

技术与实践篇

6 依托工程背景

庐山西海高速公路东起福银高速公路昌九段，西连大广高速公路武吉段，位于庐山西海风景名胜区北部，是沟通福银高速公路、庐山西海景区、大广高速公路的一条鄱阳湖生态经济区高速公路。项目贯穿庐山国家西海风景名胜区北岸，通过梅棠互通和武宁互通连接线，与庐山西海南岸的焦武二级公路组成庐山西海风景区环湖线。项目的建成对加强南昌、武汉经济联系，促进庐山西海旅游资源开发和沿线经济社会的发展，加快鄱阳湖生态经济区的建设，提升庐山西海的知名度，整合大庐山旅游区资源，均具有重大意义。

庐山西海高速公路贯穿庐山西海国家风景名胜区，沿线景观资源极为丰富，是江西省生态环保施工要求最高的一条高速公路，也是江西省第一条以“旅游高速”命名的高速公路，在建设之初即被定位为“生态旅游高速公路典型示范工程”。基于庐山西海高速公路的服务功能定位和生态环境保护的需要，结合西海丰富的旅游资源和优美的自然环境，依托公路的建设，形成绿色公路的理论与评价指标体系，为绿色公路建设提供理论指导和技术支撑，为规范和标准交通行业绿色公路技术提供指标；并通过实体示范工程的方式，积极开展节地、节能、节水、节材的绿色节能技术，突出低碳特色，以绿色发展为核心，整合和优化沿线旅游资源，强化公路的绿色功能和服务品质，带动区位优势的提升，成为贯彻“资源节约、环境友好”和“畅通高效、安全绿色”理念的形象载体和彰显庐山西海丰富旅游资源的重要窗口，使其所在区域具有更加良好的投资效益，并成为江西省乃至全国的绿色公路环保示范基地。

6.1 依托工程概况

本项目依托江西省永修至武宁（庐山西海）高速公路（以下简称庐山西海高速公路）开展绿色公路评价。

6.1.1 地理位置

庐山西海高速公路位于江西省北部的九江市境内，地理位置介于东经 115°04′～115°40′、北纬 29°03′～29°18′之间。庐山西海高速公路路线总体呈东西走向，东起福银国家高速公路昌九段，西连大广国家高速公路武吉段，途经九江市下辖的永修县、武宁县，路线全长 104.487km。庐山西海高速公路项目所处地理位置示意图见图 6-1。

6.1.2 建设标准及主要工程量

庐山西海高速公路全线按双向四车道高速公路标准建设，设计行车速度 80km/h，路基宽度 24.5m。

全线设桥梁 18918m/95 座，其中大桥 14859m/49 座、中桥 576m/9 座、分离立交 3483m/37 座；设互通立交 7 处，其中枢纽互通 2 处、服务区互通 1 处、一般互通 4 处；设服务区 1 处、匝道收费站及管理所 5 处、监控管理分中心 1 处、养护工区 1 处。项目设计批复总概算 41.852 亿元，平均每公里造价 4006 万元。

6.2 项目区自然地理特征

庐山西海高速公路项目区为《公路自然区划标准》中的Ⅵ5 类，即江南过湿区。

6.2.1 地形、地貌

庐山西海高速公路位于鄱阳湖流域西部、柘林湖北岸，全线地形与地貌差异较大。路线西段大部分为丘陵地貌，局部为岗埠地貌，东段为垄岗及岗埠地貌；垄岗地貌地形高低起伏不大，垄沟发育，丘陵地形高低起伏较大，冲沟发育。路线中段柘林湖周边沟汊发育，山体植被发育。

6.2.2 气候、气象

项目区属亚热带季风气候区，温和湿润，具有四季分明、无霜期长、雨量丰富、雨热同季的气候特征。春夏之替阴雨连绵；夏季气候闷热，雨量集中，易发洪涝；夏秋之交晴热少雨；秋季气温下降较快，晴多少雨；冬季寒冷少雨，时有冻害，偶有大风雪。

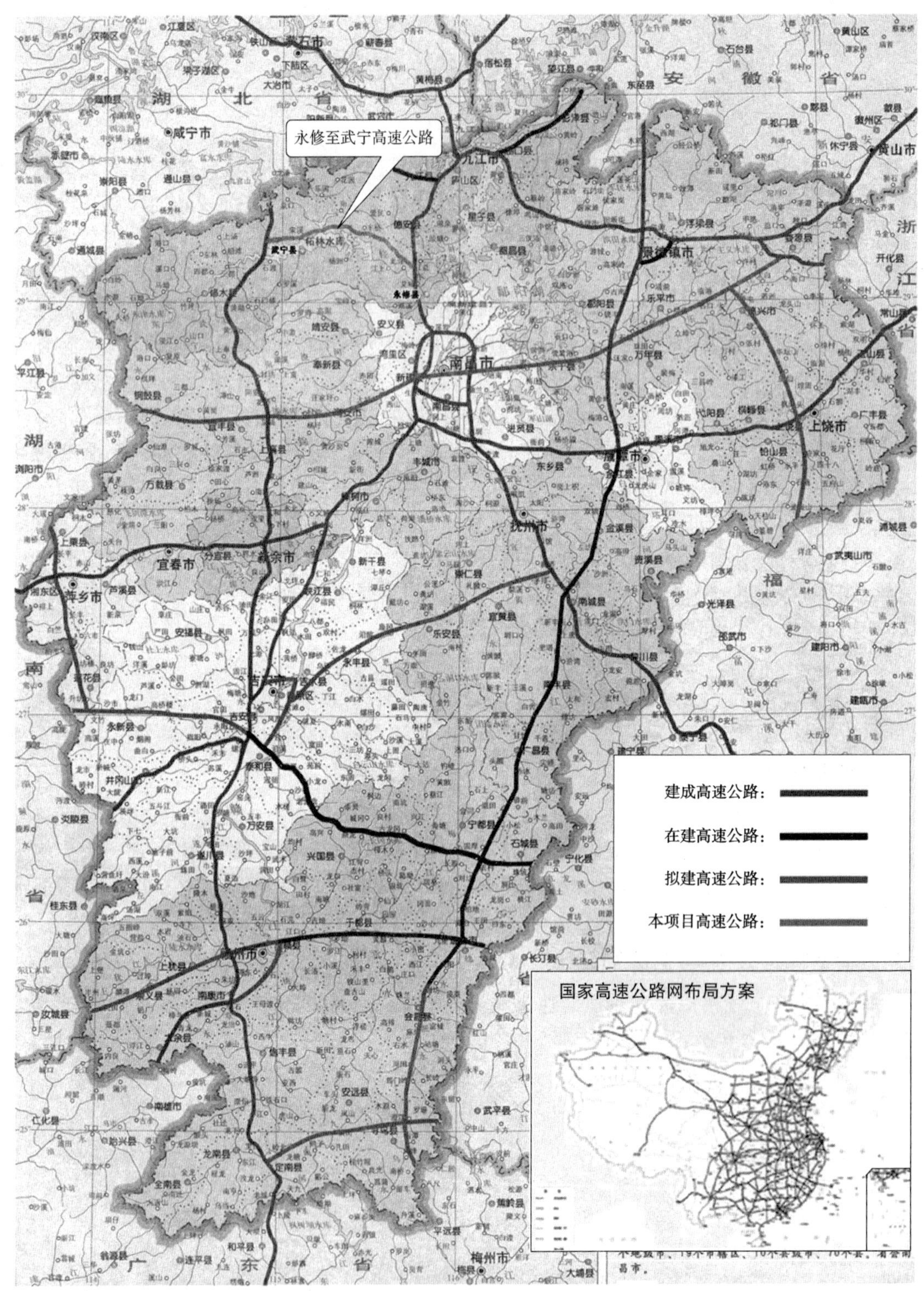

图 6-1　庐山西海高速公路项目地理位置示意图

项目区年平均气温 17.0°C 左右，年最高气温 40.2℃、年最低气温 8℃；多年平均降水量 1568.7～1716.0mm，最大日暴雨量 296.3mm；年降水量分配不均，每年 4～7 月为雨季，9 月至翌年 2 月降水少；年平均雾日 8 天，最多雾日 15 天；全年平均无霜期 258 天。年平均风速 2m/s，盛行风向偏东，但 7、8 两个月多偏东北风。

6.2.3 河流、水文

庐山西海高速公路所经区域主要地表水体为修河与柘林湖，水位受大气降水控制明显。区域内小水库、季节性间歇型小溪沟较多，但汇水面积有限，流量较小，往南注入水库中，枯水期基本无水。

修河为江西省五大河流之一，属鄱阳湖水系。修河源出于幕阜山南麓(湖南平江、湖北通城和江西省修水三县交界处)，流经铜鼓、修水、武宁，至永修山下与潦河汇合，在吴城与赣江汇合流入鄱阳湖，全长419km。汛期河宽500～800m，枯水期200～300m，河深3～5m，流速0.6m/s。柘林湖于修河河道筑坝而成，汇水区域9340km^2，水域面积46万余亩❶，正常水位蓄水面积308km^2。总库容为79.20亿m^3，设计洪水位71.3m，水库正常蓄水位高度为海拔65m，相应库容为50.17亿m^3，平均水深达45m左右。

区域山间谷地及山间盆地地下水相对较丰富，地下水埋深随季节性变化影响较大，一般的山间冲沟平地水位1～3m，年变幅2.0m左右；岗埠及丘陵地段水位4～20m不均，年变幅2.0m左右。

6.2.4 地层岩性

沿线地层主要由第四系全新统冲积层(Q_4^{al})、中更新统冲洪积层(Q_2^{al+pl})、中更新统残坡积层(Q_2^{el+dl})、第三系下统武宁群($E_{1-2}wn$)及寒武系(ε)组成。按其时代、成因、岩性、风化程度及工程特性，自上而下划分为粉质黏土+圆砾土、粉质黏土+碎石土、粉质黏土、砂岩、砾岩、(泥)灰岩、页岩。

6.2.5 地质构造

区内构造以东西向构造带为主，同时发育有北东向构造、北西向构造和弧形构造，对本线路有一定影响的主要是东西向构造及北东向构造。

(1)东西向构造

区域内以贯穿全区的武宁向斜为代表，构成了本区大地构造轮廓。其形成早、规模大、活动频繁，由一系列的压性断裂所组成。不但控制了区内所有地层的展布方向，而且影响后期构造运动的形式和规模。

(2)北东向构造

活动于燕山末期或更晚，以延伸长、断距大、展布广、成群成带的压扭性断裂和不连续的断陷盆地为特征，从远古界至第三系地层均受影响。规模较大的断裂带有武宁—铜陵断裂带、九江—靖安断裂带。

6.2.6 地震

项目区地震基本烈度划为Ⅵ度区，地震动峰值加速度为0.05g，为抗震设防区。

❶1亩=666.7m^2。

7 绿色低碳服务区建设技术

7.1 技术要点

7.1.1 绿色建筑技术

绿色建筑是指在建筑的全寿命周期内，最大限度地节约资源(节能、节地、节水、节材)、保护环境和减少污染，为人们提供健康、适用和高效的使用空间，与自然和谐共生的建筑。其技术要点示意见图7-1。

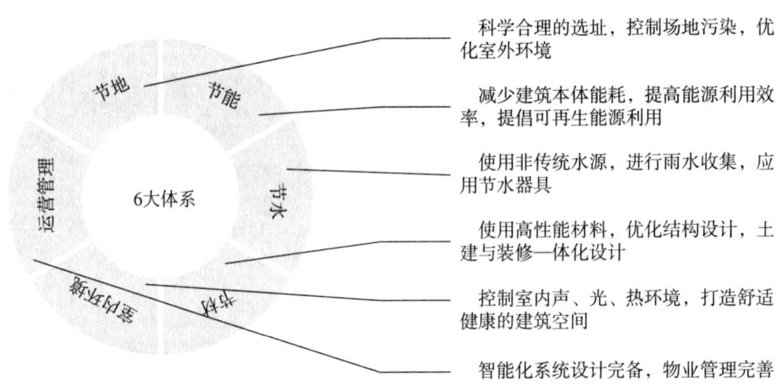

图7-1 绿色建筑技术要点示意图

绿色建筑指标体系由节地与室外环境、节能与能源利用、节水与水资源利用、节材与材料资源利用、室内环境质量和运营与管理6类指标组成，见图7-2。绿色建筑在满足《绿色建筑评价标准》(GB/T 50378—2006)中提出的所有控制项要求的基础上，按照满足一般项数和优选项数的程度划分为3个等级，见表7-1。

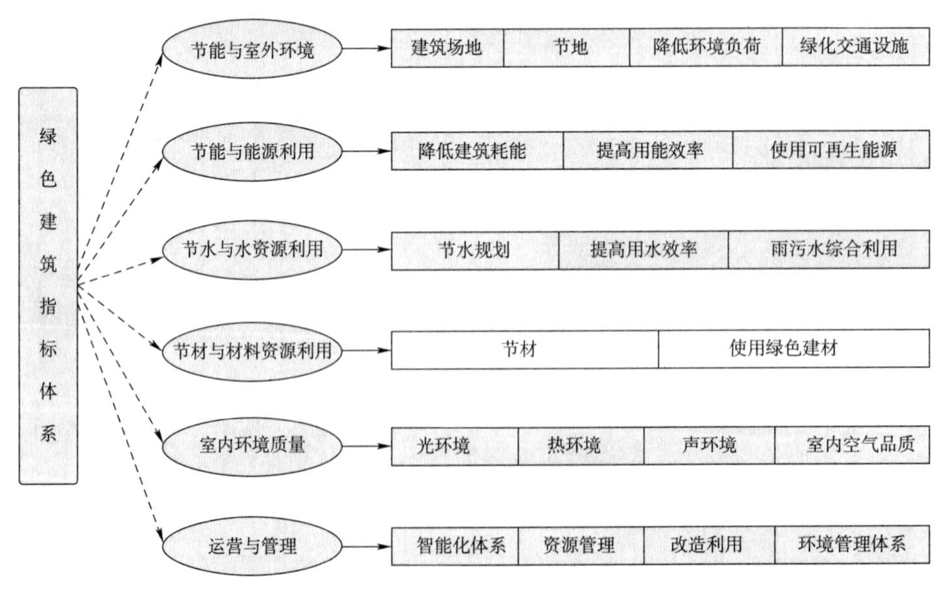

图7-2 绿色建筑指标体系框图

划分绿色建筑登记的项数要求(公共建筑)　　表 7-1

等级	一般项数(共 43 项)						优选项数(共 14 项)
	节地与室外环境(共 6 项)	节能与能源利用(共 10 项)	节水与水资源利用(共 6 项)	节材与材料资源利用(共 8 项)	室内环境质量(共 6 项)	运营与管理(共 7 项)	
★	3	4	3	5	3	4	—
★★	4	6	4	6	4	5	6
★★★	5	8	5	7	5	6	10

7.1.2　公路服务设施合理规模与布局技术

其技术要点如下：

(1)根据交通量、交通流的性质，并结合路网布局规划，合理地确定服务区和停车区的总体设置间距；根据服务区所在路段的交通区位、交通性质、场地特征、环境影响等因素确定服务区的具体建设位置。

(2)服务区按使用功能划分为中心服务区、普通服务区和停车区 3 种类型，其功能配置应分类型按照全线服务运营模式(一般分为“中心服务区＋普通服务区＋停车区”、“中心服务区＋停车区”、“普通服务区＋停车区”3 种)配置车辆服务功能设施、人员服务功能设施、附属服务功能设施及拓展服务功能设施，见表 7-2。

(3)服务区的形式应根据地形、周边环境和与主线的关系，分为双侧分离式、单侧集中式和主线下穿式 3 种类别；服务区功能分区可分为综合服务区、车辆停放区、车辆加油区、车辆加水维修区、后勤服务区和休闲绿化区，总平面布置应先根据服务区地形地貌等综合因素确定综合楼的平面位置，其次对加油站、道路干线进行布置，最后再考虑其他设施布置。

7.1.3　绿色出行服务与管理技术

包括基于触摸屏的多媒体出行者交通信息服务系统和电子自动标识技术，其技术要点如下：

(1)基于触摸屏的多媒体出行者交通信息服务系统

采用国际通用的多媒体触摸屏，融合多媒体计算机技术、信息与图形展示技术与传统的语音技术，整合公众交通出行服务、高速公路实时路况服务、96122 交通热线服务等交通服务信息源，采取综合、开放、融合的服务总线架构，实现“人机一站式”自助查询功能、“互动式”语音服务或查询、高速公路三维动态交通信息查询等功能。在系统维护方面，每个模块为独立运行模式，系管员可以根据权限和实际情况通过维护终端进行增加、修改、删除，不用更改整个系统。

(2)电子自动标识技术

针对单侧集中式服务区的 U 型车计费问题，在服务区跨线桥下设置电子自动标识站，自动标识车辆路径及分段计费功能，可减少停车缴费次数，方便用户，降低收费系统的运营成本，以及减少碳排放等。

高速公路服务区功能配置一览表　　表 7-2

功能配置 \ 类型		模式一			模式二		模式三	
		中心服务区	普通服务区	停车区	中心服务区	停车区	普通服务区	停车区
车辆服务功能	停车场	●	●	●	●	●	●	●
	加油站	●	●	○	●	○	●	○
	汽车维修	●	●	—	●	—	●	—
	加水、洗车	●	●	○	●	○	●	○
	交通信息告示牌	●	○	○	●	○	○	○
	交通导向标志	●	●	●	●	●	●	●
	场区安保设施	●	●	○	●	○	●	○
	场区照明设施	●	●	○	●	○	●	○
	野营停车区	○	—	—	○	—	—	—

续上表

功能配置＼类型			模式一			模式二		模式三	
			中心服务区	普通服务区	停车区	中心服务区	停车区	普通服务区	停车区
人员服务功能	公共厕所		●	●	●	●	●	●	●
	住宿		●	○	—	●	—	○	—
	餐饮	餐厅	●	●	●	—	●	—	
		咖啡厅、茶座	○	—	○	—	—	—	
	购物	综合性超市	●	○	●	—	○	—	
		小卖部	○	●	○	○	●	○	
	休闲	室内外休息区	●	○	●	—	○	—	
		贵宾休息室	○	—	○	—	—	—	
		公共浴室	●	○	●	—	○	—	
		健身娱乐室	○	—	○	—	—	—	
	银行	服务网点	○	—	○	—	—	—	
		自动存取款机	○	○	○	—	○	—	
	信息通信	电子显示屏	●	○	●	—	○	—	
		信息查询系统	●	—	●	—	—	—	
		公共电话	●	○	●	—	○	—	
		互联网	●	○	●	—	○	—	
		有线电视	●	●	●	—	●	—	
	医疗救护		●	○	—	●	—	○	—
附属服务功能	管理用房		●	●	—	●	—	●	—
	员工宿舍		●	●	—	●	—	●	—
	辅助设备用房		●	●	—	●	—	●	—
	污水处理设施		●	●	—	●	—	●	—
	垃圾处理设施		●	●	—	●	—	●	—
拓展服务功能	旅游休闲娱乐		○	—	—	○	—	—	—
	客运换乘		○	○	—	○	—	○	—
	仓储、物流服务		○	○	—	○	—	○	—

注：●——必备；○——视情况设置；——不设。

7.2 主要技术性能指标

7.2.1 绿色建筑技术

主要技术性能指标如下：

(1)场地建设不破坏当地文物、自然水系、湿地、基本农田、森林和其他保护区，场地环境噪声符合《声环境质量标准》(GB 3096—2008)要求；

(2)节能 50%以上；

(3)节水 15%以上，非传统水资源(中水)利用率 20%以上；

(4)可再循环材料利用率 5%以上；

(5)安全、耐久、舒适、健康与卫生。

7.2.2 公路服务设施合理规模与布局技术

主要技术性能指标如下：

(1)节约、集约利用土地资源；

(2)服务水平A级，功能配置适应公路的拓展服务需求。

7.2.3 绿色出行服务与管理技术

主要技术性能指标如下：

(1)实现通过触摸屏和96122的联动实现为公众出行服务的互动式智能查询系统功能，触摸屏和96122联动相应时间小于30s；

(2)三维动态技术嵌入触摸屏，实现永武高速公路的交通运行状态在触摸屏的动态显示，刷屏时间小于3min；

(3)U型转弯车辆的自动标识。

7.3 国内外研究及应用情况

7.3.1 绿色建筑技术

1)国内外研究现状

(1)绿色建筑的起源

1962年，美国生物学家莱切尔·卡逊(Rachel Carson)《寂静的春天》的出版，成为可持续发展的里程碑，人类开始理性反思人与自然环境的关系。1969年，美国建筑师保罗·索勒瑞提出生态建筑学(Arcology)的概念。同年，美国风景建筑师麦克哈格(Lan L. McHarg)出版了《设计结合自然》(*Design with Nature*)，提出人、建筑、自然和社会应协调发展，并探索生态建筑的建造与设计方法，生态建筑理论初步形成。1972年，罗马俱乐部(Club of Rome)发表研究报告《增长的极限》(*The Limits to Growth*)预言，自然资源支持不了人类持续的经济增长，引起了全球对环境与发展的深度关注。1972年6月，联合国人类环境会议通过《联合国人类环境会议宣言》，提出了“人类只有一个地球”。1976年，安东·施耐德(Anton Schneider)博士在德国成立了建筑生物与生态学会(Institute for Building Biology & Ecology)，探索采用天然的建筑材料，利用自然通风、天然采光和太阳能供暖的生态建筑，倡导有利于人类健康和生态的温和建筑艺术。1984年，联合国大会成立环境资源与发展委员会，向世界各国提出可持续发展的倡议。1987年，联合国环境资源与发展委员会的报告《我们共同的未来》(*Our Common Future*)中指出：环境危机、能源危机和发展危机不能分割；地球的资源和能源远不能满足人类发展的需要；必须为当代人和下代人的利益改变发展模式。

1990年，英国建筑研究院绿色建筑评估体系——BREEAM(Building Research Establishment Environmental Assessment Method)发布，世界上首次建立科学的绿色建筑设计和评价体系。BREEAM体系对建筑与环境的矛盾作出比较全面和科学的响应——建筑应该为人类提供健康、舒适、高效的工作、居住、活动空间，同时节约能源和资源，减少对自然和生态环境的影响。此后，很多国家和地区参考BREEAM体系，编制本地的绿色建筑标准，如德国的DGNB、法国的ESCALE、澳大利亚的NABERS、加拿大的BEPAC等。1991年，布兰达·威尔和罗伯特·威尔夫妇出版了《绿色建筑：为可持续发展而设计》(*Green Architecture: Design for an Sustainable Future*)，提出绿色建筑系统和整体的设计方法：节能设计、结合气候条件的设计、资源的循环利用、用户为先、尊重基地环境，使绿色建筑设计变得系统和容易操作，而不仅仅是停留在理念和技术层面。1992年，在巴西里约热内卢召开的联合国环境与发展大会上，第一次明确提出了“绿色建筑”的概念。1996年，美国绿色建筑协会能源与环境设计先导LEED(Leadership in Energy and Environmental Design)公告执行，1998年颁布正式的LEED V1.0版本。美国绿色建筑协会以商业化的操作模式，将LEED推广到全球，成为如今最为人们熟知的绿色建筑评估体系，LEED的宣传和推广为绿色建筑的普及和发展做出了重要的贡献。

(2)中国绿色建筑发展现状

由于历史和经济的原因，中国绿色建筑发展历史并不长，前后不到30年时间，这30年也是中国城市化高速发展的时期。我国于2006年颁布了国家标准《绿色建筑评价标准》(GB/T 50378—2006)，此后，住房和城乡建设部陆续发布了《绿色建筑评价技术细则(试行)》、《绿色建筑评价技术细则补充说明(规划设计部分）》和《绿色建筑评价技术细则补充说明（运行使用部分）》等评价技术标准体系文件，指导绿色建筑评价标识工作的顺利开展。经过5年的实践，《绿色建筑评价标准》已于2011年启动修编工作。同时各类绿色建筑的标准已在陆续编制，包括绿色办公建筑、绿色商业建筑、绿色医院建筑等。各地也因地制宜地组织编写了更加适宜地方建筑特点的绿色建筑评价地方标准，截至目前，已有14个省市颁布实施了地方标准，进一步补充和完善了我国绿色建筑评价标准体系。

2007年建设部[1]出台《绿色建筑评价标识管理办法（试行）》（建科〔2007〕206号），对绿色建筑评价标识的组织管理、申报程序、监督检查等相关工作做出规定。2008年开始，又根据标识工作实践，对相关管理制度和评价技术标准体系进行了完善或修订，发布了相关评价管理文件。2009年6月发布了《一二星级绿色建筑评价标识管理办法（试行）》（建科〔2009〕109号），明确了对于具备一定绿色建筑发展基础和条件的地区，经申请审批通过后，可以开展本地区一二星级绿色建筑评价标识工作。截至2011年年底，我国已有江苏省、浙江等29个省、自治区、直辖市、计划单列市相继成立了地方一二星级绿色建筑评价标识管理机构，颁布了地方一二星级绿色建筑评价标识管理办法。我国现行绿色建筑评价管理体系基本建立。

（3）绿色建筑的技术实施体系

绿色建筑的设计主要从整体环境规划和单体建筑设计两个方面开展。在整体环境规划中，强调的是建筑与环境的关系，解决建筑与地貌、植被、水土、风向、日照与气候的关系。在单体建筑设计中则分为9个方面：外围护结构系统；太阳辐射的控制与改善；自然通风与采光的利用；可再生能源的利用；高舒适度，低能耗的室内环境控制系统；优秀的建筑能源系统；水资源循环利用系统；智能楼宇自控系统；提供高舒适度的其他技术系统。

具体来说，外围护结构系统的节能设计包括以下方面：高效保温隔热的外墙体系；热桥阻断构造技术；高效保温隔热屋面技术与构造设计；高效门窗、幕墙系统及高性能玻璃的选用与构造技术。

高性能遮阳技术系统，太阳辐射对建筑有相当的影响，日照使室内获得充足的光线，对其进行有效的利用可减少照明系统的能耗，而且在冬季，太阳的辐射可使建筑得到一定的热量，从而降低建筑的热负荷，但夏季太阳辐射的热构成了空调负荷相当的部分。因此对太阳辐射应当有计划、有目的地灵活控制与改善，以达到最大限度利用太阳辐射的目的。

自然通风与采光的利用，设计应通过保证足够的开启扇面积，在房间内及中庭顶部（若有条件，可依建筑形式而设）开设一定的开窗面积，既达到了自然采光的目的，又可依靠室内外的风压及热压差，形成有组织的自然通风，在室外气候适宜时通过自然通风达到调节室内热环境的目的。双层皮幕墙技术科学合理地保证了室内通风量，且能过滤空气，低噪声动力通风系统有助于排出卫生间的潮湿污浊空气。

可再生绿色能源的利用，利用太阳能集热板集热及太阳能光伏发电。太阳能集热板集热技术较为成熟，设备材料价格也不昂贵，有一定的应用。太阳能光伏发电是太阳能最好的利用方式，虽然受技术及材料成本的限制，目前应用还不广泛，但不久的将来必将广泛应用。

高舒适度、低能耗的室内环境控制系统，要加强辐射制冷供暖系统加置换式通风系统、变风量（VAV）系统。冰蓄冷系统从系统构成上来说只是在常规空调系统的基础上增加了一套蓄冷装置，其他各部分在结构上与常规空调并无不同，它在使用范围方面也与常规空调基本一致。冰蓄冷中央空调之所以得到各国政府和工程技术界的重视，正因为它对电网有卓越的削峰填谷功能，是电力需求侧最有效的电能蓄存方法，全国如果有300家3万m^2商场采用冰蓄冷空调，则相当于建设了一座30万kW的调峰电厂。虽然单纯从单个系统角度分析，冰蓄冷系统的能耗较常规系统要大一些，但从国家的角度讲，对电力使用削峰填谷，提高了利用率，节约了基础建设投资，创造了巨大的社会效益。PCM相位变化蓄热材料技术，利用石蜡等特种物质物态相位变化吸收或放出较大热量的特点，增加室内热惰性，使室温受室外气温变化产生的波动较小，控制室内温度，提高居住舒适度。该项技术目前仍处于研究和试用阶段，尚未得到大规模应用。在某些特殊的工程中有很成功的独特功效。

[1]建设部于2008年3月更名为住房和城乡建设部。

水资源循环利用系统典型的如:中水处理及回用系统,系统将生活废水、冷却水、已达标排放的生产污水等水源重新利用;智能楼宇自控系统,是将建筑物(或建筑群)内的电力、照明、空调、给排水、防灾、保安、广播、通信等设备以集中监视与管理为目的,构成的一个综合系统;提供高舒适度的其他技术系统,如绿色屋面技术,一方面要满足植物生长的不同要求,解决蓄水和通风问题;另一方面,该技术构造必须保证建筑顶部防水层不受植物根系的破坏,从而提高居住的舒适性。

2)技术应用现状

截至 2012 年 3 月,全国已评出 379 项绿色建筑评价标识项目,总建筑面积达到 3800 多万平方米。通过对已经获得绿色建筑评价标识的 79 个不同星级绿色建筑项目分析,社区的绿化率可以达到 38%,平均节能率达到 58%,节水率达到 15.2%以上,可循环材料达到 7.7%。从目前各省已有的绿色建筑项目数量来看,江苏名列前茅,广东紧随其后,广东省所有的绿色建筑中 70%是深圳的项目,前十位的省市还有上海、浙江、天津、北京、河北、四川、湖北、山东等。整体来看,绿色建筑的面积每年增长都较快,尤其是 2011 年获得明显的加速。

7.3.2 公路服务设施合理规模与布局技术

1)国内外研究现状

(1)国外

国外服务区、停车区的建设状况显示,大部分高速路网发达的国家都建有综合性服务区和停车区两种形式的服务设施,各国不仅对综合性服务区的间距设置和内部设置有严格的规定,对停车区的设置也有明确规定。无论从高速公路服务对象途中需求的角度来讲,还是从交通安全的角度来讲,停车区在高速公路沿线服务设施中占有重要的地位,并不是可有可无的。国外停车区的设置间距一般在 10km 左右一处,也就是说,一般行车 10min 左右就有一处停车区,这样的设置可方便需要停车的过往驾驶员随时停车,这也是国外高速公路事故率低的重要原因。

欧洲高速公路服务区的设置非常简明、实用,不强调大而全,占地面积十分紧凑,综合性较强的服务区设置间距较大,一般在 300~500km 才设置一处。这一类服务区不仅可以停车、用餐,还可以加油、维修,甚至可以住宿(即汽车旅馆)。一般的服务区设置间距在 200km 左右,可用来加油、用餐等;但加油站的间距一般为 40km,其原因是汽车的油量储备出现警告时,仍可行驶 50km。洗手间的设置一般为 10km 设置一处,但并不强调等距离设置,要根据地形的允许程度设置。西欧高速公路服务区功能齐全、环境优美,服务区的设置间距为 35~45km,在功能上分为加油站区、停车场区、综合服务建筑 3 大部分,绿化带、绿地分布广泛,服务区功能全、自动化程度高。紧急停车带的设置欧洲各国情况不尽一致,意大利高速公路紧急停车带的设置类同中国,每 1km 等距设置一处,并配有电话。

德国和奥地利高速公路紧急停车带(或叫停车小站)并不等距设置,而是依地形条件呈不等距设置,设置间距 3~13km 不等,并配有洗手间。

德国的国土面积 35.7 万 km^2,有近 65 万 km 的公路,平均每平方公里有公路 1.8km。在近 1.2 万 km 的高速公路中,有 30 多条欧洲高速公路在境内延伸,其中 17 条通往邻近的 9 个国家,也就是每个周边国家都至少有一两条高速公路与德国相通。德国高速公路的服务设施一般是与高速公路网同时进行规划设计的,并同时建成实施,然后再出租给私人经营。在全国高速公路上共有 161 处服务站,平均 52km 一处,有加油站、停车场、咖啡馆、浴室等服务设施;有 280 处加油站,平均 30km 一处,加油站可自动加油,停车场免费停车,为了吸引旅客,有的服务区设计新颖,赏心悦目。

美国是一个轮子上的国家,不同种类的高速公路,连接着美国的经济、政治、文化、社区、购物等各种中心。美国人每年在高速公路上行驶总里程达 4 万亿 km,其中 91%以上为私人汽车。众多的驾驶员为高速公路服务业提供了巨大的商机,美国的高速公路网一般都设置有服务区,提供的服务包括餐厅、休息场所、娱乐场所、电话通信、停车场、加油站、公共厕所、公共汽车站和车辆维修站。有的服务区还有公路气象站。公路所有权,有联邦政府的,有州、市所有的,也有私人企业所有的,服务区的设置与否可根据交通流量变化和驾驶员的需求情况灵活安排。在一些著名风景区的路段,可能2～3km就会看到一个服务区,以备人们停车观光的需要。而一些偏远地区的路段,100km可能才会碰上一个服务区,并且提供的服务项目很少。

对于高速公路服务设施的研究,日本做得比较全面和细致,日本"高速公路设计手册"(1980版)根据《关于在高速公路上休息设施规划设计的研究》(1979年2月)制定了休息设施的设计要领。设计要领适用与规划和设计了高速公路与汽车专用公路上设置的休息设施,并提出了一般的技术标准与规划、设计的做法和方法。在1991年,又根据补充调查的资料(主要包括名神、东名、中央、东北等4条高速公路的服务设施的调查),对1980年制定的标准进行修正,并对各种计算参数进行了调整。1991版设计手册从适用范围、种类及定义、设置规划、形式和组成、设施的合并设置、规模、停车场的设计、建筑、机械、电气通信规划与设计、园地规划、匝道设计、分期修建等方面比较全面地规定了新建休息设施的技术标准和设计方法。对于服务区的设置间距,世界各国大都没有严格的标准,一般是每30～60km设置一停车休息场所。但日本高速公路的停车休息场所距离是经过精心计划的,并制定了"日本道路公团"的标准。日本高速公路服务区设施最为完善,每个管路所管辖的区段均设有一个以上的服务区。服务区还根据当地的自然环境和具体条件,建设成为该地区的一个景点,供来往人员休息。

(2)国内

我国的高速公路起步较晚。初期完成的几条高速公路如沪嘉、广佛、辛核、西临等里程都较短,沿线设施主要侧重于交通安全、通信和监控等,对于人和车辆的服务考虑甚少。近年来,随着高速公路里程的不断加长,如沈大、京津塘、石太、京石、沪宁等,对高速公路沿线服务设施的要求也越来越高。但国内对于高速公路休息设施的研究比较晚,在《公路工程技术标准》(JTJ 001—1997)中对于服务设施只是简单地提出:"高速公路应根据交通量大小、路段长度、沿线景观、地形条件,选择适当地点设置服务区,并合理确定服务区的功能和规模。"其中并没有对服务设施建设的标准、技术要求等做明确的规定。因而在服务区的建设过程中,很多省市的设计院都是参照日本"高速公路设计手册",由于我国道路交通有着自己的特性,加上设计人员对日本的规范认识不深入,使得我国早期的服务设施设计中存在较多的弊病。

鉴于此种情况,交通部制定的新版《公路工程技术标准》(JTG B01—2003),对于服务设施做了进一步的规定,最关键的是对于服务区设施和间距做了规定:"A级服务区应提供停车场、公共厕所、加油站、车辆修理所、餐饮与小卖部等设施,平均间距应为50km。"但是对于服务区的具体规划、内部设计的技术标准和设计方法并没有做出具体的要求。

上述研究,主要是侧重于具体一条高速公路主线上服务区选址以及服务区的内部布局设计,但是对于服务区的总体规划现在开展的研究还是很少。另外,交通部公路科学研究所的调查结果显示,调查所涉及的全国几大片区20多条干线公路的近百个服务区,其平均间距为45.6km,61%的服务区间距在35～55km。据此可知,在已建设服务区的高速公路路段,服务区建设中最大的缺陷不是综合性服务区太少,而是停车区太少。而且,从服务区运营现状来看,因规划设计的不合理带来的问题也大量存在,概括起来有:因服务区间距和规模设置不合理造成的服务区供需不平衡问题;因服务区内部服务设施空间布局与服务需求空间分布不协调给使用者带来不便问题;因规划中未全面考虑建设、养护、管理需要而导致的布局混乱和运营费用增加问题;因交通组织管理不规范导致的交通秩序混乱问题等。

对比国内外服务区的建设情况,无论是服务区建设密度和规模,还是服务区内部设施的布设情况,我国高速公路服务区建设与国外发达国家都还有一定的差距。

2)技术应用现状

该技术已写入交通运输部印发的《关于加强高速公路服务设施建设管理工作的指导意见》(交公路发〔2009〕31号),并在全国高速公路服务区进行推广应用。

7.3.3 绿色出行服务与管理技术

1)国内外研究现状

多媒体出行者信息系统的主要目的是为出行者提供信息,以便于出行者对自己的出行路线、出行时间、出行的交通模式以及出发到达时间等进行估计。虽然目前出行者信息系统在各个国家和地区得到普遍关注,但并没有一个可靠或者确定的方法来评估出行者信息系统工程的效益。研究人员也通过实地研究、软件仿真等方法进行相关研究,但很多方法在具体的工程中均难以得到很好的应用。

(1)国外现状

发达国家在出行者信息服务系统管理模式方面不尽相同,日本主要是政府和企业联合推动,成立专营公司运营;欧洲主要以商业开发运营为主;美国各州根据自己的实际情况,采取政府主导、专营公司和政企合作3种模式并存的方式。美国的每个州都采用了某种形式的先进的出行者信息系统(ATIS, Advanced Traveler Information Systems)。所以,在这些地区收集了不同精度的信息,从简单的公路巡警报告到复杂的摄像监视和交通传感器系统。同样,交通信息的发布方式也不相同,最普遍的信息发布方式依次是高速公路的交通广播、可变情报板、电话信息服务、网站、车载设备。虽然形式不同,但是综合各类国外相关系统在建设运营过程中有如下特点:

①建设运营过程中有强大的协调领导机构,注重部门间的协调。

日本为了促进交通信息服务的发展,成立了由首相任会长的VICS协会,美国在运输部的支持下,美国州公路和运输工作者协会(AASHTO)会同美国公路运输协会(ITS America)组织成立了511推广联盟,欧洲也是由市政部门和警察部门的人员共同成立专门的运营管理机构,协调领导机构的成立有力地保证了信息的采集、交换与共享,是系统成功实施并运营的关键。

②基础的交通信息采集与规范化处理工作以政府为主体开展。

各国交通信息采集、处理、分析作为政府公共事务,主要由政府财政支出,并负责维护,辅以私有信息采集手段。在日本,固定交通监测设施主要由政府负责建设、管理、养护,部分私有团体开始利用浮动车系统,为VICS中心提供数据。在美国,在运营模式建立之初,就提出基础交通信息采集与规范化处理,以政府为主体,并鼓励私人参与的策略。欧洲断面交通检测设施比较健全,在交通信息采集和规范化处理方面以政府为主体开展。

③交通信息采集、处理系统的建设运营与交通业务应用系统紧密关联。

在日本,警视厅、邮政省、建设省利用其业务应用系统进行信息采集,并从VICS中心获取处理后数据,为交通信号控制、交通诱导等服务。在欧洲,巴黎基于交通控制系统和交通拥堵控制系统,英国基于交通管理中心(UTC)构建综合交通信息中心。而美国的ATIS分析处理后的信息为政府部门的业务提供重要的支持。

④基础交通信息免费提供,增值信息服务方面鼓励私有团体的参与。

VICS系统成立了独立的财团法人进行管理和运营,免费提供交通信息,用户无需为信息付费。欧洲的系统一方面通过公众传媒方式(网站等)免费传递给用户;另一方面,通过有偿的方式将信息提供给信息服务商,信息服务商开展信息服务中公共、紧急信息免费,增值信息部分收费。美国的信息服务方面,通过网站、511呼叫中心等方式免费为公众提供交通信息。

⑤运营方面,各国在强调政府主导的前提下,具体的运作模式呈现多样化。

日本VICS系统由政府督导,并在信息提供和初步信息处理方面由政府控制,在运营上,通过收取协会会员费用的方式,维持系统运营。美国提供了多种可选的私人参与的模式,无论哪种模式,公共部门都占了主导位置,各模式之间的差异在于私人参与的阶段不同。欧洲国家倾向于建设全国范围内的信息中心,由政府交通管理和警察部门联合进行交通信息的运营和管理,并有偿提供给增值信息服务商。

(2)国内现状

我国的高速公路出行者信息服务系统在发展过程中(即信息系统建设、运营和服务的各个阶段)采用的方式、方法和策略各城市也存在很大差异,有的是系统的建设、运营和服务由政府主导;有的是系统建设由政府主导,运营和服务则采用市场化运作。总体而言具备以下特征:

①系统表现形式多样化。

“十五”期间,国内很多示范城市都建设了综合交通信息服务系统,各地建设的信息系统虽然在核心功能与整合交通数据方面是一致的,但在表现形式上不尽相同,主要包括开通交通综合信息网站、开通手机短信交通信息定制化服务、交通调频广播发布、可变情报板、动态指示牌交通信息发布、服务区信息亭交通信息发布等几种表现形式。

②政府是推动信息系统建设的原动力。

"十五"期间,我国的示范城市所建设的综合交通信息服务系统,大部分都是由政府部门牵头主导、推动建设的,政府在系统建设中发挥了举足轻重的作用。首先,政府部门的关于信息系统建设的决策,直接影响到所建设信息系统的性质、规模,以及未来的发展方向;其次,政府部门对于建设信息系统这样一个综合性系统工程,起到了协调系统相关部门的作用,这也是关系系统建设成败以及能否健康发展的关键因素;再次,各地政府部门对信息系统建设提供了一定的资金支持,这也是推动信息系统建设的最大的原动力。另外,有的城市(例如广州)在建设综合交通信息服务系统过程中,政府和企业建立了良好的合作关系,政府在企业运作综合交通信息系统的过程中,充分发挥了引导和支持作用,帮助企业顺利开展信息系统的建设运营工作,同时也真正起到了监督和约束的作用,把握综合交通信息服务系统建设全局和发展动态。

③信息服务系统建设规模较小,涉及范围有待扩大。

"十五"期间,我国的示范城市信息服务系统的建设主体大体有3类部门:第一类是交通运输行业管理部门;第二类是交通管理部门;第三类是由企业建设,信息系统与应用系统建设同步进行的部门。前两类部门都是掌握交通数据资源比较多的部门,作为信息系统的建设主体,比较有利于推动系统建设的顺利推进;企业作为信息系统建设的主体,需要政府的积极引导和在政策、机制上的大力支持。

"十五"期间,我国的示范城市所建设的信息系统,目前大都处在建设和运行的初期阶段,所涉及的范围主要以建设主体所管辖范围内的部门和系统为主。随着信息系统的进一步发展,涉及范围会扩大,纳入更多的部门和系统。

④信息系统大都由建设主体负责运营。

"十五"期间,我国的示范城市所建设的综合交通信息服务系统,基本上是由各自的建设主体在运营,运维费的来源除建设主体是企业的之外,基本上都是来源于政府的资金支持,企业建设运营的信息系统运维费由企业自行解决。运营所需的人员由运营主体通过增加编制或者社会招聘的形式解决。

⑤尚未形成完善的增值信息服务模式。

目前各示范城市所建设的综合交通信息服务系统都在不同程度上面向公众提供了一些交通信息服务,但所提供的信息服务大都是公益性、免费的信息服务,比如通过网站、广播等服务方式,以热线、短信等形式提供的服务也基本上是象征性的收取少量费用。尚未形成完善的个性化增值信息服务模式。

⑥经验成果及普遍存在的问题。

"十五"期间,通过建设交通综合信息服务系统,实现了整合交通信息资源的目标,这也是建设交通综合信息服务系统的核心宗旨所在。但是信息系统的运营管理尚未形成比较完善的机制,大都是依靠政府部门的支持而维持运营,自身不具备可持续发展的能力。另外,由企业运作的信息系统的可持续发展模式也尚在研究探索当中。

2)技术应用现状

随着计算机作为信息来源的使用日益广泛,多媒体触摸屏查询系统以其易于使用、坚固耐用、反应速度快、节省空间等诸多优点,使得系统设计师们日益感到触摸屏的确具有相当大的优越性。触摸屏查询技术出现在中国的时间很短,这个新的多媒体设备有待人们的共识。从发达国家触摸屏的普及历程和我国多媒体信息或控制系统改头换面的设备来看,触摸屏技术赋予多媒体查询系统崭新的面貌,是极富吸引力的全新多媒体交互设备。使用触摸屏查询技术对于各个应用领域的计算机已是必不可少的设备。它极大地简化了计算机的使用,即使是对计算机一无所知,也能够信手拈来使多媒体计算机展现巨大的魅力。通过多媒体制作手段,将图像、动画、视频、解说、音乐、文字等多种信息进行整合应用,以多媒体触摸屏方式交互查询,使用方便、快捷,形象生动。无论你是否有计算机知识,都能够在几秒钟内查到你所需的资料，它能够反复选看、重点选看、自动播放，既能方便用户，又是宣传企业、宣传产品的一种有效方式。

随着社会的信息化发展和计算机网络在生活中的广泛应用，信息查询多以多媒体触摸屏查询的形式出现。多媒体触摸信息查询是最简单、方便、自然的人机交互方式，且易于交流。解决了公共信息市场上计算机所无法解决的问题。多媒体触摸屏信息查询在我国的应用前景非常广阔。

7.4 公路服务设施合理规模与布局技术

7.4.1 高速公路服务运营模式研究

(1)区域路网规划及公路功能定位分析

庐山西海高速公路路线总体呈东西走向，东起福银国家高速公路昌九段，西连大广国家高速公路武吉段，属于福银高速和大广高速之间的地方一条联络线，连接了江西九江境内的永修、武宁两县。庐山西海高速公路环绕庐山西海国家级风景名胜区，为景区旅游出行的主要干线公路之一，其旅游服务功能突出。因此，从区域路网结构来看，庐山西海高速公路具有国高网联络线和旅游公路两大属性，其交通流由福银高速和大广高速之间转换交通流、旅游交通流及沿线所经永修、武宁两县人民群众出行交通流构成(见图7-3)。

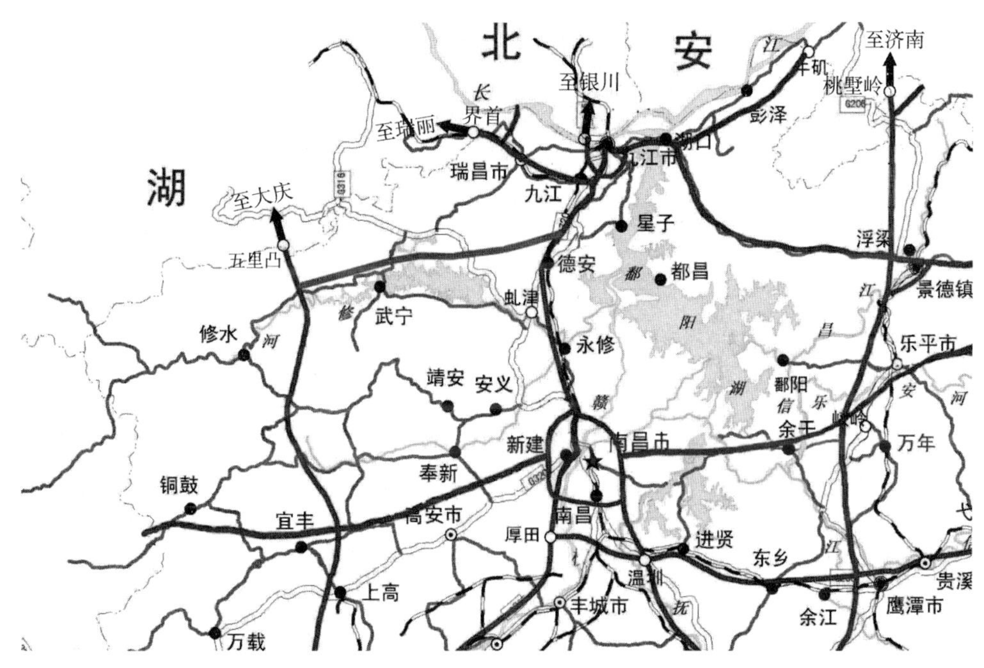

图7-3 庐山西海高速公路沿线区域路网布局示意图

(2)庐山西海高速公路服务运营模式选择

《江西省高速公路服务区建设设计指南(试行)》提出，高速公路服务区规划与设施建设应结合项目所在地区路网规划和公路总体设计的要求，使用方便、技术先进、安全可靠、经济合理，并符合高速公路交通现代化管理和高速公路环境保护的要求。因此，庐山西海高速公路服务运营模式的选择与周边路网服务运营模式息息相关，应充分研究与之连接的大广、福银两条高速公路服务设施的布局现状，并做好彼此服务设施之间的衔接。

经调查，区域路网中距离庐山西海高速公路较近的服务区有大广高速公路的江西修水服务区、湖北燕厦服务区和福银高速公路江西庐山服务区、永修服务区，上述服务区与庐山西海的位置关系见表7-3、图7-4。

项目区域服务设施分布情况一览表 表 7-3

序　　号	服　务　区	所属高速公路	备　　注
1	湖北燕厦服务区	大广高速公路	距终点武宁西互通
2	江西修水服务区		
3	江西庐山服务区	福银高速公路	距起点军山互通
4	江西永修服务区		

从表 7-3 及图 7-4 中可以看出，大广、福银两条高速为区域路网中的主骨架，其服务设施承担了区域大部分过境交通流的服务功能，庐山西海高速公路作为两条国高网高速公路之间的联络线，过境交通流较小，其服务设施以满足沿线群众出行和庐山西海国家风景名胜区的旅游出行服务为主。

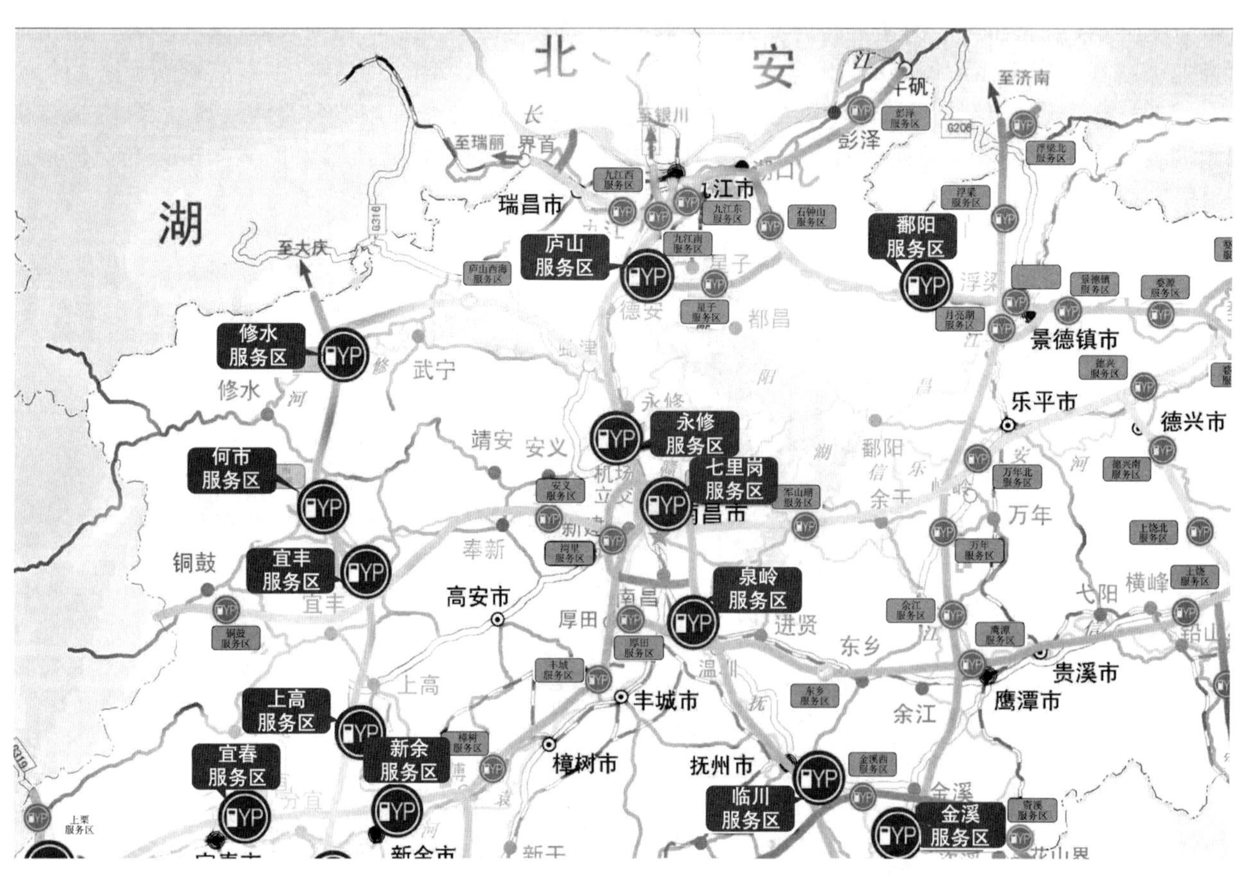

图 7-4　庐山西海高速公路项目区域服务设施分布示意图

庐山西海高速公路全长约 104.487km，根据《高速公路交通工程及沿线设施设计通用规范》对服务区布局要求，本项目初步设计阶段采取了"普通服务区＋停车区"的服务运营模式，全线设置了 2 处服务区和 1 处停车区。在施工图设计阶段，从庐山西海高速公路的功能定位和区域路网服务设施现状出发，经综合比较，设计采取"中心服务区＋停车区"的服务运行模式，并在此基础上进行了进一步优化比选，最终采用了全线仅设置一处中心服务区的服务运行模式。

7.4.2　服务区选址及布局规划

1)服务区选址

根据高速公路服务运营模式研究结果，庐山西海高速公路采取全线仅设置一处中心服务区的服务运行模式。在中心服务区选址时，庐山西海高速公路贯彻了《江西省高速公路服务区建设设计指南(试行)》提出的“服务区的选址根据全省高速公路服务区总体规划确定，服务区具体建设位置的选择应根据该服务区所在路段的交通区位、交通性质、场地特征、环境影响等因素确定”的要求，具体原则如下：

(1)应符合高速公路服务区规划要求，与主线联系密切，流向合理、出入方便。

(2)应充分利用特定的自然资源和地理条件，形成富有地方特色、人文历史的服务区景观。

(3)土地使用应符合国家土地和环保政策，少占耕地，宜减少拆迁和填挖方工程量。

(4)场地不应选择低洼易淹和有山洪、断层、滑坡、流砂、地震断裂带等地质灾害易产生地段。

(5)场地与隧道出口、互通立交应保持一定的距离，与隧道间距不小于 1km，与互通立交间距不小于 2km。

(6)在主线两侧可采用对位和错位等方式布置，宜征用梯形地块或长方形叠加地块。

(7)应选在靠近城镇，并必须具有水源、电源、通信、消防疏散及排污等建设基础条件，水源必须充足，饮用水符合国家标准。

根据以上原则，结合庐山西海高速公路的旅游服务功能定位，于 K46＋800 左侧约 200m 处设置庐山西海综合服务区，采用单侧集中式服务区形式，并设菱形互通与主线相连，节约了大量投资及运营费用。

2)服务区地理位置及场地特征

庐山西海综合服务区所处位置属于庐山西海国家级风景名胜区“一环三心六大景区，一城四镇六个度假村”总体规划中的康龙度假村区域，基本处于风景区柘林湖片区北侧的中部地带，能够较好地起到服务景区旅游的作用。服务区场地为东西两个半岛，内部地势起伏，高差较大，植被茂盛；外部南临柘林湖水库，北接云居山，景观资源极佳。

庐山西海服务区所处地理位置见图 7-5、原地形及范围示意图见图 7-6。

3)服务区总体布局规划

(1)服务区功能配置

根据《江西省高速公路服务区建设设计指南(试行)》，庐山西海服务区在配置车辆服务功能、人员服务功能、附属服务功能等高速公路基本服务功能的基础上，基于庐山西海高速公路的旅游服务功能定位，配置了旅游休闲娱乐等拓展服务功能，将庐山西海服务区打造成全国及江西省第一个集旅游观光、休闲度假、汽车服务的综合性公路服务区。

(2)服务区功能布局

①总图布局方案。通过场地特征及服务区功能需求分析，确定庐山西海服务区总图布局方案如下：

庐山西海服务区以高速公路为界分为服务南区和服务北区。北区配套基本的加油站和简单的快餐、超市、公厕，南区由维修保障、加油、餐厅、超市、公厕、风情购物区、旅客服务中心以及大型综合停车场组成，结合水面等自然景观设置了游艇观景码头，为旅客提供完善周到的配套服务。其功能布局图见图7-7。

经分析与计算，确定庐山西海服务区用地面积为 18.45hm^2，项目总建筑面积 9695m^2，其中北区服务站 48m^2，南区游客服务中心 3010m^2，餐饮休闲区 4250m^2，后勤保障楼 1950m^2。

②交通组织方案。区内车行流线清晰、完整，停车区和休息活动区动静分离。汽车由高速公路经匝道进入本服务区后，可根据不同需求便捷地到达各自的服务分区，确保了各区域的相对独立性和完整性。区内停车区域主要分为货车停车区、客车停车区及小车停车区。服务区停车场分布合理，并与服务配套设施联系便捷。其交通组织方案见图 7-8。

③景观规划方案。强调“适用性、景观资源利用最大化”的设计理念是此次方案设计的主要特点之一。服务区内通过两条景观主轴让进入服务区的车辆和旅客缓解长途旅行的视觉疲劳；依靠天然的地势高差和水面、山林等自然条件，使服务区内的每一栋建筑都拥有良好的景观界面。而服务区内完善细致的景观小品和配套设施，则更增加了设计的人文关怀。其景观分析图见图 7-9，服务区鸟瞰图见图 7-10。

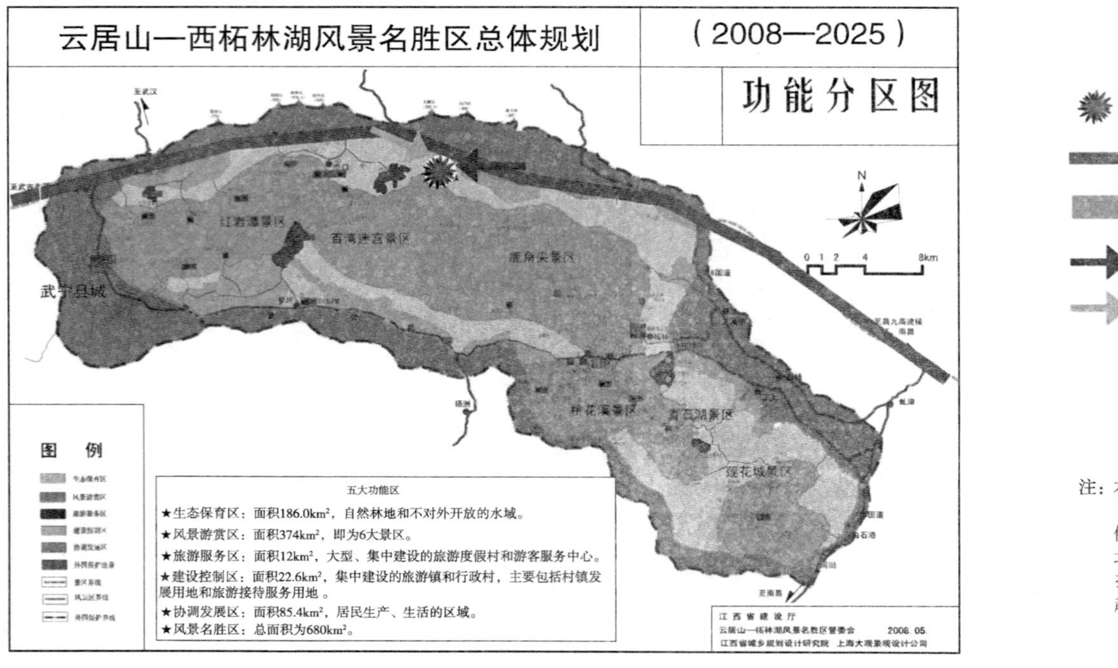

本地块在风景区位置

西海旅游高速公路

柘林湖风景游赏区

主客流来向

次客流来向

注：本地块属于云居山—柘林湖风景名胜区“一环三心六大景区，一城四镇六个度假村”总体规划中的康龙度假村区域，北侧紧邻旅游公路，交通便捷，南侧坐拥柘林湖绝好的自然景观，地理位置优越。

图 7-5　庐山西海服务区所处地理位置示意图

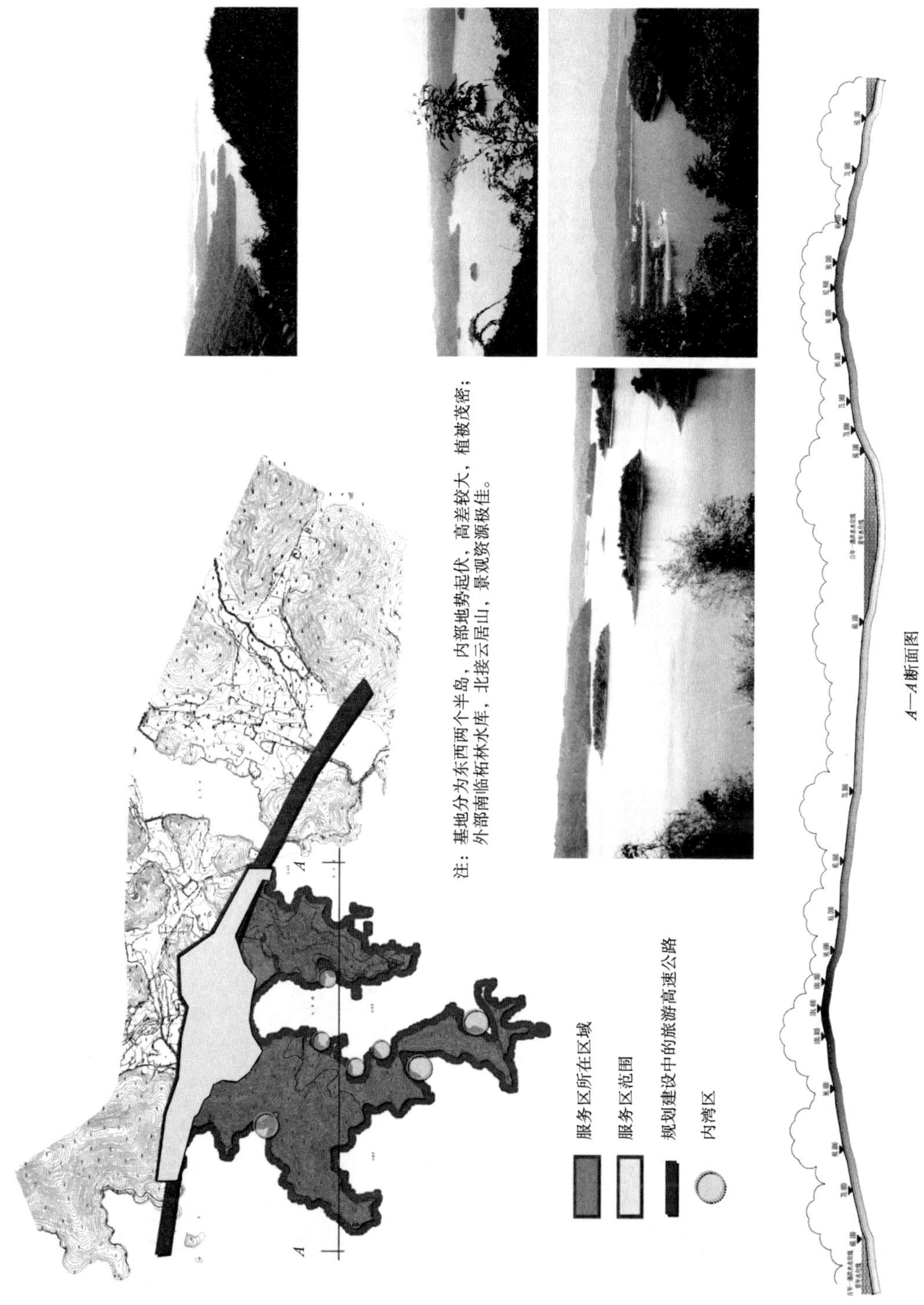

图 7-6 庐山西海服务区原地形及范围示意图

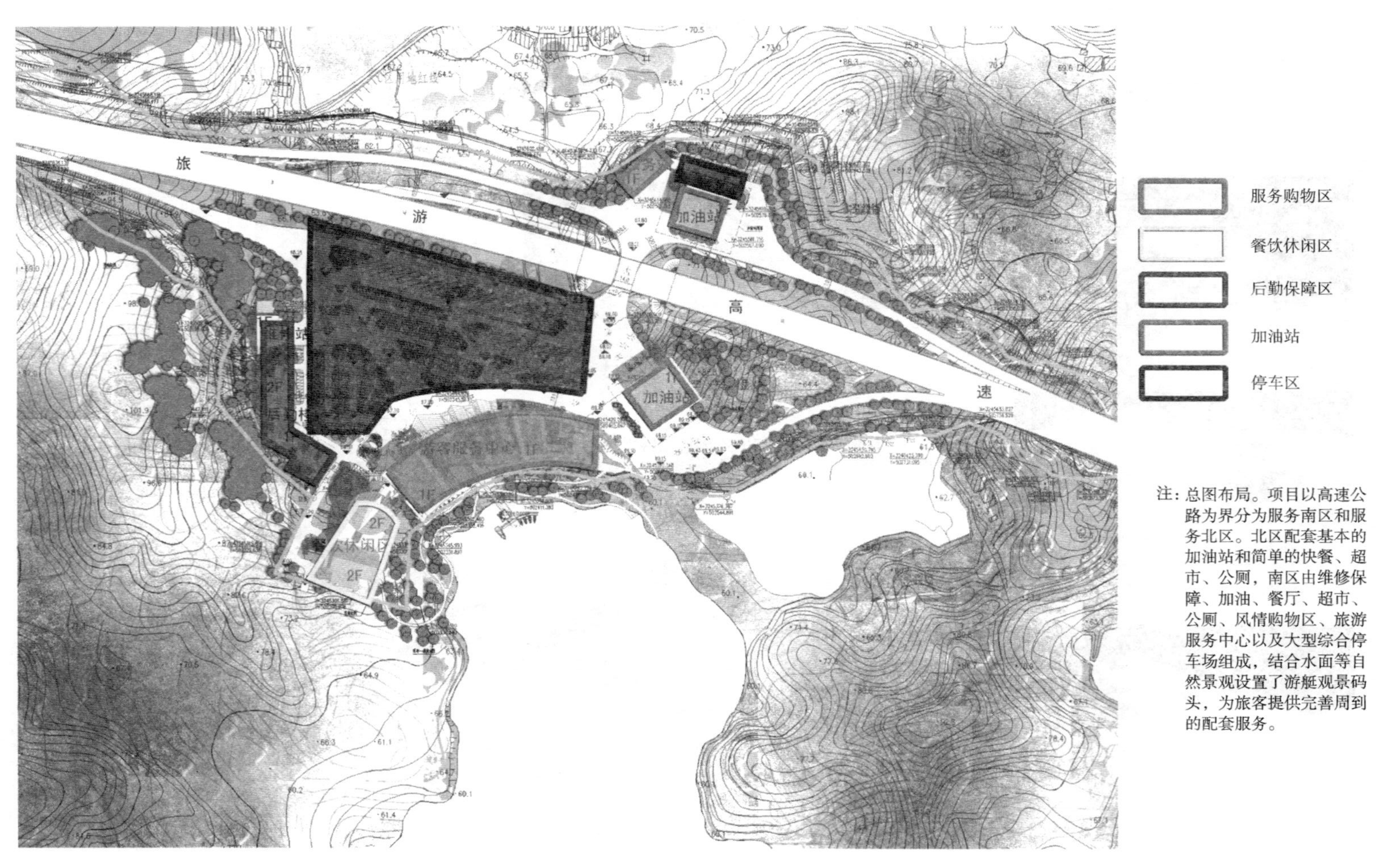

注：总图布局。项目以高速公路为界分为服务南区和服务北区。北区配套基本的加油站和简单的快餐、超市、公厕，南区由维修保障、加油、餐厅、超市、公厕、风情购物区、旅游服务中心以及大型综合停车场组成，结合水面等自然景观设置了游艇观景码头，为旅客提供完善周到的配套服务。

图7-7　庐山西海服务区功能布局图

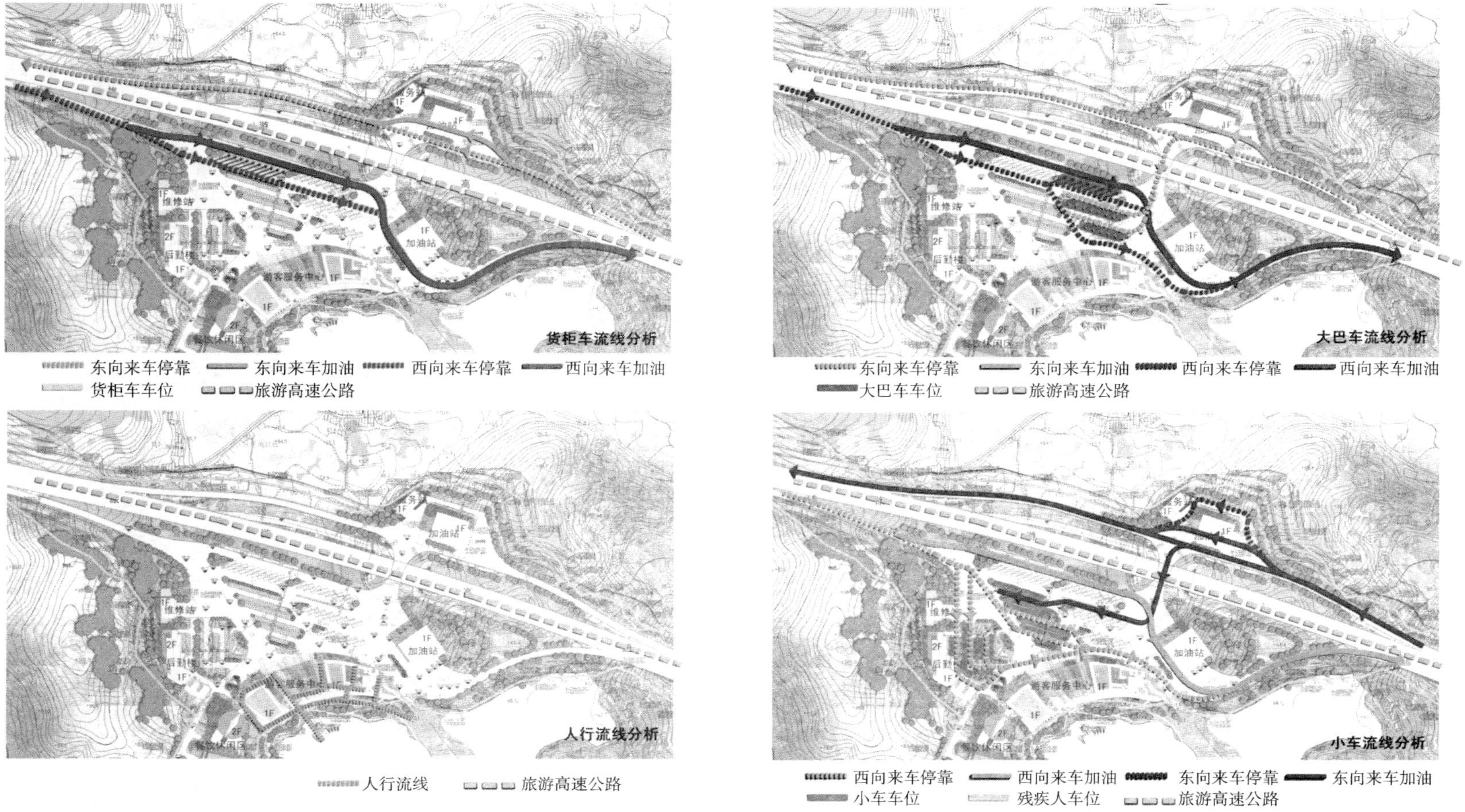

货柜车流线分析

东向来车停靠　东向来车加油　西向来车停靠　西向来车加油
货柜车车位　旅游高速公路

大巴车流线分析

东向来车停靠　东向来车加油　西向来车停靠　西向来车加油
大巴车车位　旅游高速公路

人行流线分析

人行流线　旅游高速公路

小车流线分析

西向来车停靠　西向来车加油　东向来车停靠　东向来车加油
小车车位　残疾人车位　旅游高速公路

注：交通组织为区内车行流线清晰、完整，停车区和休息活动区动静分离。汽车由高速公路经匝道进入本服务区后，可根据不同需求便捷地到达各自的服务分区，确保了各区域的相对独立性和完整性。区内停车区域主要分为货车停车区、客车停车区及小车停车区。服务区停车场分布合理，并与服务配套设施联系便捷。

图7-8　庐山西海服务区交通组织图

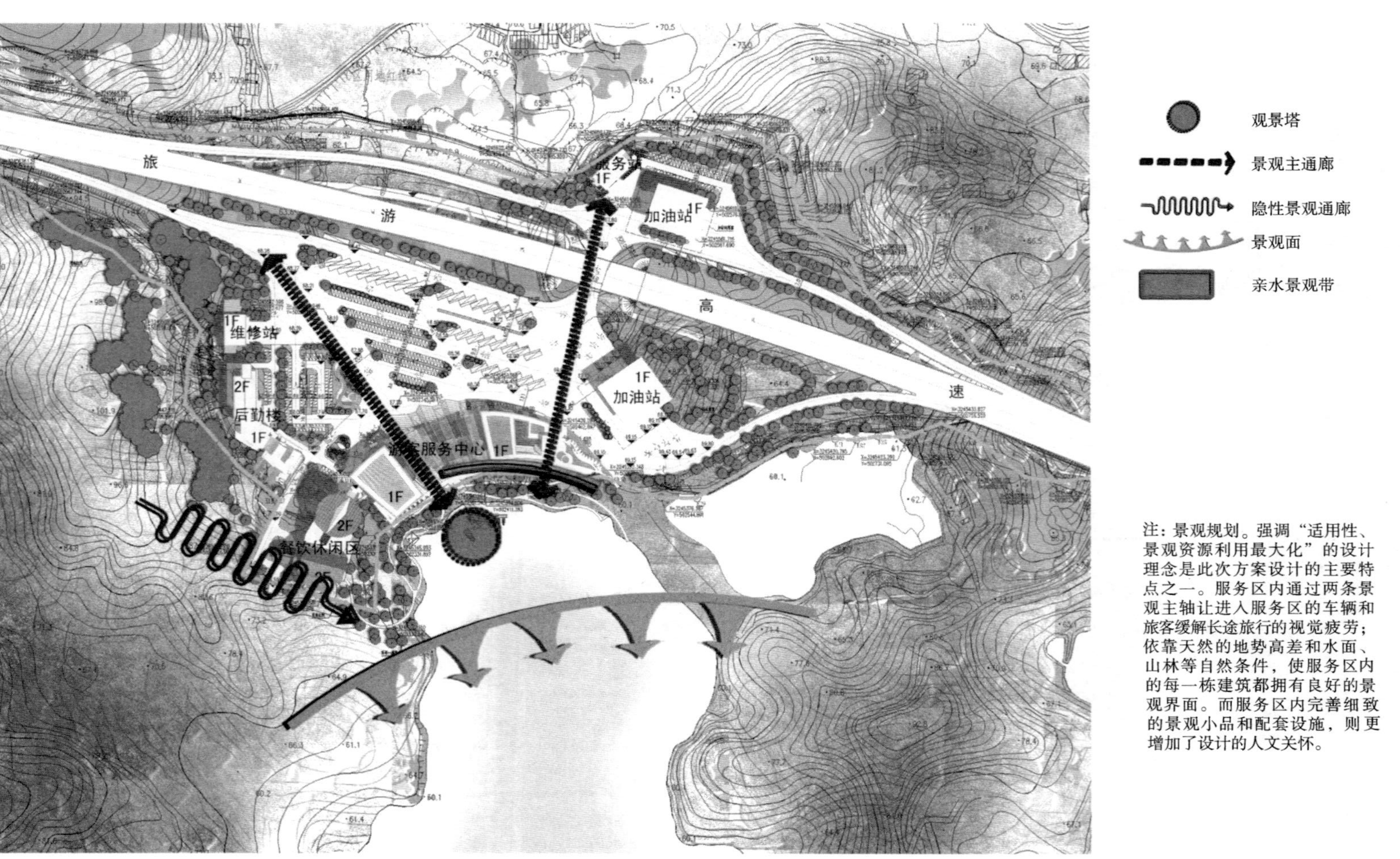

注：景观规划。强调“适用性、景观资源利用最大化”的设计理念是此次方案设计的主要特点之一。服务区内通过两条景观主轴让进入服务区的车辆和旅客缓解长途旅行的视觉疲劳；依靠天然的地势高差和水面、山林等自然条件，使服务区内的每一栋建筑都拥有良好的景观界面。而服务区内完善细致的景观小品和配套设施，则更增加了设计的人文关怀。

图 7-9　庐山西海服务区景观分析图

图7-10　庐山西海服务区鸟瞰图

7.5 绿色建筑技术

7.5.1 服务区所处地区的环境特征

庐山西海服务区所处地区的环境特征如下：

(1)气候条件

服务区所处地区属于夏热冬冷地区，提高建筑物隔热和遮阳是建筑节能的重要方面。

(2)水资源

服务区所处地区降水量较大，且服务区南临柘林湖水库，其水质达到《地表水环境质量标准》(GB 3838—2002)中一类水质标准，可利用水资源极为丰富；但由于柘林湖水库为南昌市的备用水源，水质保护要求较高，防治服务区运营中产生的水污染是重点之一。

(3)太阳能资源

项目区为太阳能资源一般带(Ⅲ区)，年辐照量 4494.35MJ/m^2(水平面)，年日照时数为 1700.7h。

(4)地热资源

庐山西海风景区地热资源极为丰富，现已开发利用的地热资源有庐山西海温泉度假村、巾口地热资源项目等；除地热资源外，柘林湖常年水温保持在 10℃左右，最冷月平均水温在 6～8℃(1 月)，其中深层湖水的水温均保持在 15～17℃，亦可作为服务区空调的冷热源。

(5)生态资源

服务区周围山体自然植被覆盖度极高，水源涵养、土壤保持及景观维持等生态功能突出；柘林湖现状水质较好，生活有桃花水母等大量水生物，水库湿地自然景观独特。

(6)地基情况

服务区属典型的软土地基，特点是软土普遍分布、厚度较大、程性质差。

7.5.2 节地与服务区室外环境控制技术应用

(1)节地措施

庐山西海高速公路通过运营模式的研究，将原设计的“中心服务区＋停车区”的服务运行模式优化为全线仅设置一处中心服务区的模式，减少设置服务区和停车区各 1 处。根据《江西省高速公路服务区建设设计指南(试行)》规定，中心服务区的用地面积标准为 10.0～13.5hm^2/处，停车区用地面积标准为 1.0～2.5hm^2/处，若中心服务区和停车区均按最小标准计算，则仅服务运营模式的优化措施即节约土地 11.0hm^2。

此外，通过科学选址措施，将庐山西海服务区设置于 K46＋800 处，服务区建设土方来源为前后两侧主线及北区挖方，实现了局部路段填挖平衡，未另行设置取土场和弃渣场而新增临时用地。

(2)服务区室外环境控制

服务区选址因地制宜，与当地气候、环境相适应是室外环境控制的基础。庐山西海服务区背山面水，“背山”挡住冬季北方寒流，“面水”接受夏季东南凉风，两侧半岛植被葱郁，场区无洪涝、泥石流及含氡土壤的威胁，无电磁辐射危害和火、爆、有毒物质等危险源，场区及周边环境空气达一类区质量，柘林湖水库水质达一类水标准，坐拥柘林湖山水景观，整个服务区场址具有“龙脉”之妙，为绿色(低碳)服务区的建设奠定了较好的基础。

为便于服务区运营管理及污染防治，庐山西海服务区采取单侧集中式总体布局方案，服务区北区配套基本的加油站和简单的快餐、超市、公厕，南区由维修保障、加油、餐厅、超市、公厕、风情购物区、游客服务中心以及大型综合停车场组成，并结合水面等自然景观设置了游艇观景码头。为降低公路主线交通噪声对南区建筑群声环境质量的影响，南区建筑群与公路主线的距离控制在 100m 以外，服务购物区、餐饮休闲区的建筑物均沿柘林湖岸布置，营造旅游观光、休闲度假的景观环境。庐山西海服务区场区规划总平面图及鸟瞰图分别见图 7-11、图 7-12。

图7-11　庐山西海服务区总平面图

主要经济技术指标

项目			指标
总用地面积			184485m²
总建筑面积			9799.5m²
其中	北区服务站		489.2
	其中	超市	75m²
		快餐厅	93m²
		公共厕所	181.5m²
	后勤保障楼		1813.4m²
	维修站		154.9m²
	餐饮休闲区		4294m²
	游客服务中心		3048m²
	其中	超市	277.2m²
		快餐厅	532.8m²
		公共厕所	365.7m²
		商业街	813.3m²
容积率			0.05
建筑占地面积			6956m²
建筑密度			3.7%
绿地面积			35898m²
绿地率			19.45%
道路广场面积			46484m²
停车位			307辆
其中	小车位		268辆
	大巴位		22辆
	货车位		17辆

注：基于项目重要的地理位置及良好的外部环境，我们希望将之规划成为一个集约化、复合型高速配套服务区，一片科技化、节能型建筑产品试验田。为实现上述目标，我们必须打破常规服务站过于粗犷单一的设计模式，从人性化角度合理组织交通流线和功能布局，巧妙利用景观资源，将建筑与山、与水、与场地融为一体，既保证车行顺畅、服务便捷的基本功能需求，更能为广大驾乘朋友提供一处放松心情、驻足小憩的“精神加油站”！

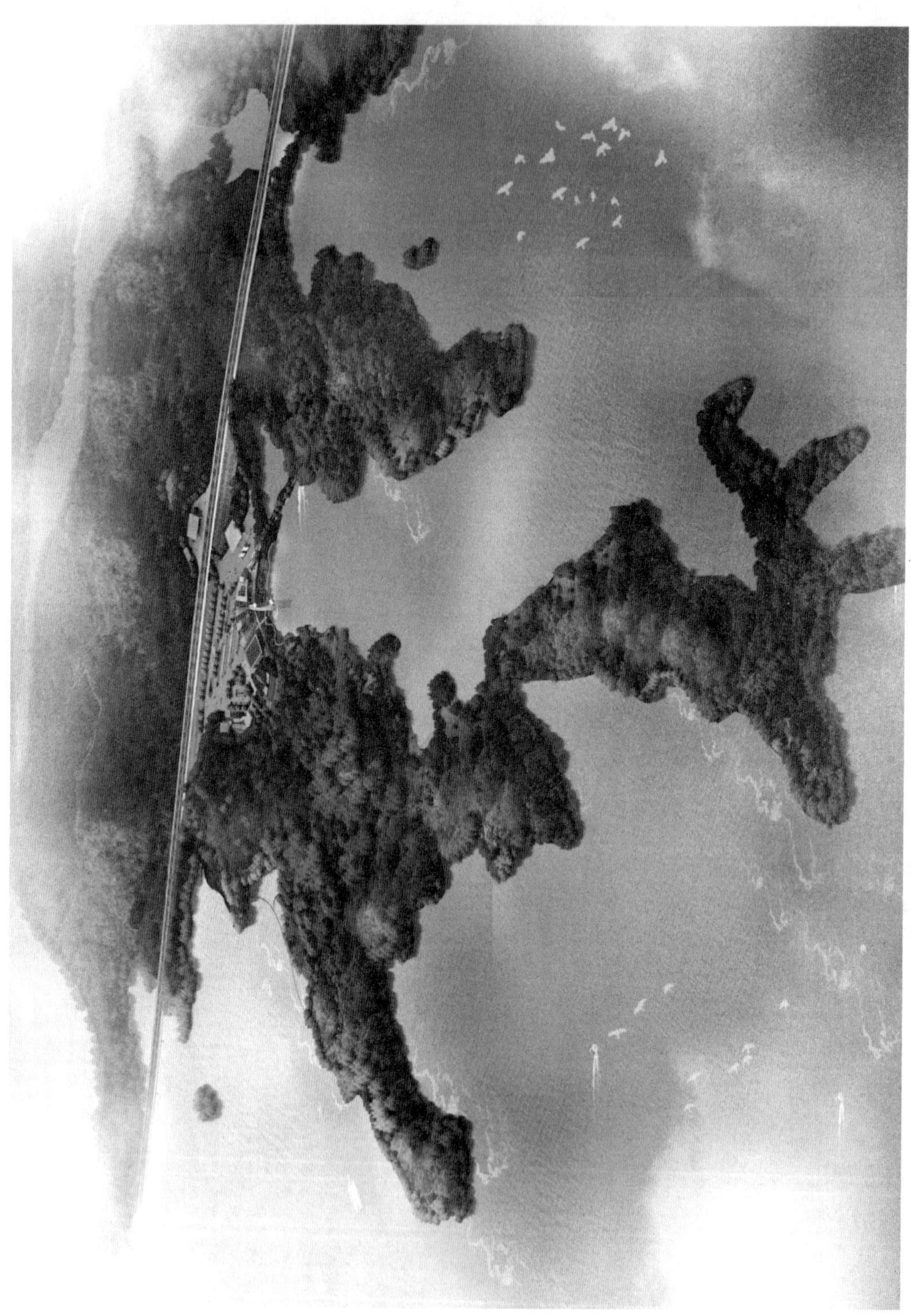

图 7-12 庐山西海服务区场区鸟瞰图

7.5.3 节能与绿色能源开发利用技术应用

(1)建筑节能技术

建筑节能是指在居住建筑和公共建筑的规划、设计、建造和使用过程中，通过执行现行建筑节能标准，提高建筑围护结构热工性能，采用节能型用能系统和可再生能源利用系统，切实降低建筑能源消耗的活动。庐山西海服务区按照《公共建筑节能设计标准》(GB 50189－2005)中规定的“按本标准进行节能设计，在保证相同的室内环境参数条件下，与未采取节能措施前相比，全年采暖、通风、空气调节和照明的总能耗应减少50%”开展建筑节能设计，应用的主要建筑节能技术如下：

①建筑总平面布置设计。庐山西海服务区选址于背山面水之地，且将服务购物区、餐饮休闲区等建筑物集中沿柘林湖岸布置，以充分利用冬季日照并避开了冬季主导风向，利于夏季自然通风。通过合理选址及平面布置设计，极大地降低了冬季采暖及夏季通风能耗。

建筑的主朝向为南向，将管理办公、餐厅、超市、风情购物区、游客服务中心等使用频率较高的房间布置于建筑群的南面，将设备(工具)房、储物间等使用频率较低的房间布置于建筑群的北面，并减少其门窗面积。通过以上措施，降低了使用频率较高的房间冬季的采暖用能。

②围护结构节能设计。在围护结构节能设计方面，主要通过外墙设计、屋面隔热设计、门窗保温设计等措施达到节能目的。

a.外墙设计节能。庐山西海服务区墙体采用MU5.0混凝土空心砌块填充墙，墙体厚度100mm、200mm，提高了建筑物的隔热保温性能。

b.屋面隔热设计节能。庐山西海服务区游客服务中心在传统屋顶的基础上，设计了屋顶绿化和架空式保温屋面。

屋顶绿化结构自上而下依次为种植土150～300mm厚、聚酯土工布过滤层、50mm厚碎石排水层、40mm厚C30UEA补偿收缩细石混凝土刚性防水层(配筋ϕ4双向@150随浇随抹平，每6×6m分缝，缝宽15mm，内灌防水油膏)、20mm厚1∶3水泥砂浆找平层、普通屋面[1.2mm厚合成高分子防水卷材、基层处理剂、20mm厚1∶3水泥砂浆找平层、30mm厚(最薄处)1∶8水泥陶粒找坡层找坡2%、钢筋混凝土屋面板]。

架空式保温屋面为玻璃屋面，面板层采用0.8mm厚铝板，保温层采用100mm厚钢结构专用绝热岩棉，气密层采用进口带强力加筋膜特强防潮防腐蚀亚光乳白色W-38贴面。

c.门窗保温与遮阳设计。庐山西海服务区游客服务中心建筑群房间南立面均采用金属平开门，为铝合金门联窗形式，门玻璃为无色透明中空玻璃(6mm厚玻璃＋9mm中空层＋6mm厚玻璃)；窗户采用金属推拉窗和金属百叶窗，断桥铝合金节能窗框，窗户玻璃亦采用无色透明中空玻璃，百叶靠墙内安装以遮阳。上述设计，使游客服务中心建筑群南面房间既充分采光又具有较好的隔热保温效果，同时游客休闲之余可欣赏美丽的柘林湖风光。

(2)绿色能源开发利用技术

太阳能、风能、地热能等绿色能源为可再生、清洁能源，使用过程不会产生煤、石油等传统化石能源所带来的环境污染，开发利用绿色能源是节能减排的重要措施之一。根据庐山西海服务区所处地点的自然地理及气候条件，项目有选择地推广应用了太阳能光电、太阳能热水、地源热泵等绿色能源开发利用技术。

①太阳能光电技术。

a.技术概要。太阳能光伏发电是根据光生伏打效应原理，利用太阳电池将太阳光能直接转化为电能，其原理示意图见图7-13。太阳能光伏发电系统分为独立光伏发电与并网光伏发电。其中，独立光伏发电系统也叫离网光伏发电系统，主要由太阳能电池组件、控制器、蓄电池组成，若要为交流负载供电，还需要配置交流逆变器；并网光伏发电系统就是太阳能组件产生的直流电经过并网逆变器转换成符合市电电网要求的交流电之后直接接入公共电网。光伏系统按系统装机容量的大小分为小型系统(装机容量≤20kW)、中型系统(20kW＜装机容量≤100kW)和大型系统(装机容量＞100kW)3种。

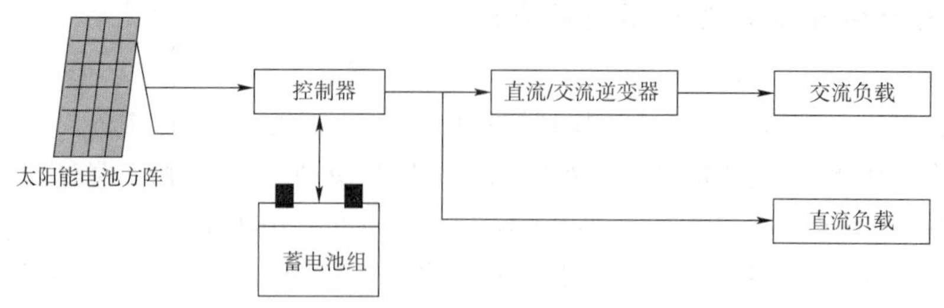

图 7-13　太阳能光伏发电原理示意图

光伏发电系统主要由太阳能电池板(组件)、控制器和逆变器 3 大部分组成,对需储存电能的还需配备蓄电池(见图 7-14)。

Ⅰ.太阳能电池板。

是太阳能发电系统中的核心部分,其作用是将太阳的辐射能力转换为电能,或送往蓄电池中存储起来,或推动负载工作。

a)太阳能电池板

b)控制器

c)蓄电池

图 7-14　庐山西海服务区太阳能光伏发电系统照片

Ⅱ.控制器。

其作用是控制整个系统的工作状态,并对蓄电池起过充电保护、过放电保护的作用。在温差较大的地方,合格的控制器还应具备温度补偿的功能。其他附加功能如光控开关、时控开关都应当是控制器的可选项。

Ⅲ.蓄电池。

一般为铅酸电池,小微型系统中也可用镍氢电池、镍镉电池或锂电池;其作用是在有光照时将太阳能电池板所发出的电能储存起来,到需要的时候再释放出来。

Ⅳ.逆变器。

太阳能的直接输出一般都是12VDC、24VDC、48VDC。为向220VAC的电器提供电能,需要将太阳能发电系统所发出的直流电能转换成交流电能,因此需要使用DC-AC逆变器。

设计时应根据用电要求选择适宜的光伏系统类型及其电压等级和相数,见表7-4。一般而言,高速公路服务区多采用独立光伏系统。

光伏系统设计选用表 表7-4

<table>
<tr><th>系统类型</th><th>电流类型</th><th>是否逆流</th><th>有无储能装置</th><th>适用范围</th></tr>
<tr><td rowspan="4">并网光伏系统</td><td rowspan="4">交流系统</td><td>是</td><td>有</td><td>发电量大于用电量,且当地电力供应不可靠</td></tr>
<tr><td>否</td><td>无</td><td>发电量大于用电量,且当地电力供应比较可靠</td></tr>
<tr><td rowspan="2"></td><td>有</td><td>发电量小于用电量,且当地电力供应不可靠</td></tr>
<tr><td>无</td><td>发电量小于用电量,且当地电力供应比较可靠</td></tr>
<tr><td rowspan="4">独立光伏系统</td><td rowspan="2">直流系统</td><td rowspan="4">否</td><td>有</td><td>偏远无电网地区,电力负荷为直流设备,且供电连续性要求较高</td></tr>
<tr><td>无</td><td>偏远无电网地区,电力负荷为直流设备,且供电无连续性要求</td></tr>
<tr><td rowspan="2">交流系统</td><td>有</td><td>偏远无电网地区,电力负荷为交流设备,且供电连续性要求较高</td></tr>
<tr><td>无</td><td>偏远无电网地区,电力负荷为交流设备,且供电无连续性要求</td></tr>
</table>

b.应用情况。

Ⅰ.实施地点及规模。

庐山西海服务区太阳能光伏发电系统安装于该服务区后勤楼东北屋顶平台,装机容量20.24kWp,属于中型光伏系统。

Ⅱ.系统选型及工作原理。

基于庐山西海服务区自然地理条件及用电需求,其太阳能光伏发电系统采用独立、直流、有储能装置的光伏系统。

太阳能电池板组件经串并联组成光伏电池阵列后发出的直流电经汇流箱汇流,在通过控制器控制对蓄电池充电,当负载有需要用电时,再通过独立逆变器将蓄电池内的直流电逆变成50Hz、220V的交流电供负载使用。系统设计为光电市电互补模式,当蓄电池电量不足时,自动切换到市电供电模式。

Ⅲ.太阳能电池板组件选型及安装形式。

太阳能电池板选用多晶硅组件,组件11块为1路,共8路,采用8进1出汇流箱1个。考虑建筑的整体美观性及组件自洁要求,光伏阵列组件正面朝南,采用20°固定倾角安装。

Ⅳ.系统电气布局及选型。

汇流箱就近安装于光伏阵列内,控制逆变器、交直流配电柜、蓄电池等其他设备安装于配电房内。

太阳能电池板型号为上海太阳能科技有限公司生产的S-220D(230Wp),共88块,11串8并,接入一台220V、100A太阳能控制器,配置2组2V 500A·h蓄电池,110个串联(可满足连续3天阴雨天供电),以及一台220VDC/220VAC,容量为5kV·A的独立逆变器。

Ⅴ.发电量。

根据当地日照资源,结合独立系统的自身效率,估算本系统的发电量为至少每天可提供30度电能供负载使用。

②太阳能热水技术。

a.技术概要。太阳能热水系统是指将太阳辐射转换为热能以加热水并输送至各用户所必须的完整系统,通常包括太阳能集热器、储热器、循环泵、连接管、支架及其他零部件、控制系统和必要时配合使用的辅助热源，其系统组成示意图见图 7-15。

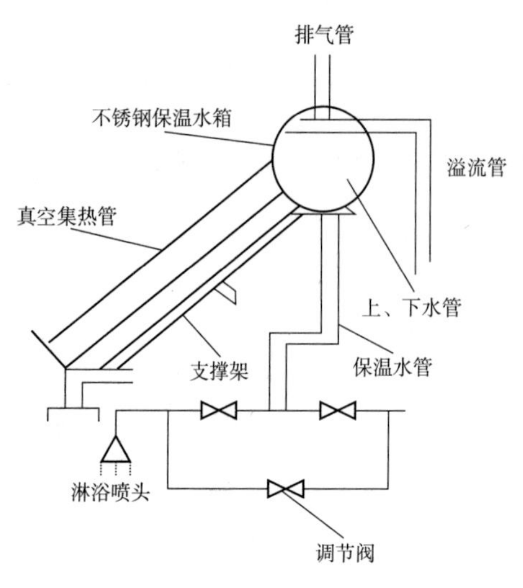

图 7-15 太阳能热水系统结构示意图

太阳能热水系统按运行方式分为自然循环式系统、直流式系统和强迫循环式系统 3 种，按有无换热器分为直接系统和间接系统(其中，直接系统在集热器中直接加热供水，间接系统是利用换热器间接加热供水)，按控制方式分为定温控制(温控阀或温控器)、温差控制、光电控制、定时控制等 4 种(直流式系统一般采用定温控制方式，强迫循环式系统一般采用温差控制方式)，按供热水范围分为集中供热水系统、集中一分散供热水系统、分散供热水系统。根据《太阳能热水系统设计、安装及工程验收技术规范》(GB/T 18713—2002)，太阳能热水系统运行方式应根据用户基本条件、用户的使用需求及集热器与储水箱的相对安装位置等因素综合加以确定，可按表 7-5 推荐的方式选取。集热器类型应根据太阳能热水系统一年中的运行时间、运行期内最低环境温度等因素确定，可按表 7-6 推荐的类型选用。

太阳能热水系统运行方式的选用　　表 7-5

运行条件		运行方式		
		自然循环	直流式	强迫循环
水压不稳		可用	不宜用①	可用
供电不足		可用	不宜用②	不宜用③
即时用热水		不宜用	可用	不宜用
集热器与储水箱相对位置	集热器位置高	不宜用	可用	可用
	储水箱位置高	可用	可用	可用
使用环境温度	高于 0℃	可用	可用	可用
	低于 0℃	采用防冻措施可用		

注：①在温控器控制泵的方式下可用。
②在温控阀控制的方式下可用。
③在光电池控制直流泵的方式下可用。

集热器类型的选用　　表 7-6

运行条件		集热器类型		
		平板型	全玻璃真空管型	热管式真空管型
运行期内最低环境温度	高于 0℃	可用	可用	可用
	低于 0℃	不可用①	可用②	可用

注：①采用防冻措施后可用。
②如不采用防冻措施，应注意最低环境温度值及阴天持续时间。

b. 应用情况。

庐山西海服务区的游客服务中心、餐饮休闲区、后勤楼、北区服务站、维修站等有洗手、淋浴等热水需求的建筑物均设置了太阳能热水系统，设计采用直接系统，控制方式为可由用户从定温控制、温差控制、定时控制等 3 种模式自由选择，运行方式为强迫循环，集热器类型为热管式真空管型。庐山西海服务区太阳能集热器安装情况见表 7-7。

庐山西海服务区太阳能集热器安装情况一览表 表 7-7

安装地点	游客服务中心	餐饮休闲区	后勤楼	北区服务站	维修站	合计
集热器数量(片)	64	24	48	24	1	161
规格(每片)	15mm×ϕ47mm×1500mm					
集热面积(m^2)	120	45	90	45	1.875	301.875

③地源热泵技术。

a.技术概要。

地源热泵系统是以岩土体、地下水或地表水为低温热源，由水源热泵机组、地热能交换系统、建筑物内系统组成的供热空调系统。根据地热能交换系统形式的不同，地源热泵系统分为地埋管地源热泵系统、地下水地源热泵系统和地表水地源热泵系统。其中：地埋管地源热泵系统是指传热介质通过竖直或水平地埋管换热器与岩土体进行热交换的地热能交换系统，又称土壤热交换系统；地下水地源热泵系统是指与地下水进行热交换的地热能交换系统，又分为直接地下水换热系统和间接地下水换热系统；地表水地源热泵系统是指与地表水进行热交换的地热能交换系统，又分为开式地表水换热系统和闭式地表水换热系统。上述类型地源热泵系统结构示意图见图 7-16。

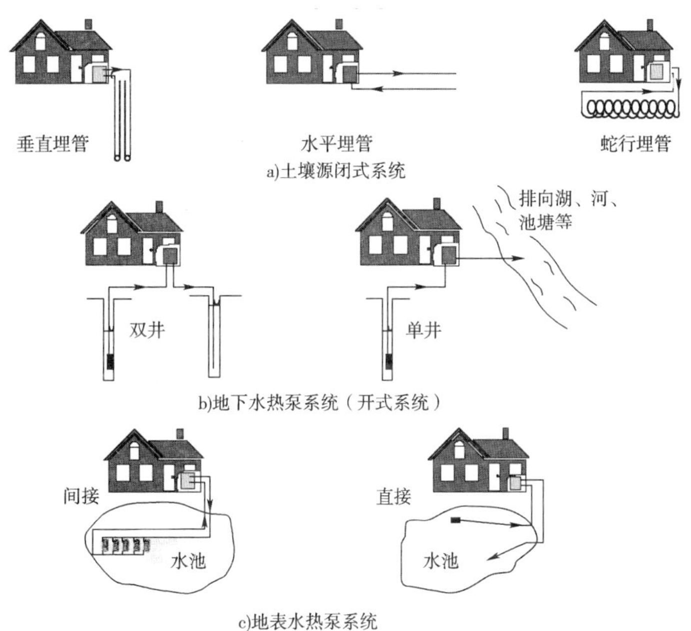

图 7-16 地源热泵系统结构示意图

地源热泵常用于夏热冬冷地区夏季空调制冷和冬季供暖，其系统应用原理示意图见图 7-17、图 7-18。

b.应用情况。

Ⅰ.实施地点及规模。

庐山西海服务区将地源热泵技术应用于餐饮休闲区建筑群空调系统的夏季制冷和冬季取暖，总装机容量为制冷量 800kW、制热量 867kW。

Ⅱ.系统选型及工作原理。

柘林湖常年水温保持在 10℃左右，最冷月平均水温在 6～8℃(1 月)，其中深层湖水的水温均保持在 15～17℃。庐山西海服务区紧临柘林湖，可利用其丰富的水资源作为空调冷热源。因此，庐山西海服务区地源热泵系统设计采用开式地表水地源热泵系统，以柘林湖深层湖水作为餐饮休闲区建筑群中央空调系统的冷热源。

本项目水源热泵机组选用上海瀚艺冷冻机械有限公司生产的 HYS 系列水源热泵机组，其工作原理为：抽取柘林湖 4～8m 深湖水至水源热泵系统，中央空调系统的制冷剂吸收湖水的热量，并将热量输送至中央空调系统，水源热泵系统中经冷却后的湖水再排至柘林湖中。该水源热泵机组系统组成示意图见图7-19。庐山西海服务区水源热泵系统应用照片见图7-20。

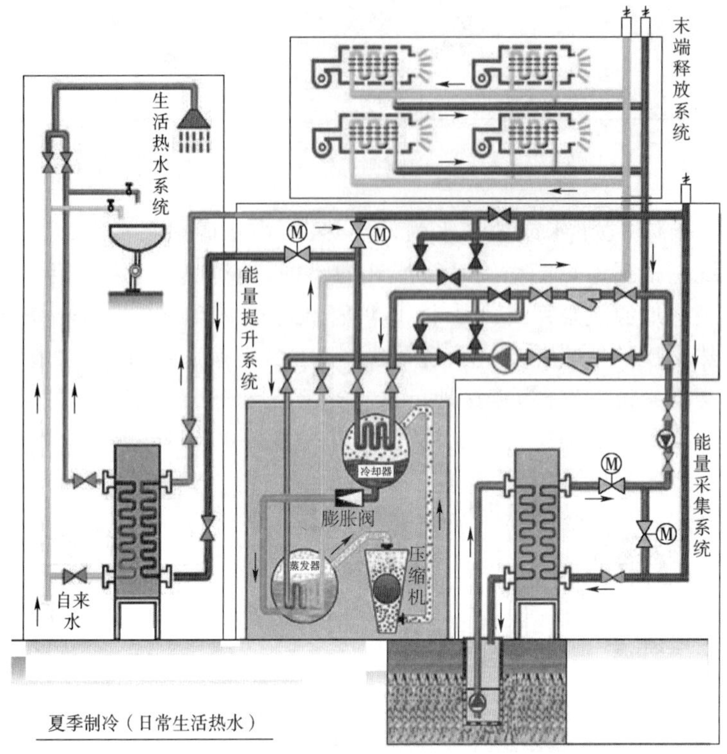

图7-17 地源热泵系统应用于夏季制冷示意图

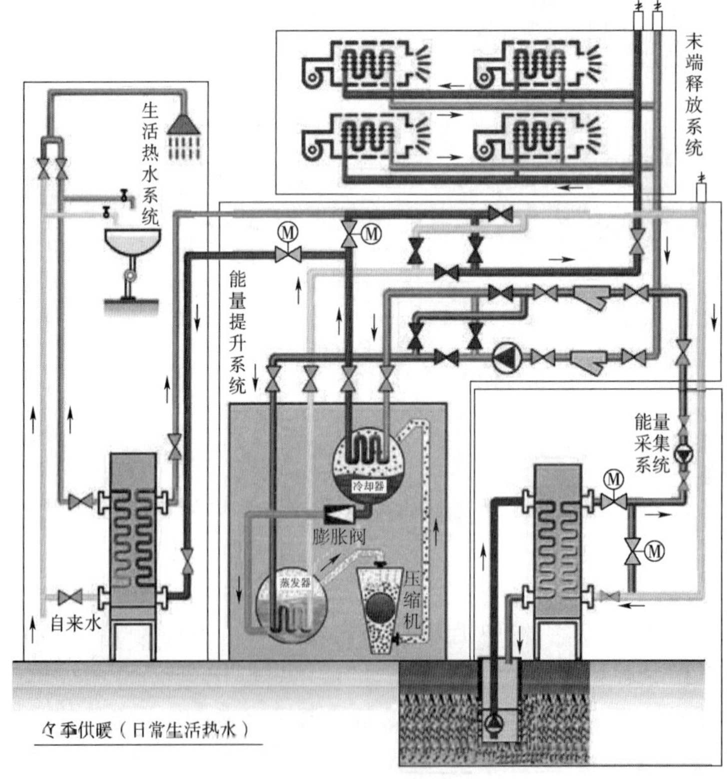

图7-18 地源热泵系统应用于冬季供暖示意图

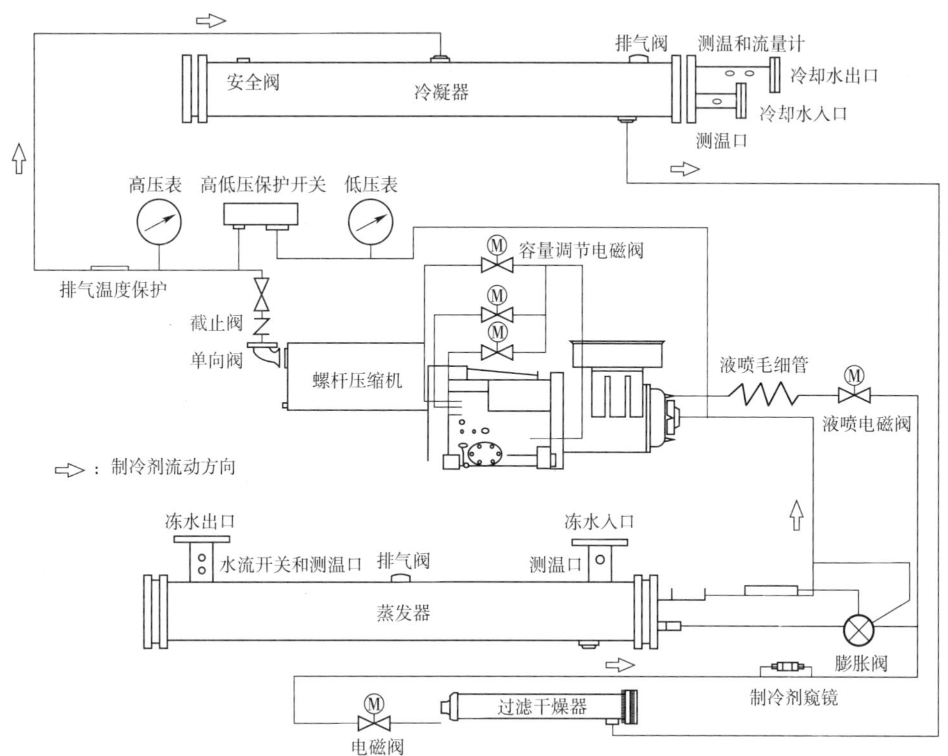

图 7-19　HYS 系列水源热泵机组系统组成示意图

a)水源热泵机组　　b)餐饮休闲区

图 7-20　庐山西海服务区水源热泵系统应用照片

(3)绿色照明技术

绿色照明是指通过提高照明电器和系统的效率，节约能源；减少发电排放的大气污染物和温室气体，保护环境；改善生活质量，提高工作效率，营造体现现代文明的光文化。绿色照明是美国国家环保局于 20 世纪 90 年代初提出的概念。完整的绿色照明包含高效节能、环保、安全、舒适等 4 项指标，不可或缺。高效节能意味着以消耗较少的电能获得足够的照明，从而明显减少电厂大气污染物的排放，达到环保的目的。安全、舒适指的是光照清晰、柔和及不产生紫外线、眩光等有害光照，不产生光污染。绿色照明主要包含照明设施、照明设计及照明维护管理等 3 项内容，具体包括开发并应用高光效的光源、开发并应用高光效的灯具和智能化照明控制系统、合理的照明方式、充分利用自然光以及加强照明节能的管理等 5 个方面。

庐山西海服务区推广应用的绿色照明技术主要有光导照明、充分利用自然光、高效节能照明灯具应用等。

①光导照明技术。

a. 技术概要。

光导照明系统是通过室外的采光装置捕获室外的日光，并将其导入系统内部，然后经过光导装置强化并高效传输后，由漫射器将自然光均匀导入室内需要光线的任何地方。从黎明到黄昏，甚至是阴天或雨天，该采光系统导入室内的光线仍然十分充足。光导照明具有以下优点：

Ⅰ.节能。

无需电力,利用自然光照明,同时系统中空密封,具有良好的隔热保温性能,按光源类型分类,可将其归入“冷光源”,不会给室内带来热负荷效应。

Ⅱ.健康。

室内为漫射自然光,无频闪,不会对人眼造成伤害,同时表面带有UV涂层的采光装置会隔绝大部分的紫外线,使少量的紫外线进入室内,可以清除室内霉气,抑制微生物生长,促进体内营养物质的合成和吸收,改善居住环境。

Ⅲ.光效好。

光导照明系统所传输的光为自然光,其波长范围为380～780nm,显色性Ra为100(白炽灯所发出的光最接近自然光,其显色性为95～97),且经过系统底部的漫射装置,进入室内的光为漫射光,光线柔和,照度分布均匀。

Ⅳ.使用年限。

光导照明系统使用年限≥25年(电力照明灯具的使用年限最大10年左右,LED照明)。

b.应用情况。

Ⅰ.实施地点及规模。

光导照明技术主要应用于庐山西海服务区游客服务中心的餐厅及餐饮休闲区的会议室,共计31个光导照明系统。

Ⅱ.系统选型及构造。

庐山西海服务区光导照明系统选用北京东方风光新能源技术有限公司生产的尚拓导光管采光系统,系统主要由室外屋顶的采光装置、光传导部分(导光管)、室内的漫射器等3大部分组成。

采光装置由采光罩和防雨装置组成。采光罩采用透明采光罩具,为PC材料添加UV注塑加工而成,材质自身拥有较强的耐摩擦性能和抗冲击性能,透光率可达87%,同时可隔绝90%以上的紫外线,由于添加了UV材料使采光罩的黄化指数大大的提高,黄化性能小于1。外形为球面设计,除美观外,最大的作用是使其更大面积地接收光线和防止集落大颗粒灰尘。光线采用折弯技术,采光罩底部进行光学设计,使其有效地增加早晚和日常自然光线的采集。采光罩表面拱挤耐摩擦涂层,即使长期处在恶劣的风沙环境中,也不会因长期摩擦而影响其透光性。采光罩内拱挤特殊防结露膜,可使冷凝水不能形成露滴直接滴落到系统内部,而是沿壁流下,经系统回水槽排到外面;适应温度范围为－40～125℃,即使在昼夜温差相差较大的地区也可以安全的使用。

导光管是把由采光装置收集的自然光导入室内的管道,一般为铝制结构,质量较轻。导光管可以按形状分为直导光管和弯管两种,弯管可以有不同的弯曲角度,弯曲角度变化范围为0～90°。导光管内壁5层特殊膜确保了光线的高效传输性和稳定性。材料全反射率达到98%以上。由于光在导光管内传输时要经过多次反射,导光管的反射率越高,其光强剩余量也就越大,所以选用高反射率的材料制成的导光管,其传输效率也比较高。

漫射器由PC材料或PMMA材料制成,具有良好的透光性、漫射性和非常好的隔热、隔音效果,不易着火且离火自熄。从光导管传至室内的光线不是完全均匀的,因此为使室内的光线均匀分散,就要借助于漫射器的光散射特性。透镜具有汇聚或发散光的特性。菲涅尔透镜具有改变光传播方向的作用,无论是在透光性还是在散射光特性方面都有很好的性能。此外,晶体颗粒及棱镜等也都可以起到发散光的效果(见图7-21)。

②充分利用自然光技术。

在不依赖常规能源的基础上充分利用自然光照明是建筑节能降耗的重要措施之一。庐山西海服务区采取的主要措施如下:

a.为充分利用自然光,庐山西海服务区南区建筑群沿柘林湖库岸布置,避免了建筑单体之间的光线遮挡。

b.对采光需求较高的房间全部布设在建筑群的南面,设计上最大化南向玻璃面积,以充分采光,一年四季白天基本无需辅助照明。

c.服务区主入口中庭屋面玻璃化,整体通透化,实现零能耗。

d.在保证如厕人员隐私的前提下,厕所设计尽量通透化,以减少白天照明。

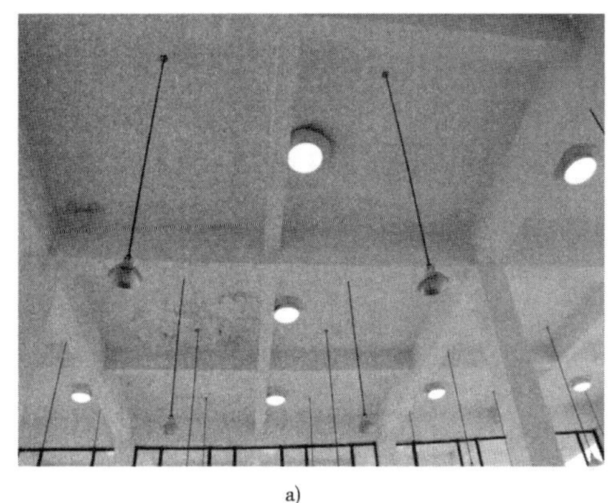

a)

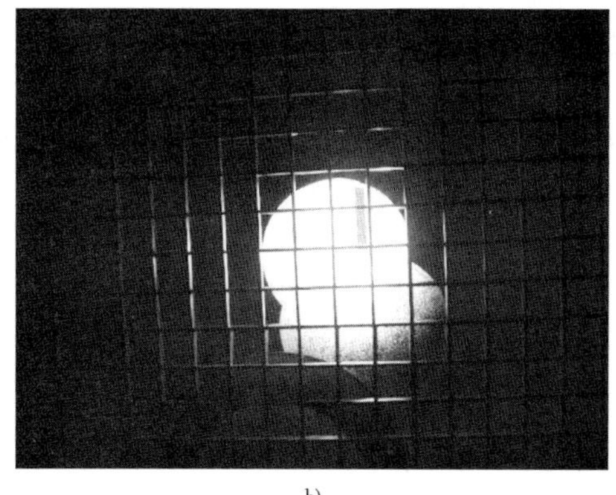

b)

图 7-21　庐山西海服务区光导照明照片

通过以上措施，充分利用了自然光，极大地减少了白天照明用能(见图 7-22)。

a)最大化南向玻璃面积

b)主入口中庭屋顶玻璃化、整体通透化

c)中庭屋顶玻璃化

d)餐厅东、南、西向玻璃最大化

e)厕所通透化

图 7-22　庐山西海服务区充分利用自然光照片

③高效节能照明灯具。

庐山西海服务区采用1盏12×400W高压钠灯用于整个服务区停车场的照明，建筑室内外灯具均采用单端紧凑型荧光灯、三基色双端直管荧光灯、金属卤化物灯、LED灯等节能灯具，未使用T8、T12直管型荧光灯和白炽灯等非节能灯。上述灯具既满足了各类照明需求，又节能环保，为整个绿色（低碳）服务区的建设奠定了基础。

7.5.4 节水与水资源利用技术应用

1）生活污水再生利用技术

（1）技术概要

①生活污水再生利用概念及方向。

生活污水再生利用是指生活污水经过净化处理，达到再生水水质标准和水量要求，并用于景观环境、杂用、工业和农业等用水的全过程。对服务区而言，其污水再生利用方向主要包括杂用水和环境用水两大类，其中杂用水主要指用于服务区绿化、道路清扫、消防、冲厕、车辆冲洗等，环境用水指满足服务区生态环境、景观水体或各种水景构筑物的利用方向。

②生活污水再生利用工艺。

对于公路服务区污水的再生利用，宜采用的基本工艺如下：

a.好氧生物处理法。

生物膜法与深度处理相结合工艺流程如图7-23所示。

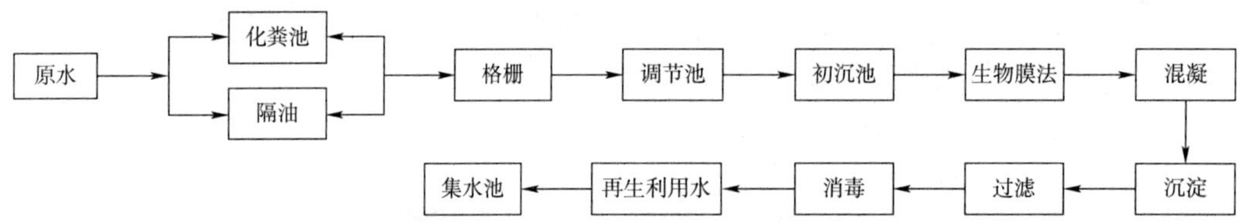

图7-23 污水生物膜处理与深度处理工艺流程图

活性污泥法工艺流程如图7-24所示。

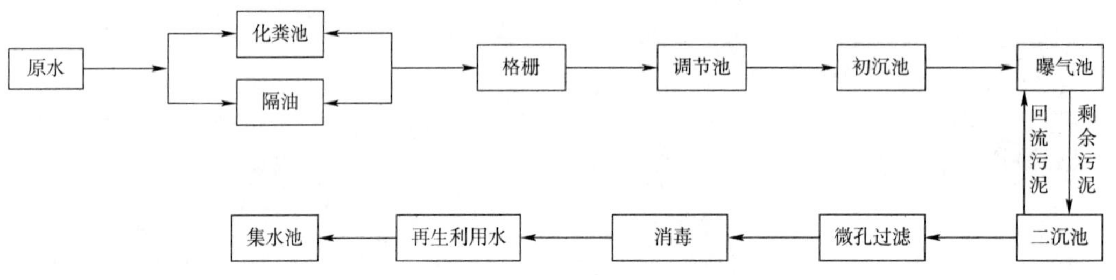

图7-24 活性污泥法处理工艺流程图

膜生物反应器（MBR）工艺流程如图7-25所示。

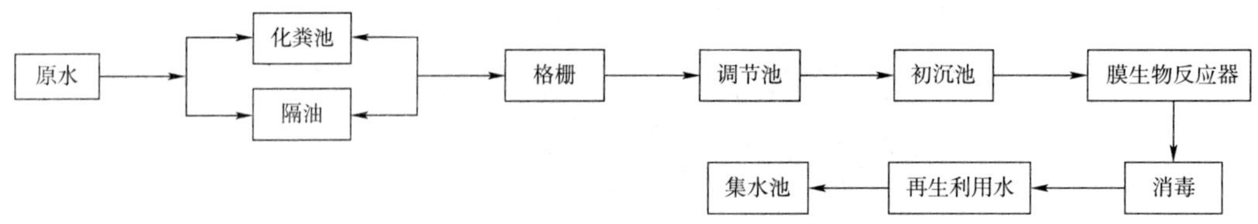

图7-25 膜生物反应器处理工艺流程图

b.土地处理。

人工湿地处理工艺工艺流程如图7-26所示。

土壤渗滤处理工艺工艺流程如图7-27所示。

复合土地处理工艺工艺流程如图7-28所示。

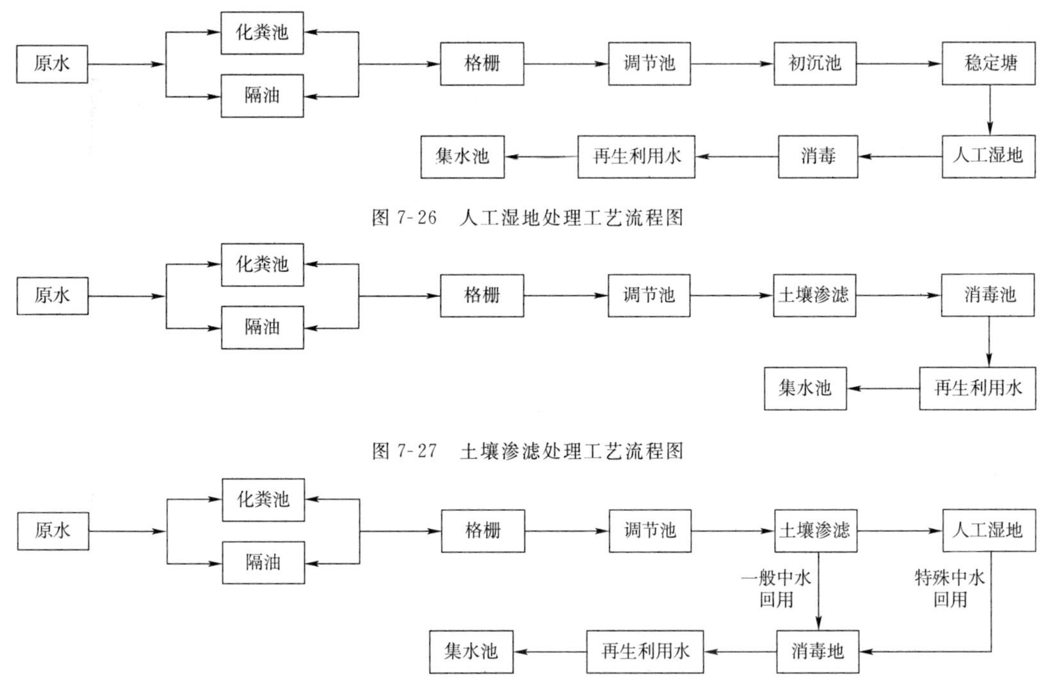

图 7-26 人工湿地处理工艺流程图

图 7-27 土壤渗滤处理工艺流程图

图 7-28 复合土地处理工艺流程图

(2)应用情况

①污水再生利用方向。柘林湖为南昌市的备用水源，为保证其水质安全，严禁向湖中排放生活污水。因此，庐山西海服务区建设了生活污水再生利用系统，处理后的污水集中储存并回用于服务区绿化、道路清扫。

②污水再生利用工艺及设备。

a. 污水再生利用工艺。考虑到污水处理量较小且污水负荷变化较大的特点，庐山西海服务区选用膜生物反应器处理工艺作为再生利用的核心工艺。膜生物反应器属于生活污水三级处理(或深度处理)工艺，其目的是使处理后的排水达到回用的要求。膜生物反应器是将膜分离装置和生物反应器结合而成的一种新型高效污水处理系统，其将膜分离工程于生物工程结合起来，以膜分离装置取代普通生物反应器中的二沉池，从而取得高效的固液分离效果。不仅可大幅度地提高曝气池的污泥浓度，而且出水水质稳定优质，经过后续消毒处理后，可直接达到回用水的标准。在污水量较小的场合，不管是一次性投资还是运行费用，都有一定的优势。

b. 污水再生利用设备。本项目选用江西金达莱环保股份有限公司生产的兼氧膜生物反应器(型号 JDL-MBR-100)，处理能力 100t/天，其功能分区示意图见图 7-29。

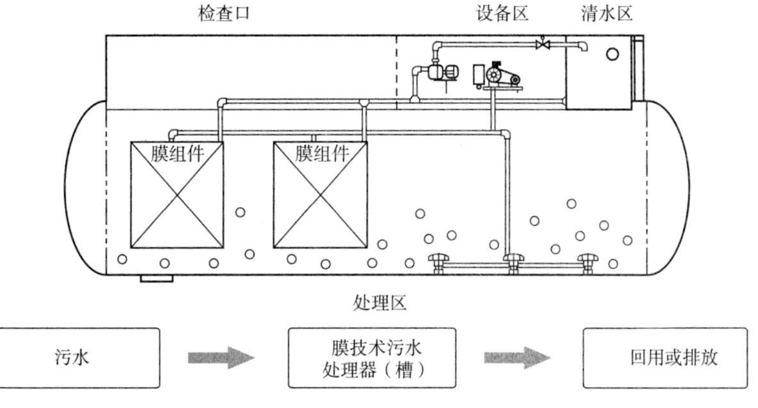

图 7-29 兼氧膜生物反应器功能分区示意图

兼氧 MBR(4S-MBR)是对传统 MBR 工艺的全面提升，是金达莱公司自主研发的一种高效、低耗生物有机废水处理专利技术(中国专利号：ZL200910115351.0；美国专利号：US8173019B2)。其中，4S 是指"成功建立兼氧 MBR 体系、成功实现有机污泥近零排放、成功实现污水气化除磷、成功实现同步脱氮(厌氧氨氮化)"。

其典型生活污水的处理效果见表 7-8。

兼氧膜生物反应器典型生活污水的处理效果表 表 7-8

项目＼污染物	pH	COD (mg/L)	BOD_5 (mg/L)	NH_3-N (mg/L)	色度 (度)	SS (mg/L)
进水水质	6～9	约 400	约 200	约 30	约 80	约 200
出水水质	6～9	≤25	≤5	≤8(15)	≤10	≤5

庐山西海服务区生活污水再生利用系统现场照片见图 7-30。

a)

b)

图 7-30 庐山西海服务区生活污水再生利用系统现场照片

2)雨水收集利用技术

庐山西海服务区所在地区降雨量较大，考虑雨水收集的可行性，未设置专门的雨水收集系统，设计通过提高服务区的绿地率和透水砖铺地等措施以利于雨水下渗，进而达到雨水收集利用的目的。

在满足车辆停靠需求的基础上，庐山西海服务区对场区的可绿化区域进行了全面绿化，绿地率达 19.45%，雨水可通过绿地下渗进而对地下水进行补给。此外，庐山西海服务区小型车停车位采用了草坪砖绿化，游客服务中心建筑群四周均采用透水砖铺地等措施，以利于雨水对地下水进行补给(见图 7-31)。

3)节水器具

为充分节约宝贵的水资源，庐山西海服务区对有人口集中和流动量大特点的游客服务中心、餐饮休闲区的房间、厕所等安装了感应式冲洗小便器、感应式洗脸盆、感应式冲洗大便器等节水器具，既节约了水资源，又减少了污水排放对柘林湖水质的影响，社会及环境效益显著。

7.5.5 节材与材料循环利用技术应用

(1)绿色建材

绿色建材是指采用清洁生产技术，少用天然资源和能源，大量使用工业或城市固态废物生产的无毒害、无污染、无放射性、有利于环境保护和人体健康的建筑材料。它是具有消磁、消声、调光、调温、隔热、防火、抗静电的性能，并具有调节人体机能的特种新型功能建筑材料。其基本特征如下：

①其生产所用原料尽可能少用天然资源，大量使用尾渣、垃圾、废液等废弃物。

②采用低能耗制造工艺和无污染环境的生产技术。

③在产品配制或生产过程中，不得使用甲醛、卤化物溶剂或芳香族碳氢化合物，产品中不得含有汞及其

a)服务区绿地1

b)服务区绿地2

c)停车位草坪砖绿化

d)透水砖铺地

图 7-31　庐山西海服务区雨水收集利用技术应用照片

化合物的颜料和添加剂。

④产品的设计是以改善生产环境、提高生活质量为宗旨，即产品不仅不损害人体健康，而应有益于人体健康，产品具有多功能化，如抗菌、灭菌、防霉、除臭、隔热、阻燃、调温、调湿、消磁、防射线、抗静电等。

⑤产品可循环或回收利用，无污染环境的废弃物。

在庐山西海服务区建筑群施工中，应用了大量的绿色建材产品。如主体结构建筑材料采用了高性能混凝土、高强钢筋（HRB400 级及以上）、高强螺旋肋钢丝及三股钢绞线、高强钢材（Q345 及以上）等高性能建筑材料，建筑隔墙和建筑室内装修材料采用石膏砌块、石膏板、铝合金型材、铝板、金属及金属复合材料、玻璃、木材等可再循环使用的建筑材料等。此外，为了保证产品质量的稳定，克服现场拌制的扬尘和噪声污染，本项目全部采用了预料混凝土砂浆或干混砂浆。

（2）废旧材料循环利用

庐山西海服务区建设土方来源为前后两侧主线及北区挖方，实现了局部路段填挖平衡，未另行设置取土场和弃渣场而新增临时用地。

（3）生活垃圾资源化

考虑到高速公路服务区远离城镇，生活垃圾集中清运至沿线设有垃圾处理设施的城镇的可行性较小，庐山西海服务区在生活垃圾分类收集的基础上，建设了“三位一体”垃圾处理系统。

“三位一体”垃圾处理系统主要用于生活垃圾量小、垃圾成分简单、投资及运行成本要求低、远离城镇地区的农村生活垃圾处理，已在江西省新农村建设中得到了广泛应用。高速公路服务区生活垃圾与农村生活垃圾具有较大的相似性，“三位一体”垃圾处理系统适用于高速公路服务区生活垃圾的处理。“三位一体”垃圾处理系统由可回收垃圾储藏室、晾晒场、焚烧炉组成，并与有机垃圾沤肥窖结合使用。其中厨余垃圾等有机垃圾均填入有机垃圾沤肥窖进行厌氧处理，处理后用作服务区绿化用肥；无机垃圾经分拣，可回收垃圾经晾晒后进入可回收垃圾储藏室，不可回收的无机垃圾进入焚烧炉进行焚烧处理。通过“三位一体”垃圾处理系统，实现了生活垃圾的资源化、无害化。

庐山西海服务区生活垃圾资源化处理流程见图 7-32，生活垃圾资源化处理照片见图 7-33。

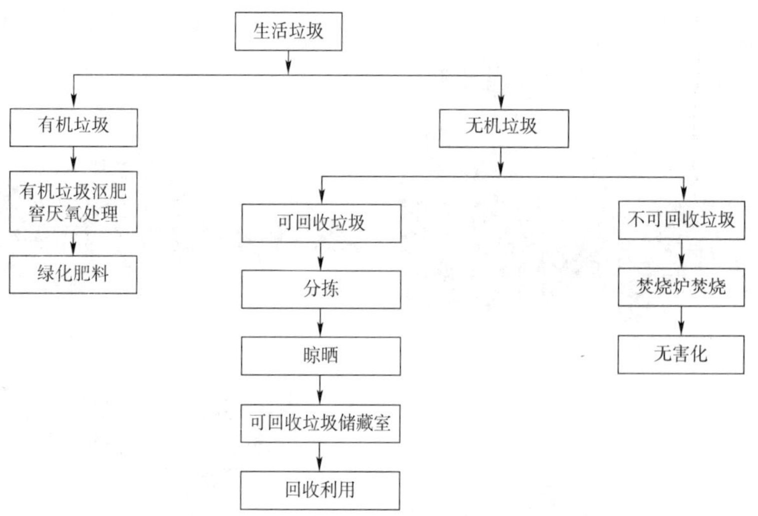

图 7-32　庐山西海服务区生活垃圾资源化处理流程图

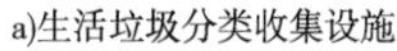
a)生活垃圾分类收集设施

b)“三位一体”垃圾处理系统

图 7-33　庐山西海服务区生活垃圾资源化处理照片

7.5.6　生态保护与污染防治技术应用

1)生态保护措施

庐山西海服务区建设过程中，采取的主要生态保护措施如下：

(1)古树名木保护

对服务区内的古树名木在不影响场区规划的前提下全部实施就地保护，并通过景观营造将古树名木作为服务区的主体景观之一，既保护了古树名木，又为服务区增添了独特的景观(见图 7-34)。

a)

b)

图 7-34　庐山西海服务区古树名木保护照片

(2)二次清表

服务区用地红线内实行二次清表措施，第一次清除开挖线的表面植物；第二次在清除防护工程施工区内的表面植物时，最大限度保护原生态的植物。

(3)施工期水土保持措施

为防止水土流失，庐山西海服务区在土石方填筑施工中，首先临湖修建了永久性挡墙和场区主要排水系统，其次对场区原地表 30cm 的植被和腐殖质土壤进行了剥离，并集中堆存、撒播草籽，待场区施工完毕后回用于绿化用土。通过永久性和临时性水土保持工程、植物措施的综合应用，有效地防治了场区施工中的水土流失。

2)污染防治技术

庐山西海服务区施工期的主要污染物为施工噪声、废水、扬尘，运营期主要为生活污水与生活垃圾。

(1)施工期污染防治技术

针对施工期噪声污染，主要采取了调整施工作业时间，避开附近村民的休息时间进行作业，打桩等高噪声施工作业严禁在夜间进行。为防止施工废水污染柘林湖水质，混凝土搅拌站设置沉淀池，施工废水经沉淀后回用于场地洒水或拌和用水。旱季定期洒水以保持场区不起尘。

(2)运营期污染防治技术

为防治服务区运营生活污水排放对柘林湖水质的影响，庐山西海服务区选用膜生物反应器处理工艺作为再生利用的核心工艺，污水经处理后回用于场区绿化养护，实现了污水的零排放。在生活垃圾分类收集的基础上，建设了“三位一体”垃圾处理系统，实现了生活垃圾的减量化、资源化、无害化。

7.6 绿色出行服务与管理技术

绿色服务是指有利于保护生态环境，节约资源和能源，无污、无害、无毒的、有益于人类健康的服务总称；绿色管理就是将环境保护的观念融于企业的经营管理之中，它涉及企业管理的各个层次、各个领域、各个方面、各个过程，要求在企业管理中时时处处考虑环保、体现绿色。绿色出行服务是绿色服务的一种，绿色出行管理则是绿色管理的一种，都是在出行服务与管理中，贯彻绿色理念和技术。

绿色出行服务与管理涉及公路运营管理的方方面面，庐山西海服务区主要推广应用了基于触摸屏的多媒体出行者交通信息服务系统和电子自动标识技术。

7.6.1 基于触摸屏的多媒体出行者交通信息服务系统开发

1)系统开发技术路线

触摸屏系统开发包括建设一套全路联网、可接收显示实时公路交通路况信息以及其他静态服务信息的触摸屏控制系统和一个汇总触摸屏信息的信息网站。

本项目首先研究国内外触摸屏在公路上应用的案例，了解触摸屏在公路信息服务应用中的服务范围及管理方式。同时跟踪庐山西海高速公路综合信息服务的管理发布方案设计，再通过对出行者信息服务平台服务内容的充分掌握，根据进一步调研情况，设计确定庐山西海服务区触摸屏系统的服务内容范围、布设方案、运营模式及系统管理方式。其主要技术路线如图 7-35 所示。

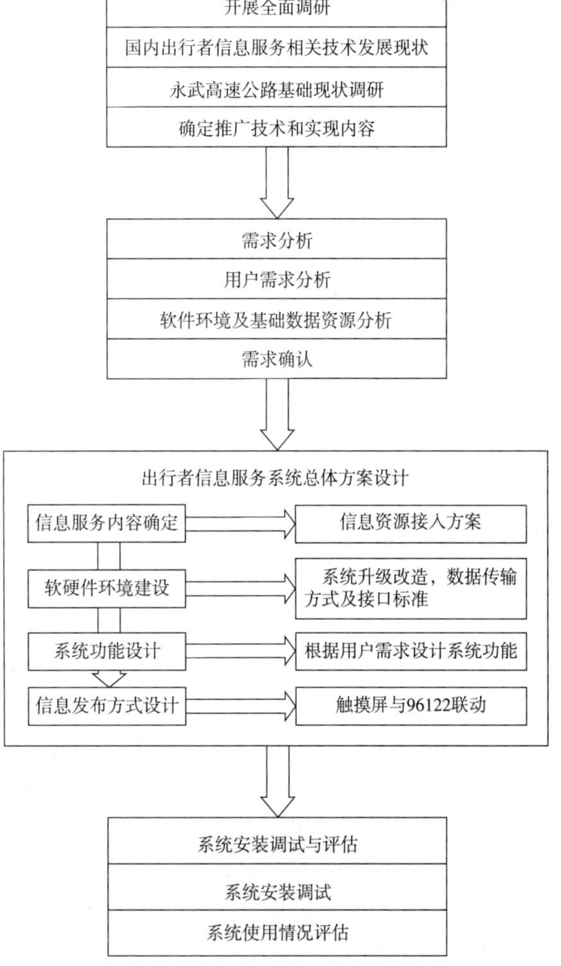

图 7-35 基于触摸屏的多媒体出行者交通信息服务系统开发技术路线示意图

(1)国内外触摸屏公路应用案例调研

通过调研了解国内外触摸屏在公路信息服务中的运营模式、布设原则方案、服务内容及其他应用。充分挖掘触摸屏在公路信息服务中的应用价值,最大限度地为公路出行者提供有效信息。触摸屏布设灵活、功能设计多样性等特点,除可以像公路出行者提供服务信息外,还可以为公路管理部门提供公路运营管理功能。

(2)庐山西海高速公路建设方案跟踪

在本项目建设过程中,跟踪庐山西海高速公路建设方案的调整,根据公路建设的情况,调整触摸屏系统的建设方案,以建设最大限度满足公路出行信息服务、运营管理需要的触摸屏系统。

(3)出行者信息平台服务内容研究

触摸屏系统是出行者信息平台服务内容发布的渠道之一,因此需要对出行者信息平台的服务内容进行分析研究,从中选取对公路上出行者有效的、便于利用触摸屏发布的服务信息,作为触摸屏系统的基本服务范围与内容。同时根据触摸屏的服务对象不同,进一步选择便于在触摸屏上实施的运营管理功能信息,将两类信息按照不同安全管理等级,设计触摸屏的服务功能及人机界面。

(4)触摸屏系统功能需求设计

根据触摸屏的服务对象及有效服务信息与运营管理要求,进行触摸屏功能需求设计,并通过与永修至武宁(庐山西海)高速运管部门的调研共同确定触摸屏系统的服务范围与内容。

(5)触摸屏系统方案设计

根据以上内容,进行触摸屏系统整体建设方案的设计,包括触摸屏硬件选型,通信网络的选择,硬件布设方案,触摸屏系统与出行者信息平台的联动接口设计,触摸屏控制系统与触摸屏信息网站的信息联动设计等。

2)需求分析

(1)自驾车出行用户的需求

自驾车出行用户的需求有以下内容:

①基于道路信息的出行路径选择查询。驾驶员输入出行起终点,系统基于道路属性信息,规划出行路径,为用户提供出行路径优化方案。

②停车信息查询。查询指定区域内的停车场位置、容量、营业时间和收费情况,以及路侧停车位信息。

③加油站信息查询。查询市域范围内符合查询条件的加油站位置、规模、油品种类、营业时间等信息。

④车辆维修站、检测场信息查询。查询市域范围内符合查询条件的车辆维修站的位置、等级、规模、经营项目、营业时间等信息,以及车辆检测场信息。

⑤救援信息查询。查询交通救援相关机构的信息,如事故处理、路政管理、拖车服务、车辆救援、医疗急救、消防等机构的联系方式、业务范围、服务方式、具体地点等信息。

⑥高速公路出入口信息查询。查询高速公路的出入口设置情况,包括出入口类别、位置、前往方向、通行规定等。

⑦道路属性信息查询。查询指定道路(包括城市道路、普通公路、高速公路、城市快速路)的各类属性信息。

⑧道路施工信息查询。查询道路施工信息,以调整出行路线,避免施工对出行造成影响。

⑨路桥收费信息查询。查询道路和桥梁收费站的数量、位置、收费方式、收费标准等信息。

(2)长途客运乘客的需求

长途客运乘客的需求包含以下内容:

①长途客运场站信息查询。查询全市长途汽车场站的分布情况、位置信息、基本情况以及各场站到发的长途客运线路信息。

②长途客运线路信息查询。查询全市运营的长途线路信息及线路到发的长途客运场站,为长途汽车乘客出行提供参考依据。

③长途客运票务信息查询。通过各长途客运场站的联网，查询指定长途线路的票价、售票方式、售票地点、车票发售的实时情况等信息。

④长途客运乘车规定信息查询。查询长途客运的乘车规定信息，如携带物品属性、体积、质量限制等。

长途汽车临时变更信息发布：查询各长途客运场站因客流量变化、特殊事件、道路施工等原因，增加和取消的线路及班次信息，以及因各种原因造成的线路临时变更信息。

⑤长途客运场站附近城市公交设施查询。查询长途场站附近可换乘的公交线路、轨道交通站点、出租车上下站与停靠站等信息。

(3)旅游出行用户的需求

旅游出行用户的需求包含以下内容：

①旅游景点查询。查询永修至武宁(庐山西海)高速沿线各主要旅游景点的简要介绍、地理位置、门票价格、开放时间等信息，以及与旅游网站的链接。

②旅游交通解决方案。查询到达选定旅游景点的交通解决方案，包括可选的出行方式、各出行方式的出行线路建议、出行时间、参考价格。

(4)服务热线系统具体服务内容

①24h 受理公众对出行交通服务范围内高速公路及国省道实时路况信息、通行费标准、出行路线诱导、省内主要交通线路、客运线路、班次、站点、航运、航道、景点、车辆维修以及与交通相关的公交、铁路、民航等信息的咨询服务。

②24h 受理公众对交通行业相关政策法规、行政职能、办事程序、行业动态、交通政务、行政执法等业务信息的咨询和求助等服务。

③对公众交通出行中出现的紧急救援、抢险抢修、突发交通事件等进行快速、有效的业务联动和协调处理，并适时在有关媒体公布处理情况。对公众出行过程中出现的紧急救援、车辆抢修、突发交通事件等情况，24h 进行快速、有效的业务联动和协调处理。

④受理公众对交通部门及相关工作人员廉洁从政、依法办事、工作作风、服务态度等方面的投诉和举报，严格按照有关规定协调各有关部门和单位妥善处理，及时向公众和主管部门反馈处理结果。通过投诉、建议和举报等措施，加强行业管理，提高办事效率和工作水平，树立交通行业崭新形象。

除上述社会公众对交通信息的需求之外，我们认为各级政府管理部门为了更好地完成其管理职能、科学进行决策，对交通综合信息也存在着迫切的需求。

(5)江西省公众出行交通服务热线(96122)现状

江西省公众出行交通服务热线通过电话、短信、传真等方式，向江西省境内公路、水路的交通参与者发布省内全面的综合性交通服务信息。公众出行交通服务热线围绕提高公众交通信息服务水平，完善公众交通出行信息查询、交通政务信息咨询、交通政策法规、实时路况信息发布、公路和水路紧急救助、公众交通投诉和建议服务等多项公众交通服务内容展开。

96122 交通服务热线系统是一个集合交换接入、自动交互系统、计算机网络、数据库等技术为一体的综合信息服务平台。在政府信息系统机房设立一个系统中心，启用统一接入号码，采用集中式的建设模式，用户通过拨打热线号码，统一接入到 96122 交通服务热线系统中心机房。系统规模为 60 路中继接入、60 路 IVR、4 路传真，系统中心设立 10 个人工座席，实现接入集中、IVR 集中、录音集中管理功能。系统需要提供足够的扩展能力，主要设备如下：

①AVAYA S8300 交换机。

②呼叫控制服务器(内置 CTI 和 IVR 软件)。

③人工座席(PC 机、电话机及耳麦)。

④主机应用平台(应用服务器、数据库服务器、WEB 服务器、短信网关服务器等)。

⑤数据网络平台(路由器、局域网交换机、防火墙等)。

96122 交通服务热线采用基于 AVAYA S8300 交换机的呼叫中心系统。组网结构如图 7-36 所示。

通过上述分析可以发现，无论是从为公众提供交通信息服务方面，还是从为交通管理部门提供辅助数据支持方面，都需要建设一个能够整合来自交通管理、运输、市政、民航、铁路等多个部门的交通数据，并对其进行综合性的加工处理，最终提供多种模式和全方位的交通信息服务的信息化系统。

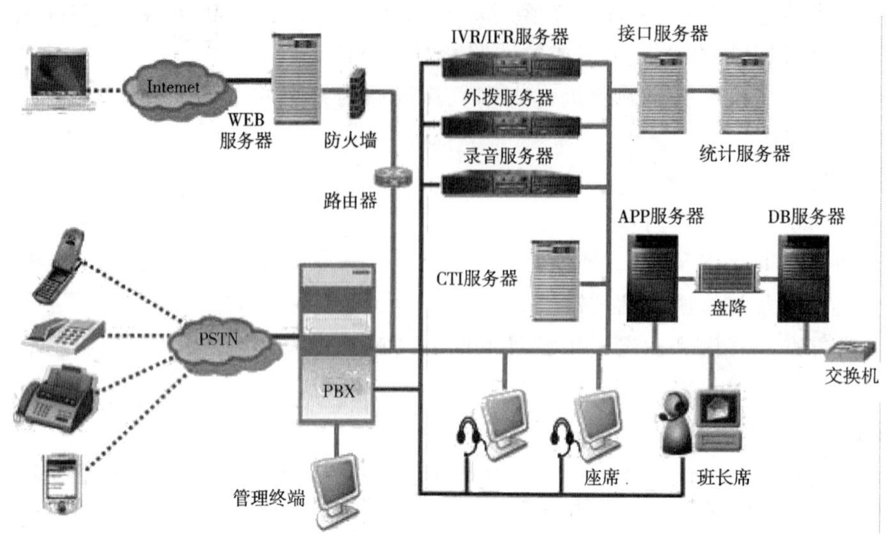

图 7-36　96122 系统接口图

3)系统服务功能分析

概括而言，庐山西海高速公路出行者信息服务系统的建设内容如下：在庐山西海高速公路关键位置布设交通信息采集设施进行交通数据采集；在充分利用现有通信网络资源的基础上，建设庐山西海高速公路出行者信息服务系统数据通信网络，实现庐山西海高速公路各相关管理部门及交通运输运营企业与示范工程数据处理中心的连通，以及数据处理中心与江西省交通信息中心的连通；建设庐山西海高速公路出行者信息服务数据处理平台，接入不同来源的交通运输数据，实现多源交通数据的融合、加工、处理，生成满足公众需要的信息。

(1)出行者信息服务系统通信网络

庐山西海高速公路出行者信息服务系统为社会公众提供与庐山西海高速各种运输方式有关的出行信息，因此其需要接入的交通数据是广泛多样的，这就需要在充分利用现有网络资源的基础上，在各相关部门之间建立庐山西海高速公路出行者信息服务系统的通信网络。解决本系统数据中心与江西省交通信息中心之间数据快速稳定传输问题。便于省交通运输厅各相关部门全面及时了解庐山西海高速交通运输领域的基础数据和动态信息，特别是黄金周期间的客运量和高速公路交通流信息，为各级政府的宏观决策提供辅助数据。

(2)整合优化与 96122 热线电话的连接

本工程将根据需要对相关部门间的网络连接进行整合和优化。为系统数据中心提供交通政策法规、动态路况信息、基础地理信息、基础设施建设信息等方面的数据接入通道。

(3)整合并建设高速公路出行者信息服务数据处理平台

庐山西海高速公路出行者信息服务数据处理平台是系统的核心。它具体实现的功能是把从各相关部门接入和采集设备采集到的各种交通数据，按照相关数据标准规范进行检验、规范化，实现对采集和接入数据的质量检验和规范化处理，剔除错误的交通数据，并对数据进行存储；同时，应用信息融合处理技术及数据挖掘、分析技术对交通数据进行深层次的加工处理，最终形成综合全面的交通信息。

(4)完善和建设交通信息服务发布系统

利用 Internet 技术，在互联网上发布各类(动、静态)交通信息，用以全面展示庐山西海高速交通信息资源与建设成就，为查询庐山西海高速交通信息资源、了解庐山西海高速交通现状提供统一的信息发布途径，提供对社会公众的服务。信息发布是指通过多种媒介或渠道，将经过“数据处理”得到的、为人们能够直接解读的交通信息提供给各类用户的过程。

4）系统开发

（1）运行平台

多媒体出行者交通信息服务系统包括系统的运行环境，系统采用 Tomcat6.0 作为 Web 运行服务器，SQL Server 2008 作为时空信息和属性信息数据库，将 Windows 系列＋IE6.0 以上作为系统客户端服务平台。

（2）系统功能模块

具有交通需求的出行者，要了解当地旅游资源、实时路况，并且鉴于出行行为多样性，必要时出行者需要同相关部门进行一些互动。因此出行者信息服务系统功能主要从以下几个方面进行设计。

①系统首页。首页显示庐山西海多媒体出行交通信息服务系统，以动态按钮形式列表公路概括、实时路况、旅游资源等信息，点击按钮进入各功能模块进行信息服务显示。

②公路概况。基于三维地理信息系统的公路概况展示，查询工程概况及重点路段（如西海服务区、科技示范技术实施路段）的三维模型及实景照片、影像等。

③实时路况。实时路况信息发布，服务区提供实时路况、道路阻断管制等与出行者密切相关的服务内容，用绿色、黄色和红色 3 种颜色来表征路段的通行状态，为出行者制订或修改出行计划提供及时准确的诱导信息。

图 7-37　系统实景图

④旅游资源。旅游资源介绍及查询、旅游服务中心的电话和简介、旅游景点基本情况介绍、地理位置、门票价格、开放时间、旅游交通解决方案（包括可选的出行方式、各出行方式的出行线路、建议、出行时间参考、价格参考）、景点周围设施信息以及与旅游网站的链接。

⑤互动服务。96122 互动服务，服务区智能查询触摸屏计算机配置语音卡，连接交通专网内线电话链路，实现计算机控制拨通 96122 服务功能。

（3）系统主要功能界面

①系统主界面如图 7-37 所示。

②登录。在浏览器中输入 http://127.0.0.1:8080/cf－touchScreenProject/admin/login.jsp 访问程序后台管理页面（见图 7-38）。

输入用户名密码登录后台管理页面（见图 7-39）。

图 7-38　多媒体出行交通信息服务系统界面

图 7-39　项目登录界面

③用户管理。点击菜单后在页面右侧会列出所有用户的表格，在表格后方点击【修改】按钮修改该用户；修改完成后点击【保存】按钮保存用户信息。点击【返回】按钮放弃修改(见图 7-40)。

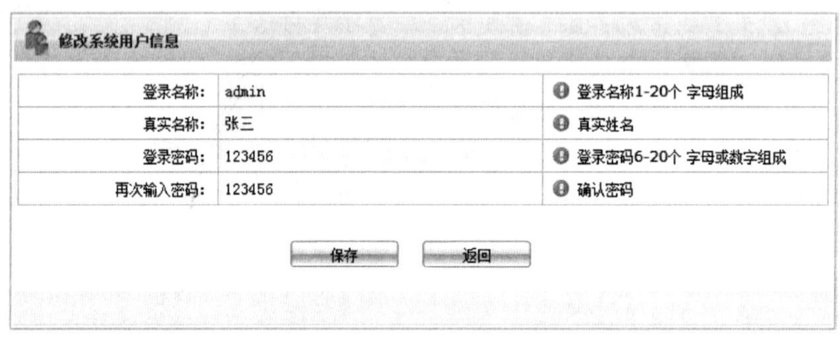

图 7-40　用户管理界面

a. 新增用户。点击菜单在页面右侧按照提示输入用户信息，点击【保存】按钮保存用户信息，点击【返回】按钮放弃新增用户(见图 7-41)。

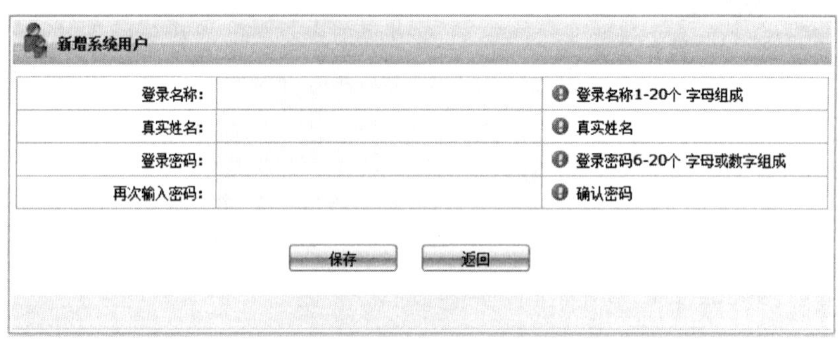

图 7-41　新增用户界面

b. 用户属性。点击菜单在页面右侧显示用户详细信息(见图 7-42)。

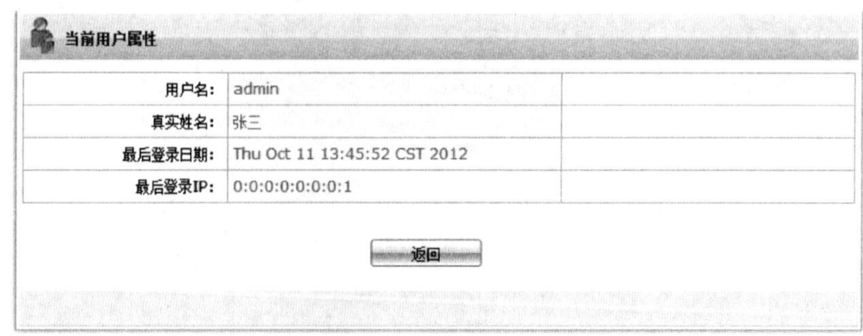

图 7-42　用户属性界面

c. 修改密码。点击菜单在页面右侧按照提示输入用户密码。点击【保存】按钮保存新密码，点击【返回】按钮放弃修改密码(见图 7-43)。

图 7-43　修改密码界面

④景区管理。点击菜单在页面右侧操作。点击【浏览】按钮在本地计算机上选择景区背景地图，选择完成后点击【修改】按钮完成图片上传，点击【返回】放弃本次操作（见图 7-44）。

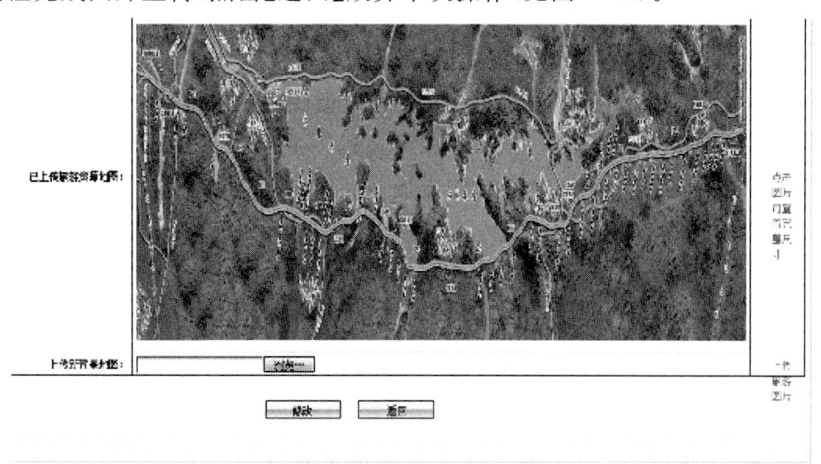

图 7-44　景区管理界面

a.服务中心。点击菜单在页面右侧操作。点击【浏览】按钮在本地计算机上选择景区图片，按照提示输入其他内容后点击【修改】按钮保存内容，点击【返回】放弃本次操作（见图 7-45）。

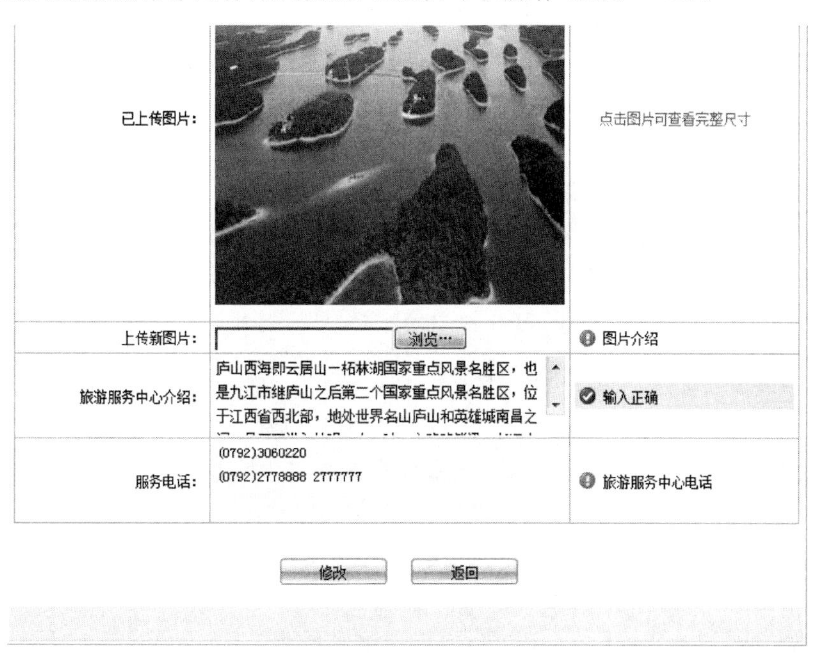

图 7-45　服务中心界面

b.景点管理。点击菜单在页面右侧操作。在表格后方点击【修改景区信息】进入修改页面，点击【浏览】按钮在本地计算机上选择图片，按照提示输入其他内容后点击【修改】按钮保存内容，点击【返回】放弃本次操作(见图 7-46)。

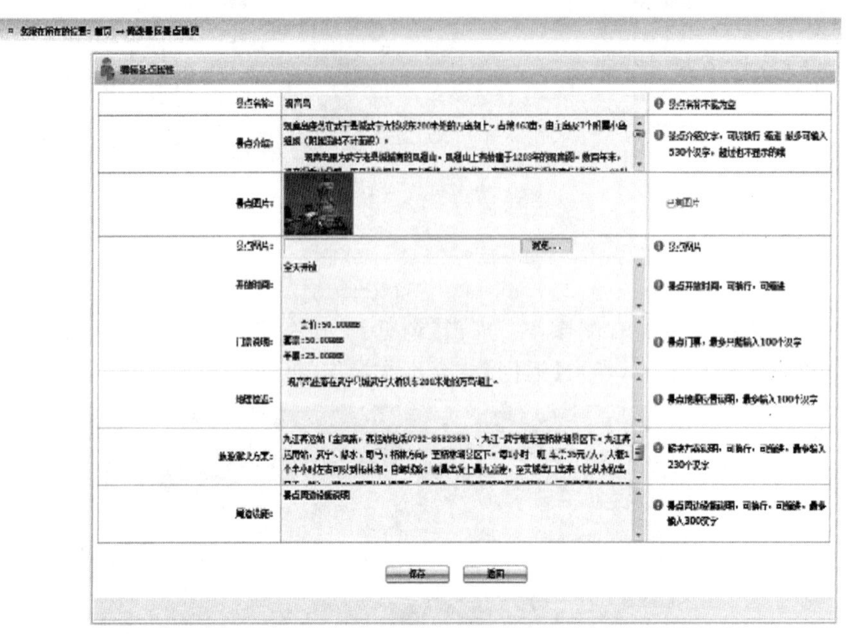

图 7-46　景点管理指标

在表格后方点击【修改景点位置】进入坐标设置页面，点击景点在地图上拖动，拖动完成后点击【保存】按钮保存景点坐标，点击【返回】按钮放弃本次操作(见图 7-47)。

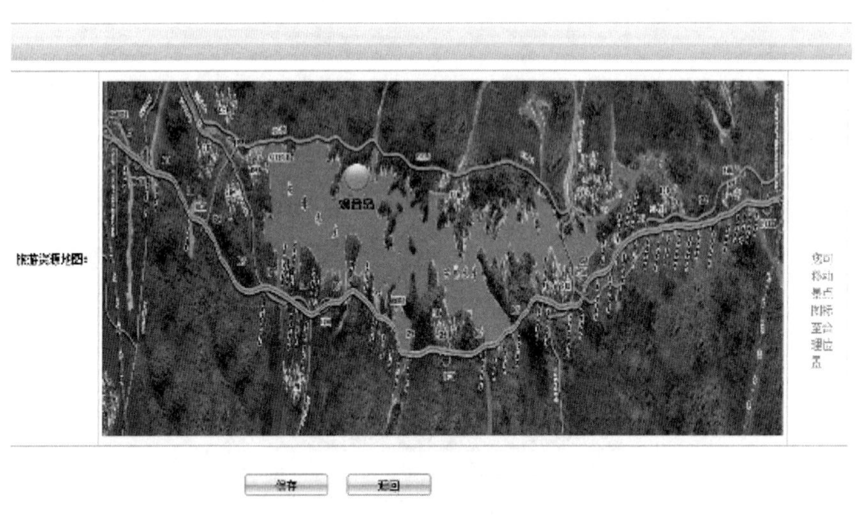

图 7-47　修改景点位置修改后效果

在表格后方点击【删除】按钮弹出提示窗口，点击确定删除景点。点击【查看景点图标】可以查看景点在地图上的显示位置(见图 7-48)。

c.新增景点。点击菜单在页面右侧操作。点击【浏览】按钮在本地计算机上选择图片，按照提示输入其他内容后点击【下一步】进入景区坐标设置(见图 7-49)。

将景区拖动到合适位置后，点击【保存】按钮，弹出提示保存新增景点成功，如图 7-50 所示。

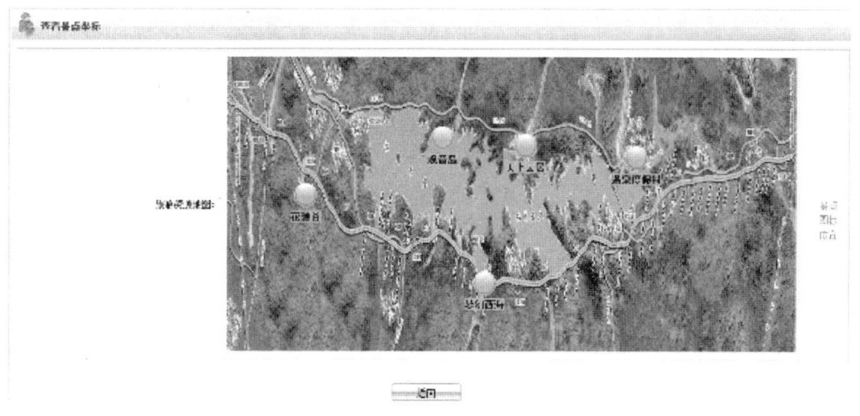

图 7-48　新增管理界面

图 7-49　新增景点界面

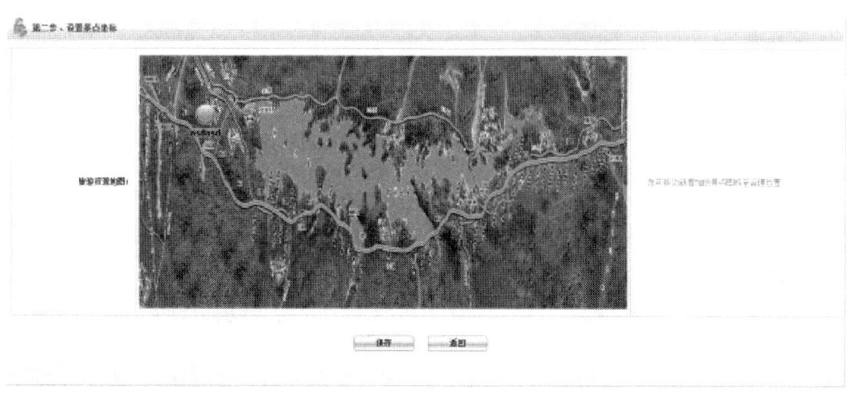

图 7-50　新增景点结果

d. 特色管理。点击菜单在页面右侧操作。程序会自动将以后特色以表格形式列出，点击表格下方的【新增特色】。可以新增特色；根据提示输入相关特色内容，选择图片后点击【保存】按钮完成新增特色（见图 7-51）。

在表格最后一列点击【修改】按钮修改特色内容，按照提示输入相关内容，选择图片后点击【保存】按钮完成特色修改，点击【返回】按钮完成修改（见图 7-52）。

在表格最后一列点击【删除】按钮，弹出窗口，点击【确定】，删除景区特色（见图 7-53）。

新增景区特色

特色名称:	特色名称	特色名称不能为空
特色图片:	浏览…	特色图片
特色简介:	特色简介	特色介绍文字，可以换行 缩进 最多可输入1000个汉字，超过也不显示的哦
服务地址:	服务地址	服务地址，可换行，可缩进
服务电话:	服务电话	服务电话，可换行，可缩进

保存　返回

图 7-51　特色管理界面一

编辑景区特色

特色名称:	全鱼宴	特色名称不能为空
特色图片:		已有图片
上传新特色图片:	浏览…	特色图片
特色简介:	全席共有11个不同以鱼为主的美味鱼。其主要的一道“西海望月”更让食客眼前一亮。相传，柘林湖水面宽阔，水质清澈，每当月朗星	特色介绍文字，可以换行 缩进 最多可输入1000个汉字，超过也不显示的哦
服务地址:		服务地址，可换行，可缩进
服务电话:		服务电话，可换行，可缩进

保存　返回

图 7-52　特色管理界面二

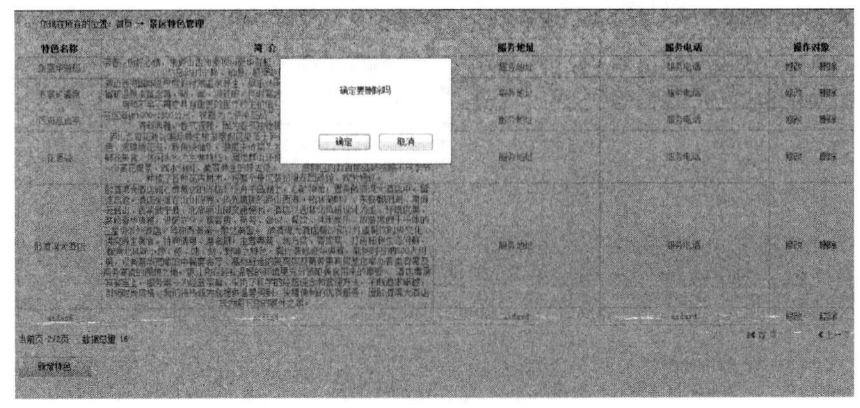

图 7-53　特色管理界面修改删除

⑤实时路况信息发布。在服务区提供实时路况、道路阻断管制等与出行者密切相关的服务内容,用绿色、黄色和红色3种颜色来表征路段的通行状态,为出行者制订或修改出行计划提供及时准确的诱导信息(见图7-54)。

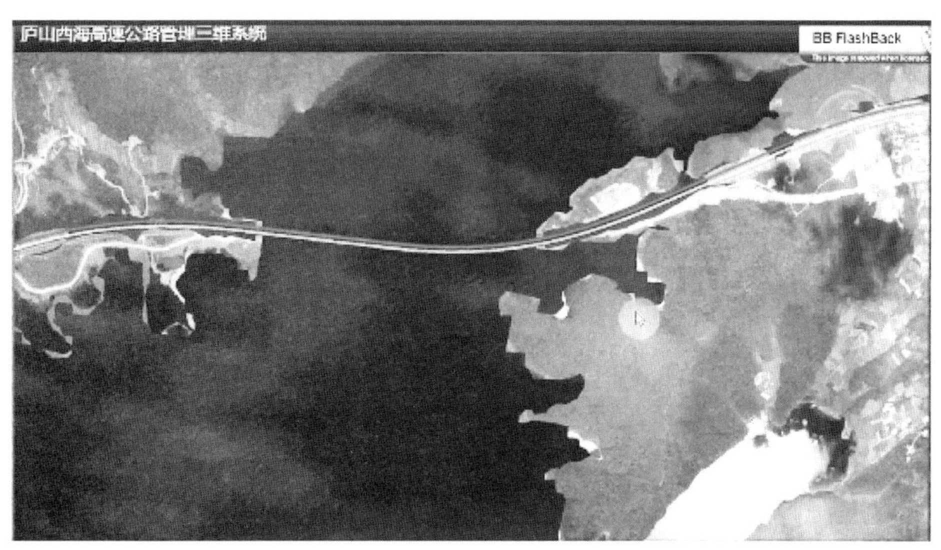

图7-54　触摸屏显示的永武高速公路交通状态示意图

⑥基于三维地理信息系统的公路概况展示。可查询工程概况及重点路段(如西海服务区、科技示范技术实施路段)的三维模型及实景照片、影像等(见图7-55)。

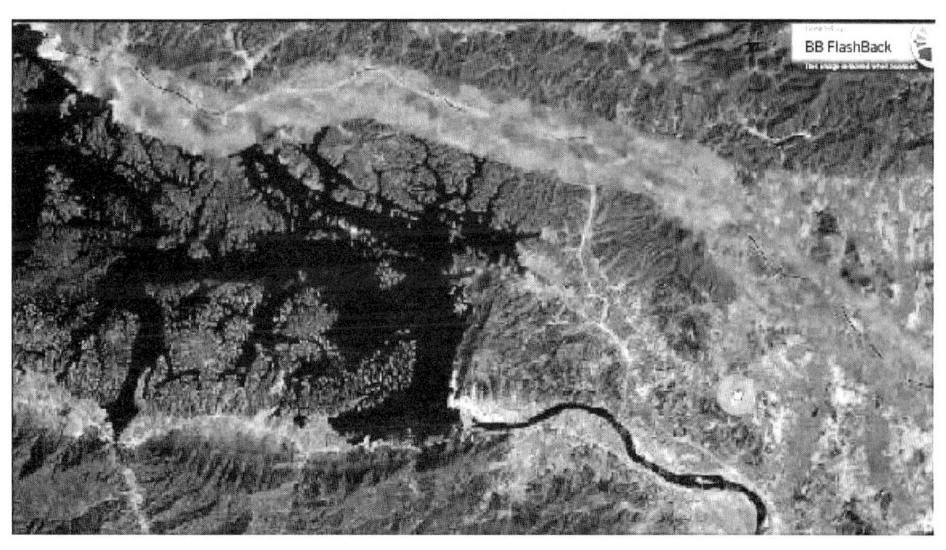

图7-55　触摸屏显示的永武高速公路遥感示意图

⑦系统退出。点击屏幕左侧的【退出系统】按钮退出后台管理。

7.6.2　电子自动标识技术

庐山西海服务区为单侧集中式服务区,其主要服务设施均布设于主线南侧,且该服务区为全线唯一一处服务设施,由起点至终点方向的车辆需要由服务区北侧进入南侧方可享受全方位的出行服务。此外,庐山西海服务区地处庐山西海国家级风景名胜区的重要旅游节点上,该服务区也规划建设了码头等旅游设施,成为风景区重要的旅游景点之一,从南昌、武宁等方向前往该服务区旅游休闲后再返回出发地的旅游出行需求较大。因此,该服务区存在车辆U型转弯问题。

为避免因车辆U型转弯而带来的绕行其他收费站问题，庐山西海服务在主线跨线桥下设置了一座电子自动标识站，南北侧服务区之间的通行和自南昌、武宁方向至服务区旅游后在服务区返回出发地的U型转弯车辆，无需再绕行其他收费站，仅需在标识站刷卡标识即可。庐山西海服务区自动标识站系统设备构成见图7-56。

图7-56　庐山西海服务区自动标识站照片

8 绿色公路路域生态工程技术

8.1 技术要点

8.1.1 植被护坡技术

植被护坡技术主要包括自然型边坡保护技术、坡面近自然植物群落恢复重建技术、客土喷播绿化施工工法，主要技术要点如下：

路堑边坡开口线采取圆弧形设计模拟自然式边坡，以减轻边坡给行车人带来的压迫感、不适感；在沿线自然植物群落调查的基础上，选择坡面周边植物群落中的建群种进行合理配置，根据边坡立地条件因地制宜通过客土喷播绿化、人工栽植与喷播绿化相结合等施工工法进行护坡植被施工，最终形成接近自然的植物群落，使路堑边坡植物群落景观与周围山体自然植被景观相融合。

8.1.2 路侧生物隔离栅建设技术

采用乡土或适应当地环境条件的刺篱植物，种植在高速公路需要封闭的地带，以取代传统金属隔离栅，起生物隔离作用。刺篱植物分枝密集，构成防止人和动物通行的空间障碍，枝干上刺的密集度及硬度构成防止人和动物穿过的威慑能力，刺篱带的宽度及高度构成防止人和动物跨越能力。

8.1.3 绿色公路弃土场设计与施工技术

在三维地理信息系统平台的支持下，应用高分辨率遥感卫星影像开发弃土场管理三维系统，并应用系统开展弃土场选址规划及施工、运营管理；在弃渣施工完毕后，及时因地制宜实施挡渣墙、拦渣坝等拦挡工程，截水沟、排水沟等排水工程以及植被恢复措施(含复耕)。

8.2 主要技术性能指标

8.2.1 植被护坡技术

主要技术性能指标如下：

(1)弱化边坡开挖的人工痕迹，坡面形成接近自然的植物群落，与周围山体自然植被景观相融合。

(2)公路建成通车初期坡面植被覆盖度95%以上，一年后坡面全覆盖。

(3)公路建成后坡面水土流失程度为轻度以下。

8.2.2 路侧生物隔离栅建设技术

主要技术性能指标如下：

(1)替代金属隔离栅起到隔离作用，有效防止人和动物进入高速公路。

(2)长寿命、生态环保、具景观美学价值，建设成本降低50%，后期无需养护。

8.2.3 绿色公路弃土场设计与施工技术

主要技术性能指标如下：

(1)基于高分辨率遥感影像和GIS应用的新技术方法提高弃土场设计合理性。

(2)弃土场无崩塌、滑坡、泥石流等重大水土流失危害。

(3)公路试运营期弃土场拦渣率达95%以上、林草植被恢复率99%以上、林草覆盖率90%以上。

8.3 国内外研究及应用情况

8.3.1 植被护坡技术研究及应用情况

(1)国内外研究现状

公路路域植被恢复技术以日本最为发达,我国目前实施的各类客土喷播技术最初均引自日本。在植被恢复目标方面,日本强调根据恢复地点所处的地理环境特点因地制宜选择以草本群落为主、以灌木群落为主,以及乔、灌、草复合群落等3种恢复目标;在建植技术方面,客土喷播技术因施工效率高、恢复效果好等特点在日本公路路域植被恢复工程中得到了广泛应用,日本众多的株式会社和道路公团还开发出了不同施工工艺的客土喷播技术,如纤维土绿化工法(Fiber-Soil Greening Method)、高次团粒SF绿化工法(Soil Flock Greening Method)以及连续纤维绿化工法(TG绿化工法)等;在植生材料和施工作业机械方面,日本重视绿化基材(即客土)的选择和标准化工作,以及专用绿化喷播机的研制,大部分绿化株式会社均有自己的绿化基材产品和标准,以及各种材料的混合比例,施工机械也不尽相同。近年来,污泥、废渣等废弃物作为客土喷播材料的资源再生利用研究是日本公路路域植被恢复技术研究的重点。

我国针对公路建设中的生态环境问题与潜在影响,开展了公路路域生态环境恢复技术体系研究,建立了路域生态环境恢复技术体系,对指导公路路域生态恢复工程实践发挥了重要作用;针对公路生态建设中具有普遍意义的主要技术问题,开展了公路路域生态工程技术的集成研究,提出了公路路域生态恢复系统化设计模式、路域生态工程综合技术、路域水资源的四级管理综合技术、边坡灌木化综合技术,制定了路域植被护坡工程生态效果评价指标体系和评价标准,并通过典型路段工程展示工艺流程和工程效果,提出了有关技术参数和施工规范,形成了具有中国特色、适应我国生态环境特点的公路路域植被恢复技术体系,其研究成果同国内其他行业相比,处于绝对领先水平,依托研究成果在"十一五"期间建立了大量的公路路域植被恢复工程,起到了极大的示范作用,其成果在铁路、水利、城镇建设等诸多行业得到了推广应用,促进了公路路域生态恢复产业的形成与发展,其经济效益、社会效益及环境效益巨大。针对沙漠、黄土、盐渍土、多年冻土、膨胀土等特殊地质地貌区和干旱半干旱地区、寒区、三江源区、秦岭山区、西双版纳热带地区、长白山区等特殊生态环境地区的植被恢复技术问题开展了研究,建立了公路防沙体系,开发了具有自主知识产权的土工、化学材料固沙新技术,提出了平台植树、土工格室和绿化防护板等黄土地区新型生态防护技术,筛选出了适应盐渍土地区公路绿化的植物种类,证明了客土喷播技术是多年冻土地区植被恢复的理想技术,提出了膨胀土地区公路边坡植被建植技术与工艺,初步建立了干旱半干旱区抗逆性植物种质资源库,筛选出了适合寒区高等级公路生态恢复植物种类,确定了水泥混凝土预制空心砖植草、铺植草砖、轮胎植草和浆砌片石骨架是寒区公路土质边坡植被恢复的适宜技术,解决了上述特殊地区的公路路域植被恢复的关键技术问题,研究成果为这些特殊地区公路路域植被恢复工程建设提供了技术支撑,在保证路域植被恢复工程效果、防治路域水土流失方面发挥了重要作用。

(2)技术应用现状

依托研究成果在"十五"、"十一五"期间,在西北草原区、西北黄土高原区、西南湿润区和青藏高原区4个区域完成了内蒙古老集高速公路、陕西阎良—禹门口高速公路、青海西宁—塔尔寺高速公路、青海西宁—大通高速公路、宁夏银川—古窑子高速公路、湖北省沪蓉西高速公路、云南安宁—楚雄高速公路等7个路域生态恢复技术试验示范工程,示范工程实施面积达20多万平方米,起到了极大的示范作用,其成果在铁路、水利、城镇建设等诸多行业得到了推广应用,促进了公路路域生态恢复产业的形成与发展,其经济效益、社会效益及环境效益巨大。

除西部地区以外,植被护坡技术在我国广大南方地区公路建设实践中也得到了广泛应用,其中江西省的景婺黄(常)高速公路、大广高速公路武吉段等多条山区高速公路建设均推广应用了该技术,并在自然型边坡保护技术方面建立了大量的示范工程。

8.3.2 路侧生物隔离栅建设技术研究及应用情况

(1)国内外研究现状

在美国、德国、日本、英国、法国和澳大利亚等高速公路发达国家,在路域生态恢复和生物隔离的功能性方面，依靠高新技术，通过采用优秀的景观生态设计、路域环境的综合治理、适应性强的植物种选育等先进技术和措施，已经能较好地将生态绿化融入整个线路中，在保护生态的同时，大大提高了绿化的功能性。在这方面逐渐形成了一个综合美学、园林园艺学、交通土建学等各学科交叉的研究领域。目前在欧美发达国家已经有了专门的设计机构和专业研究人员进行生物隔离技术研究，在高速公路建设早期，公路隔离栅往往采用金属式的方式，而目前则更多的考虑金属式加刺篱式或纯刺篱式的隔离栅形式。例如美国的某些高速公路隔离栅就采用了钢刺篱笆树(Thoyn Bgmboo)形成的刺篱墙来取代金属式隔离栅，钢刺篱笆树又称勒篱树，为含羞草科合欢属多年生灌木，由于全身密生坚硬针刺而得名钢刺篱笆，有“绿篱之王”的美称，其防护效果非常理想，建植费用低于金属式隔离栅，同时栽植后基本不用维护，节省了大量的投资。除高速公路外，已经运用到监狱隔离措施，具有非常安全、生态的实用价值。

我国植物资源非常丰富，高等植物达3万多种，有刺植物超过1000种。因刺篱笆具有防护效果好、造价低廉、取材方便、防护期长及景观效果好等优点，被广泛应用于庭院、果园、菜地、牧场围栏。我国劳动人民早在2000多年前就开始用枝叶密集的灌木栽种成篱带，以保护庭院，美化环境。我国农民选用有刺植物，作为果园、菜地、庭院的围篱，已有上千年的历史。我国在高速公路植物隔离技术研究方面，起步较晚，研究不多。中国科学院和广西植物研究所，从1995年开始采用马甲子、刺槐等有刺植物作高速公路生物隔离栅，经过5年的研究和应用实践，获得了初步成果，经过在广西南柳、南北高速公路的应用实践，证明高速公路采用生物隔离，具有良好的禁区入功能和美化路容、改善生态环境条件的优点，并且造价低、防护期长；湖南农业大学从2000年起，对该省山区的刺篱植物进行了调查和收集，建立了刺篱植物资源苗圃，对其进行了引种驯化、生物学特性、刺篱特性、生长速度、对环境适应性等方面的观察，并进一步对所得资源进行了分类比较，从中筛选出火棘、马甲子、金樱子、寒毒及积壳等适合高速公路生物隔离需要的刺篱植物；曹航南等在沪宁铁路沿线建立防护栏杆，并进行“平改立”全封闭过程中，栽植防护高绿篱，以形成的绿篱带替代钢丝网栏和水泥栅栏的试验，证明防护高绿篱具有良好的防护功能，对美化路容路貌、改善生态环境有明显作用，并具有造价低、防护期长的优点；熊忠臣等研究证明刺篱带具有良好的禁入功能和美化路容、改善生态环境、工程造价低、防护期长等优点，并总结出刺篱防护带设计原则和建篱施工的关键技术；何嵩涛等针对使用者的心理特点，从行为心理学的角度分析了刺篱在园林景观中的应用，并根据刺篱植物的选择标准推荐了数种适宜于贵州的野生刺篱植物。在云南省思小、保龙等高速公路沿线，局部路段采用围涎刺取代常规使用的刺铁丝网，不仅较好地防止人畜进入高速公路，同时也与自然景观融为一体。

(2)技术应用现状

生物隔离栅技术在湖南、江西、云南等省公路建设中得到了广泛应用，其中江西省近年来建成通车的永武、德昌、德上、吉莲、抚吉、赣崇、龙杨等高速公路和在建的高速公路均推广应用了该项技术。

8.3.3 绿色公路弃土场设计与施工技术研究及应用情况

(1)国内外研究现状

交通部颁布的《公路路基设计规范》(JTG D 30—2004)、《公路环境保护设计规范》(JTJ/T 006—1998)以及水利部组织编制的《开发建设项目水土保持技术规范》中均提出了弃土场选址的原则性要求，由于缺乏硬性指标的规定，公路弃土场选址规划实际处于无章可循的局面。当前我国山区公路弃土场的选址设计一般采取图上作业方法，导致施工期变更大，不符合国家环保、水保的有关要求，行业内外意见较大。如何采用新的技术手段来开展弃土场的选址设计研究刻不容缓，同时应尽快建立选址环境合理性的评价指标体系，使弃土场的选址评价有标准可循。

弃土场渣体稳定性机理研究空白，弃土场设计参数与施工控制标准未形成相关标准与规范，不同项目因设计单位的不同导致其土场的设计内容、参数以及施工控制指标不一，导致弃土场施工质量评定无据可依。弃土场的拦挡工程、截排水工程设计目前都参照相关路基拦挡、排水标准规范，而水利部也提出了相关标准，如何协调两行业标准、规范之间的关系，确立适合山区公路弃土场实际的设计标准与参数具有重要意义。关于弃土场的后期恢复目前尚未有恢复模式选择标准方面的研究，工程实践中弃土场的恢复方式选择非常随意，恢复方式与弃土场环境特点不匹配，导致恢复效果差、水土流失严重。因此，建立相关恢复模式选择标准，推荐适宜的施工技术与方法，有助于尽快恢复弃土场植被或复耕，有效控制弃土场水土流失及其危害。

"山区公路弃土场设计与施工技术研究"项目通过研究，构建了山区公路弃土场环境评价指标体系及模型，开发了基于高分辨率遥感影像和GIS的山区公路弃土场规划设计管理系统；提出了弃土场分类方法和设计原则，建立了红砂岩等典型弃土场稳定性分析模型与评价方法，开发了公路弃土场支挡工程稳定性分析与施工图设计软件；提出了弃土场的植被恢复目标，确定了不同自然区域公路弃土场植被自然恢复的适用条件、最小覆土厚度及建植技术，建立了山区公路弃土场复耕适宜度评价指标体系；提出了山区公路弃土场施工质量检验评定指标，编制了《山区公路弃土场设计与施工技术指南》。

(2)技术应用现状

"山区公路弃土场设计与施工技术研究"项目依托包茂高速公路湖南省吉首—怀化段、青兰高速公路陕西段以及江西省永修—武宁(庐山西海)旅游高速公路等开展研究，并建立弃土场新型拦挡工程、植被恢复及复耕示范工程，研究成果直接应用于上述公路建设项目实践，产生了良好的社会、经济及环境效益。此外，项目研究成果先后在陕西、江西、湖南、湖北、云南、宁夏、新疆等省公路建设项目上得到了推广应用，对山区公路防范弃土场地质灾害，降低水土流失危害，提高弃土场后期恢复效果等起到了重要作用。

8.4 植被护坡技术

8.4.1 自然型边坡保护技术

为了最大限度恢复自然景观，变更常规的刀切式开挖模式，模拟原有山体的造型，对边坡采用流线型开挖法和修整，使得边坡和开挖前的山体形态基本吻合，为景观形态复原和植被恢复创造了良好的前提条件。

8.4.2 坡面近自然植物群落恢复重建技术

1)技术概要

坡面近自然植物群落恢复重建技术主要包括边坡立地条件调查与植生基础工程设计、坡面植物群落设计、植被护坡工法等方面。

(1)边坡立地条件调查与植生基础工程设计

调查坡面的物质组成及特性、高度、坡率等立地条件，并分析其稳定性，在此基础上开展边坡植生基础工程设计，确保植被护坡工程是在边坡稳定的前提下进行的。

(2)坡面植物群落设计

调查边坡周围的自然植物群落物种组成、结构及功能，确定坡面植被恢复的群落类型如乔灌草型、灌草型、草本型等。在此基础上，确定恢复用的植物种类、配比及施工工法。

(3)植被护坡工法

根据边坡立地条件，可选择客土喷播植生和液压喷播＋人工栽植苗木施工。对一些发芽困难的乔灌木种子，应在施工前做好冷水浸种、层积催芽、化学药剂处理、升温催芽等种子的预处理工作。人工栽植的苗木宜为幼龄容器苗。

2)设计情况

(1)K0～K30路段

根据边坡周围植物群落现状，确定植被护坡群落目标为乔灌草复层型、灌草型及草本型，施工方法采取液压喷播＋人工栽植苗木法。

①群落式边坡植被恢复方式植物。点栽构树、苦楝各1棵/3m^2，木荷、马尾松播种各1棵/2m^2。草本每平方米栽狗牙根10g＋金鸡菊3g＋白三叶5g或狗牙根10g＋白三叶5g＋野花3g。

②疏林草地式边坡植被恢复方式植物。点播马尾松和湿地松。常绿植物有木荷、马尾松、杜鹃、红叶石楠等。落叶植物主要是构树、多花木兰等。地被植物有狗牙根、金鸡菊等。开花植物有春季杜鹃、夏季多花木兰。

③花径式边坡植被恢复方式植物。白三叶和狗牙根搭配可保证四季有绿;开花植物主要是春夏季有白三叶、一年蓬、野蔷薇等,夏秋季有金鸡菊、野菊花等。狗牙根 5g+白三叶 5g+金鸡菊 3g+野花组合 3g+一年蓬少许。

(2)K30～终点路段

根据边坡周围植物群落现状,确定植被护坡群落目标为乔灌草复层型、灌草型,施工方法采取客土喷播植生技术。

常绿植物:乔木有木荷、马尾松;灌木有油茶、杜鹃、红叶石楠等。地被植物:草本使用阴生冷季节草种,如白三叶、紫云英等。落叶灌木有多花木兰、紫穗槐、银合欢、伞房决明、马棘、美丽胡枝子、刺槐、构树等。开花植物春季有杜鹃、白三叶、紫花苜蓿,夏季有多花木兰、紫穗槐、美丽胡枝子等,冬季有油茶。

8.4.3 客土喷播植生施工工法要点

1)技术特点

所谓客土,是指非当地原生的、由别处移来用于置换原生土的外地土壤,通常是指质地好的壤土(沙壤土)或人工土壤。客土喷播(见图 8-1)是指使用专用机械设备(客土喷播机),将客土、植物种子和各种添加物均匀地混合在一起,以压缩空气或高压水流为输送载体,把混合物料喷涂于立地条件较差的边坡表面,使之形成稳定的营养土层,以达到保护边坡、恢复植被目的的一种生态工程技术。目前,客土喷播技术已经成为我国坡面防护及植被恢复工程的一种常用技术,在全国各地得到普及推广(见图 8-2)。

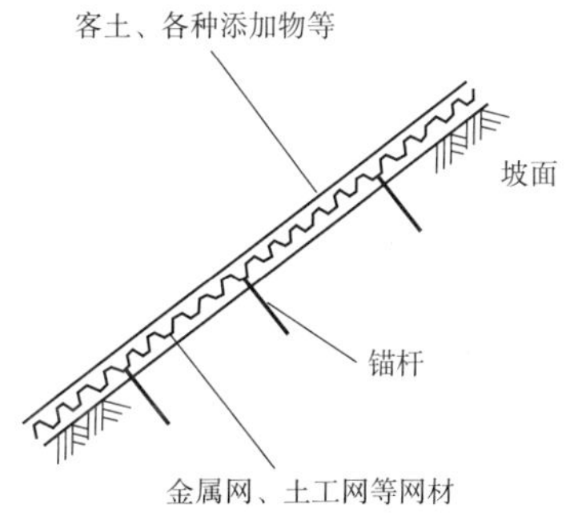

图 8-1　客土喷播示意图

图 8-2　转子式客土喷播机示意图

客土喷播技术的特点主要表现在 3 个方面:一是客土配制;二是喷播设备;三是黏合材料。其中土壤材料和配制是客土喷播技术的核心,配置的客土需具备下列特点:养分充足、酸碱适中、结构合理、通透性强、保水性强。

喷播设备:根据载体(动力)的不同,客土喷播可分为干法喷播(灰料喷播)和湿法喷播(泥浆喷播)(见图 8-3)。

a)

b)

图 8-3　泥浆式客土喷播机示意图

黏合材料:客土喷播所使用的黏合材料大致可分为高分子聚合物类和无机类两种。

2)适用区域

客土喷播可用于以面状植被恢复或为主的各类绿化工程,因此其适用区域主要为湿润区和半湿润区;在半干旱地区如果工地周边有较好的水源条件,可以保证养护用水的供给亦可使用;干旱地区不建议使用客土喷播技术。

3)适用坡形与坡质

适用于包括路堤和路堑边坡在内的各类土质边坡、石质土边坡和强风化岩石边坡,如果与刚性框架等方法并用,也可以用于一般岩石边坡。不挂网的客土喷播可用于坡度在45°以下的边坡,挂网客土喷播可用于坡度在60°以下的边坡,虽然也有个别工程在70°左右的边坡进行挂网干法客土喷播的尝试,但存在着脱落现象。

4)施工季节

南方地区一年四季都可以进行客土喷播施工,但应避开暴雨集中的时段。北方地区从春季到秋季也都可以进行客土喷播施工,但在夏季施工时应注意避开阴雨天气,并与防雨水侵蚀措施(如覆盖草帘子、遮阳网等)并用。

5)厚度标准与施工方法

客土喷播的喷附厚度一般为3～5cm,但随坡形和坡质的不同而有所差异。土质边坡的客土喷播厚度为3cm左右,石质土(土石混合)边坡的客土喷播厚度为5cm左右,而岩石边坡的客土喷播厚度一般在6cm以上。由于岩石边坡立地条件很差,应该考虑与其他边坡植被建植技术组合使用。湿法客土喷播的厚度一般为3～5cm,过厚会产生客土层滑落;干法客土喷播和离子型客土喷播的厚度可在6～12cm(见表8-1)。

最小客土厚度 表8-1

岩面类型	最小客土厚度(cm)	岩面类型	最小客土厚度(cm)
土质坡面	3～5	中风化岩面	8
强风化岩面	6	弱风化岩面	10

对坡面进行清理,去掉浮石、碎石、杂物,然后根据坡形、坡质、坡度特点决定是否需要挂网。进行湿法客土喷播,可将客土及其各类辅料放入泥浆式客土喷播机,加水搅拌混合均匀后,将混合泥浆喷射到作业面上;进行干法客土喷播或离子型客土喷播,可将客土及其各类辅料放入搅拌机,混合均匀后倒入转子式喷射机,物料在喷管出口处与雾化水混合后喷附到作业面上。无论是哪种客土喷播方法,施工结束后往往在作业面上覆盖草帘子、无纺布等,以到达保墒,防止风雨侵蚀,保证发芽顺利、整齐等目的。

6)物种选择要求

客土喷播所形成的覆盖层比较厚,可以选用乔、灌、草各类植物种子。但从护坡效果、群落稳定程度、养护工作量、景观效果等方面来看,应以选用速生草本与灌木或矮乔木植物结合为主,不适宜选用高大乔木或生育缓慢的物种。

7)主要设备

干法客土喷播设备:转子式喷射机、喷管、喷枪、搅拌机、发电机、空压机、水泵、水罐或水车、普通载货汽车。

湿法客土喷播设备:泥浆喷播机、水泵、水罐或水车、普通载货汽车。

8)主要材料

客土喷播材料主要包括壤土(沙壤土)、有机纤维、黏结材料、土壤改良剂、肥料、水、网材、固定材料等。

9)施工流程

湿法客土喷播的施工流程如图8-4所示。

干法客土喷播的施工流程如图8-5所示。

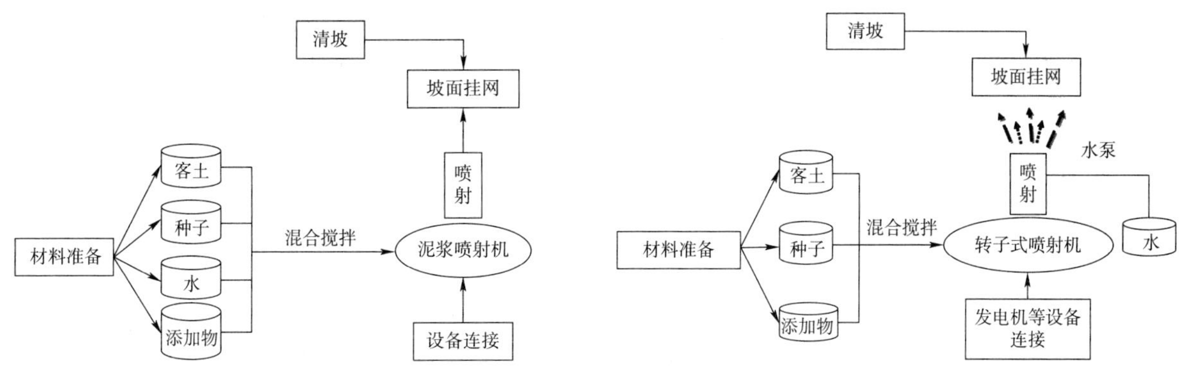

图 8-4　湿法客土喷播的施工流程　　　　图 8-5　干法客土喷播的施工流程

10)施工技术要点

(1)清坡

清理边坡是将容易滑落、影响边坡稳定的碎石、浮石等去除掉,并将凹陷处用土填平,使坡面尽可能地平整。对于光滑坡面(岩面)可通过挖掘横沟等措施进行加糙处理,以免客土下滑。

(2)铺网

铺网可采用自上而下的方式,即作业人员在坡上一边将锌铁丝网卷缓缓打开,一边向坡下移动并将锌铁丝网平铺在坡面上;也可以采用自下而上的方式,即将镀锌铁丝网卷的一头用绳索拴住,一人在坡上将绳索向上拉升,另一人在坡脚处随着绳索的向上拉力将镀锌铁丝网卷缓缓打开。镀锌铁丝网上下连接。镀锌铁丝网的左右连接要先将两张网左右搭接在一起,两网交接处要求有 10cm 的重叠,然后用钳子将铁丝网左右开口处的断头逐一钩绕在另一张网上。铺网时要把网材拉开使之自然地平铺在坡面上,既不要过紧,也不要过松,保证网材贴近坡面。

(3)锚固

镀锌铁丝网卷要用锚杆固定在坡面上,主锚杆($\phi12\times300$mm)用量为 30 根/100m^2,辅助锚杆($\phi10\times200$mm)用量为 150 根/100m^2,平均密度为 1.8 根/m^2。如果坡面质地坚硬,锚杆用锤子钉不进去,可采用凿岩机打孔,然后再将锚杆钉入。对质地坚硬坡面(岩石坡面、石质土或风化物坡面),锚杆的直径和长度可做一些调整。如主锚杆选用 $\phi16\times400$mm,辅助锚杆选用 $\phi12\times300$mm。

(4)物料混合

各种物料要按照设计要求准备好,保证各类材料的用量比例符合设计要求。干法客土喷播的物料混合时间以 1.5～2.5min 为宜,湿法客土喷播的物料混合时间以 15～20min 为宜。在物料混合时要注意将混在物料中的石块、木块、树枝等尺寸较大的异物挑出来,以防止这些异物堵塞喷射管或损坏喷射机械。

(5)物料喷射

喷枪口要垂直于坡面,一般枪口距离坡面 1～1.5m,以保证物料能有足够的压力紧紧地附着在地表。操作手要根据空气压力的大小有规律地、匀速地移动喷播枪口,或是上下往复移动,或是左右往复移动,保证喷播物能均匀地覆盖坡面,并且厚度均一。对于已经铺挂镀锌铁丝网或土工网的坡面,在喷射时要一边拉起网子一边移动喷枪,使物料能够进入到网材的下面,网材在客土层中的位置以处于中上层为宜,这样网材对客土的加筋作用明显,能真正起到防止客土层脱落的作用。

湿法客土喷播一次喷射所形成的客土层厚度不要超过 3cm,如果设计厚度超过 3cm,要自下而上分两次实施喷射。第一次喷射底层厚度为 3cm 左右,待客土稳定后(10～20min)再喷射上层直至设计厚度(总厚度不超过 5cm 为宜)。干法客土喷播虽然可以一次达到设计厚度,但这会浪费较多的种子。因此常用的做法是,分两层喷射客土,喷射底层客土时不混入植物种子,其厚度可占合计厚度的 2/3 左右,喷射上层客土时再加入植物种子。

(6)养护

喷播后应及时浇水养护,养护期限视坡面植被成长状况而定,一般不少于45天。一般情况下不需要追肥。但可以定期喷洒广谱药剂防治病虫害,并在草种发芽后,及时对稀疏无草区进行补播。

8.4.4 液压喷播+人工栽植苗木施工工法

1)液压喷播技术

液压喷播(见图8-6)也称水力喷播、液体喷播、湿式喷播,是将种子、肥料、有机纤维、土壤改良剂、黏合剂、染色剂等与水充分混合后,用大功率喷射器将其喷射到平整好的坡面上并形成均匀覆盖层的一种高效绿化技术。

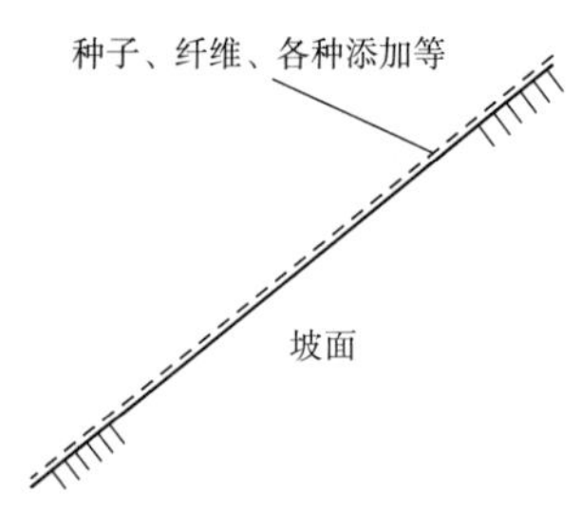

图8-6 液压喷播示意图

液压喷播技术原理是以水为载体进行种子喷射播种,其喷射物是混合浆液,由于其中加入了纤维物(如木纤维等)、粒状物(如种子、肥料等)、粉状物(如黏合剂等)等。当这种混合浆液喷射到土壤表面后,可在土壤表面形成一种均匀的毯状覆盖物,覆盖物依靠纤维的交织性和溶液的黏性相互连接并与土壤紧密结合,并且使植物种子外表层形成胶状膜。这种胶状膜既可以固定保护种子,防止水土流失,又可以为种子提供水分和养分条件,成为种子初期发芽生长的良好培养基。目前在国内外该技术广泛应用于城市绿地建设,公路、铁路边坡植物防护等工程。

(1)适用区域

液压喷播可用于以面状植被恢复或为主的各类绿化工程,因此其适用区域主要为湿润区和半湿润区。在半干旱地区如果工地周边有较好的水源条件亦可使用。干旱地区自然植被的覆盖度较低,植物群落多数呈点状(丛状)分布,不建议使用液压喷播技术。

(2)适用坡形与坡质

一般适用于土质路堤边坡,对于土石混合的路堤边坡,经覆土处理后也可以使用。对于填方型的土质路堑边坡,如果土质松软的话,也可以考虑使用。适宜使用液压喷播技术的边坡坡度为1:1.5～1:2.0,坡度超过1:1.25时应结合其他方法一起使用,例如铺设三维土工网并覆土后再实施液压喷播。该技术用于土质较松软、土壤肥力较好的边坡时工程效果比较显著,如果用于坚硬的生土坡面,工程效果会受到较大影响。

(3)施工季节

南方地区一年四季都可以进行液压喷播施工,但应避开高温炎热的盛夏和暴雨集中的时段。北方地区从春季到秋季也都可以进行液压喷播施工,但在夏季施工时应注意避开阴雨天气,并与防雨水侵蚀措施(如覆盖草帘子、遮阳网等)并用。

(4)厚度标准与施工方法

液压喷播的喷附厚度一般为2～3mm,种子和木纤维等的混合物能覆盖住坡面即可。

(5)施工方法

将草种、木纤维、肥料、保水剂、黏合剂等按一定的比例混合加水搅拌,混合均匀后用液压喷播机将混合浆液喷射到作业面上。

(6)物种选择要求

该技术主要选用草本植物种子,而灌木或乔木种子由于发芽所需时间较长,并且需要阴暗避光的条件,所以不适宜液压喷播使用。

(7)主要设备及使用

液压喷播所使用的主要设备是液压喷播机(见图8-7),是一种专用设备,目前国内已用厂家专门生产。液

图8-7 PZ4038型液压喷播机

压喷播机主要由动力部装置、容罐、搅拌装置、水泵和喷枪组成。喷播机的移动形式有车载式和拖车式。

(8)主要材料及配比

喷播材料应满足3个条件:应具有良好的稳定性,能牢固地附着在边坡表面,有效防止风吹和雨水冲刷而不脱落;应具有良好的吸水、保水和保肥的性能;应无毒害性,保证对草种、幼苗无害,对环境无污染。

液压喷播材料由草种、有机纤维、保水剂、黏合剂、肥料、染色剂和水组成。

①草种。需要选择纯度高、发芽率高、抗逆性强的草种,最好是几种草种的混合,例如禾本科与豆科混合等。应尽量避免使用单一草种。

②有机纤维。有机纤维包括木纤维、纸纤维、草炭等。木纤维的使用量见表8-2。

木纤维参考用量(g/m²)　　表8-2

坡面土壤肥力条件	作业面坡度					
	0°	5°	15°	25°	35°	45°
一般	150	160	170	180	190	200
较差	170	180	190	200	210	220
差	190	200	210	220	230	240
很差	210	220	230	240	250	260
极差	230	240	250	260	270	280

注:摘自三丰公司资料。

③保水剂。保水剂包括高吸水性树脂的共混、高吸水性树脂与无机凝胶的复合物、高吸水性树脂与有机复合物等。保水剂的用量取决于施工地点的气候、土壤、边坡状况等特征,一般说来,坡度越大,用量应相应增多。保水剂的使用量见表8-3。

保水剂参考用量(g/m²)　　表8-3

施工地点气候条件	作业面坡度					
	0°	5°	15°	25°	35°	45°
湿润	1.50	1.55	1.60	1.65	1.70	1.75
较干旱	1.60	1.65	1.70	1.75	1.80	1.85
干旱	1.70	1.75	1.80	1.85	1.90	1.95
很干旱	1.80	1.85	1.90	1.95	2.00	2.05
极干旱	1.90	1.95	2.00	2.05	2.10	2.15

注:摘自三丰公司资料。

④黏合剂。喷播后黏合剂的主要功能是提高木纤维对土壤的附着性和使纤维、种子之间相互黏结,防止风和降雨造成的覆盖物或土壤流失。黏合剂的使用量见表8-4。

黏合剂参考用量(g/m²)　　表8-4

施工地附着力条件	作业面坡度					
	0°	5°	15°	25°	35°	45°
一般	2.30	2.40	2.50	2.60	2.70	2.80
较差	2.35	2.45	2.55	2.65	2.75	2.85
差	2.40	2.50	2.60	2.70	2.80	2.90
很差	2.45	2.55	2.65	2.75	2.85	2.95
极差	2.50	2.60	2.70	2.80	2.90	3.00

注:摘自三丰公司资料。

⑤肥料。液压喷播所使用的肥料多数采用氮磷钾复合肥,也可以根据土壤肥力状况有针对性地选择单一肥料。

⑥染色剂。液压喷播使用染色剂的目的是提高喷播物分布的可见性，便于喷播者观察喷播层的厚度和均匀状态，亦可改善施工表面形成草地的绿色景观。染色剂可加入搅拌箱中对物料进行着色，也可事前对有机纤维进行染色。

⑦水。水作为主要溶剂，将各种喷播材料进行融合，是液压喷播物的载体。

水的使用量与纤维用量直接相关。在水量一定的条件下，随着纤维用量的逐步增加，悬浊液的稠度也加大，喷播面积反而会逐步减少。反之，纤维量一定时，用水量增加，喷播面积会增加，但达不到应有的覆盖和绿化效果。建议喷播材料配比如下：每平方米用水4000mL，纤维200g，黏合剂3～6g，保水剂、复合肥及草种根据具体情况而定。

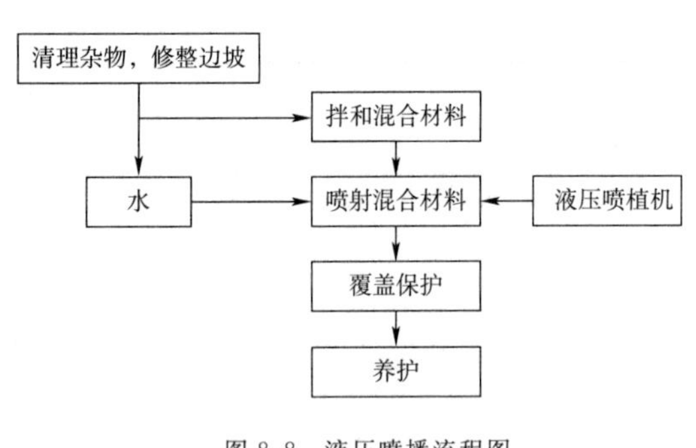

图8-8 液压喷播流程图

(9)施工流程

液压喷播流程如图8-8所示。

(10)技术要点

①坡面清理。坡面应采用人工细致整平并松土，清除所有的岩石、碎泥块、植物、垃圾。对土质条件差、石块多的路堤边坡或回填土路堑坡面，可采用客土回填的方式改良边坡表层土，回填客土的厚度为5～7cm，并用水浸湿让客土自然沉降稳定。若pH值不适宜，需要进行土壤酸碱度调整。对于长、大边坡，坡顶、坡脚及平台均须设置排水沟。并应根据坡面水流量的大小考虑是否设置坡面排水沟。一般坡面排水沟横向间距为40～50m。

②物料混合。在正式喷播之前要检查搅拌罐内混合浆液的均匀状况和黏稠度状况，过于黏稠会堵塞导管或喷枪，黏稠度不够会使喷射出去后的浆液在坡面上流失，影响工程效果。种子使用量要根据设计方案和每罐混合浆液能覆盖的面积进行调整，必要时先进行试喷，然后检查单位面积喷播覆盖物内的种子粒数，以保证达到种子设计要求。

③喷播施工。在喷播过程中，将全部材料投入搅拌机械后，均需经完全搅拌方能开始喷播(建议20min为宜)。喷播枪操作手要根据浆液压力、射程和散落面大小有规律地、匀速地移动喷播枪口，保证喷播物能均匀地覆盖坡面。对于干燥的坡面，喷播前应适当洒水，以增加土壤墒情。对于潮湿的坡面，应等到其土壤水分降低后再实施喷播，否则喷播物顺坡面会流失，难以与土壤黏合在一起。作业前应注意天气预报，在雨天或可能降雨时，应尽量避免喷播施工。喷播施工后的几个小时内如果有降雨，可能导致生长发育基础流失，要及时采取防护措施。

④养护。喷播后立即覆盖无纺布或草帘子，既可以免除喷播材料被雨水冲走造成流失，同时也起到保持土壤墒情的作用。喷播后应及时浇水养护，用高压喷雾使养护水成雾状均匀地湿润坡面，注意控制好喷头与坡面的距离和移动速度，保证无高压射水流冲击坡面形成径流。养护期限视坡面植被成长状况而定，一般不少于45天。定期喷洒广谱药剂防治病虫害，根据植物生长需要及时追肥。草种发芽后，应及时对稀疏无草区进行补播。

2)人工栽植苗木

移栽是指将苗木从生长地连根掘起，按设计要求将植株栽植到事先挖好的坑穴中的操作过程。公路边坡树木移栽技术的基本原理构成是生态学原理——适地适树和生物学原理——树木根冠水分代谢平衡原理。

(1)坡面移栽的技术特征

表现为以下几个方面：

①以移栽灌木和矮乔木的幼苗为主，包括容器袋苗、营养杯苗、土球苗、裸根苗等。

②移栽时乔、灌木幼苗受损程度小，植株根系容易在坡面上扎根、生长、延伸，对坡面土体的加筋固土作用显著，有利于坡面稳定。

③移栽的幼苗已经木质化而且有较强的根系和一定的株高，可以与草本植物竞争光、热、水、肥等环境和养分条件，这样可以避免乔、灌、草种子混播时木本种子由于发芽生长慢而受草本植物制约等问题。

④移栽能在短期内使坡面上形成乔、灌、草共生的植物群落，能防止由于草本植物的早期衰退所引发的坡面植被退化问题，有利于坡面植被的稳定和群落演替，有利于减少后期养护工作量。

⑤移栽可以控制坡面木本植物密度，可以在坡面选择适宜部位栽植乔灌木，有利于坡面生态景观的早期形成。

(2)适用区域

适用于湿润区、半湿润区、半干旱区、干旱区等以面状、点状(丛状、岛状)边坡植被恢复或为主的各类绿化工程。

(3)适用坡形和坡质

适用于包括路堤和路堑边坡在内的各类土质边坡、石质土边坡。在岩石边坡使用时要结合刚性框架+客土回填方法。

一般情况下高大乔木的幼苗移栽只适用于坡度小于45°的边坡。45°～60°的边坡只能移栽灌木或矮乔木幼苗，并且要结合刚性框架(水泥框架、预制件框架等)、铺挂铁丝网等防止土层滑落的方法一起使用。大于60°的边坡只能移栽灌木。

(4)施工季节

在四季分明的温带地区，一般以秋冬落叶后至春季萌芽前的休眠时期最为适宜。就多数地区和大部分树种来说，以晚秋和早春为最好。大致上，冬季寒冷地区和在当地不甚耐寒的树种宜春栽；冬季较温暖和在当地耐寒的树种宜秋栽。至于具体到一个地区的植树季节，应根据当地的气候特点，树木种类和任务大小，以及技术力量而定。

(5)厚度标准与施工方法

坡面木本植物移栽一般采用穴栽移植的方法，即根据移栽木本植物幼苗的大小，在坡面上预留移植穴，移植穴的直径比根幅(或容器袋、营养杯、土球、保育块等的外径)大10cm以上，穴深比根长(或容器袋、营养杯、土球、保育块等的高度)大20cm以上。在进行木本幼苗移栽的坡面上，最好有10～20cm厚度的土层存在。

施工方法分为4步：一是坡面处理；二是选苗运输到施工现场；三是栽植修剪，先往定植穴中灌水，然后去掉包装物，将幼苗置入定植穴，扶正填土，提苗压实，适当疏枝，剪掉枯死枝、病虫枝；四是浇水养护。

(6)物种选择要求

选择根系发达、生长快、耐旱耐贫瘠的树种，以灌木和阔叶矮乔木为主，适当混栽一些针叶树。树种选择的基本原则如下：

①因地制宜，适地适树。

②以乡土物种为主，适当引进外地优良树种。

③根系发达，覆盖效果好，保持水土功能强。

④较强的抗旱、抗寒、耐盐碱、耐瘠薄和粗放管理。

⑤具有较强的抗病虫害、抗污染的能力。

⑥与周围的自然植被和环境相互协调。

⑦多物种混栽。

(7)主要设备及使用

移栽施工为手工作业，不需要使用专用设备。

(8)主要材料及配比

乔、灌木幼苗移栽需要的主要材料包括过筛细土、各类肥料(有机肥、无机肥、复合肥等)、各类添加剂(保水剂、土壤改良剂等)。

过筛细土可使用当地原生表土、农田土、施工现场周边的工程弃土。

(9)施工流程

幼苗移栽施工工艺流程分为坡面处理、选苗运输、栽植修剪、浇水养护等环节，具体工艺流程见图8-9。

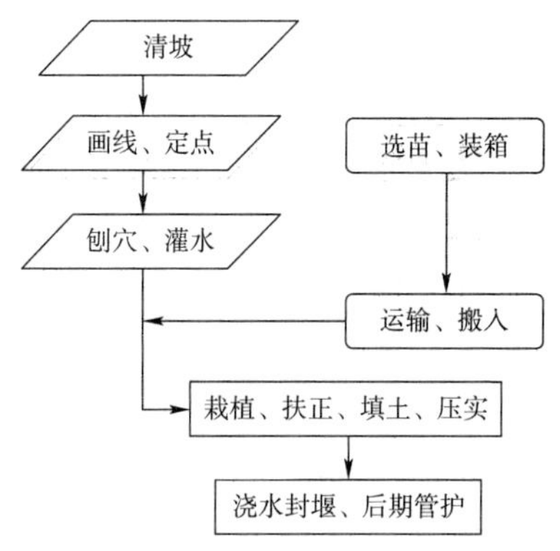

图8-9 坡面乔灌木幼苗移栽施工流程

(10)技术要点

①选择发育正常、无病虫害、无机械损伤、健壮优良的幼苗;苗高 20～30cm 为宜,这样可以保证地上地下平衡,减少水分蒸发,提高苗木成活率。

②定植穴在坡面上呈品字形布设,分布密度随物种不同进行调整,灌木密度为 1 株($1\sim2m^2$),矮乔木密度为 1 株($3\sim4m^2$)。

③定植穴要根据苗木根系大小刨挖,其直径比根幅(或容器袋、营养杯、土球、保育块等的外径)大 10cm 以上,穴深比根长(或容器袋、营养杯、土球、保育块等的高度)大 20cm 以上,定植穴应与地表面垂直(不要与坡面垂直),在刨挖时要尽量减少对坡面的破坏,以减少水土流失。

④定植穴内放入的无机肥以对根系发育有促进作用的磷肥为主,如果是复合肥,磷的含量应大于氮和钾的含量;有机肥要使用充分发酵的堆肥,以避免害虫的侵入。

⑤定植后第一次浇水时应采用小水头、细水流、缓慢入渗的方式,保证浇足浇透,然后封堰(覆土)保墒;随后应再连续浇水 2～3 次,以保证移栽幼苗根系尽快恢复代谢平衡。

⑥移栽时间要根据季节的变化适时进行,一般以春季萌芽前的休眠时期最为适宜,北方地区在秋季移栽时,必须考虑幼苗移栽后的耐寒越冬问题,如果是还处于生长期的幼苗,最好是有一定的生长时间使幼苗的根系能与坡面土壤环境相融合。如果是已经处于落叶期或休眠期的幼苗,在移栽时尽量避免施工对幼苗根系的扰动。

8.5 路侧生物隔离栅建设技术

8.5.1 概念及特点

为确保行车安全,高速公路严禁行人及动物进入,因此在高速公路两侧必须设置禁入隔离栅。目前国内外高速公路的封闭设施多采用喷塑金属隔离栅或水泥桩刺铁丝,虽然喷塑金属隔离栅和刺铁丝封闭施工简便,建成后能立即形成封闭功能,但由于喷塑金属隔离栅和刺铁丝都普遍存在易生锈、易损坏的问题,喷塑金属隔离栅造价高,水泥桩刺铁丝隔离栅虽然造价低,但存在隔离效果较差、容易破坏、与道路景观协调性差等问题。

所谓生物隔离技术,就是采用对当地环境条件高度适应的刺篱植物,种植在高速公路需要封闭的地带,以取代喷塑金属隔离栅,起生物隔离作用。刺篱植物分枝密集构成防止人和动物通行的空间障碍,枝干上刺的密集度及硬度构成防止人和动物穿过的威慑能力,刺篱带的宽度及高度构成防止人和动物跨越能力。与传统的工程隔离相比,生物隔离技术具有以下优点:

(1)寿命长

喷塑金属隔离栅容易生锈,一般使用寿命约为 10 年,且养护工作量较大,人为破坏严重。生物隔离栅由于采用本地长期野生的有刺植物,对本地环境有高度的适应性,生命力强,稍加管理可长久使用。

(2)成本低

据调查,目前湖南广泛采用的喷塑金属隔离栅造价一般为 100～120 元/m,水泥刺铁丝桩隔离栅造价一般为 40～60 元/m,生物隔离栅造价一般为 50～70 元/m。如果高速公路双幅采用生物隔离栅,相对于喷塑金属隔离栅,可节约 10 万元/km 左右。加上生物隔离栅的养护费用大大小于工程隔离,其经济效益将更加明显。

(3)封闭效果好

因为生物隔离植物的枝干上有密集的硬刺,能有效防止人和动物穿过,经研究当生物隔离篱栅的宽度达到 0.8m、高度达到 1m 以上时,人畜难以进入,具有很好的隔离效果。

(4)生态环保

生物隔离栅与高速公路与周围环境浑然一体,看不出人为隔离的感觉,使视野更加开阔。生物隔离栅采用的是具有生命力的植物,根系发达,具有固土护坡、水土保持功能,还能吸收 CO_2 进行光合作用,减排温室气体同时可以降低噪声，符合资源节约型与环境友好型的发展观。

(5)维护管理容易

由于采用的植物均为本地野生物种，一般生长在干旱的山林荒野，生命力顽强，遇土则生，遇肥则壮，耐干旱、耐瘠薄及抗病虫害，不需中耕施肥打药，只需稍修剪即可。

(6)观赏价值较高

生物隔离栅所采用火棘植物果实艳丽，四季常青，枝叶柔小，隆冬浓霜之时，格外挺拔有力；夏日白花满枝，清爽宜人；深秋红果累累，生机无限。在高速公路旁形成一道美丽的风景线。

8.5.2 设计及施工情况

(1)生物隔离栅植物物种

示范工程选择马甲子、火棘作为生物隔离栅建设的植物物种，其初植规格如下：

①马甲子的苗木高不小于50cm，粗度(第1个分枝处)直径大于0.4cm，具有2～3轮分枝，分枝长10～20cm，第一分枝离地面不大于30cm，长势良好。

②火棘的苗木高不小于40cm。

(2)植物配置方案

生物隔离栅采用双排品字形栽植，株行距20cm×25cm，每米栽种10株。在靠近边坡内侧的一排，每隔10m以一株火棘代替一株马甲子，其配置示意图见图8-10。

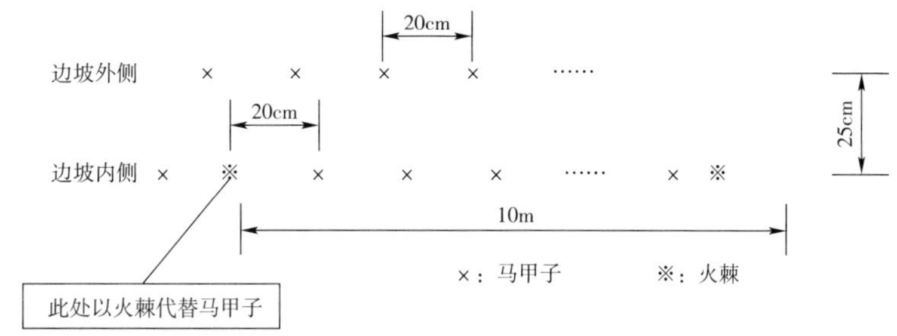

图8-10 生物隔离栅种植示意图

(3)施工方法

采取人工栽植苗木法进行生物隔离栅的施工。

(4)验收标准

种植完工后18个月内交工验收，交工验收的生物隔离植物规格应符合下列要求：

①验收时植物外形标准：

a.分枝密集，易整形，不空脚，耐修剪；

b.枝上刺密度大，坚硬、锐利，具有良好的禁入功能；

c.根系发达，根系发育均匀、平衡、不缠根。

②验收时具体的植物尺寸规格标准：

苗木高不小于1.5m，具有4～5轮分枝，分枝长30～40cm，第一分枝离地面不小于30cm，绿篱整体宽度不小于1.5m，叶色正常，长势良好。

③生物隔离栅横向厚度均匀，纵向与高速公路线形走向一致，顺直、流畅，纵坡起伏自然、美观。

8.6 绿色公路弃土场设计与施工技术

近几年来，随着我国经济、社会的发展，为满足国民经济均衡发展的需要，解决经济欠发达地区的交通“瓶颈”问题，山区公路基础设施建设逐渐成为我国公路建设的重点和主战场。公路建设特别是山区公路建设，由于地形地貌的限制，土石方的纵向调配十分困难，不可避免地会产生大量弃土(石)，必然要设置大量的弃土场来满足处置弃土的需要。根据水利部、中国科学院和中国工程院三部门联合开展的“中国水土流失与生态安全综合科学考察"调查结果,仅"十五"期间,我国各类开发建设项目所产生的弃渣总量约为92.1亿t,其中公路项目弃渣量最多,为42.4亿t,占开发建设项目弃渣总量的46.1%。"十一五"期间,西部山区公路建设规模的持续增长,产生的弃渣量远大于"十五"期间,弃土场的数量及占地面积均较大。

弃土场是一种特殊的人工地质体,一般由土、石等工程废弃物构成,具有多孔隙、欠固结的结构特点,还具有缺水、少土、易荒漠化的生态特征。国内外有关研究及施工期水土保持监测结果都表明,弃土场是公路施工期水土流失最为严重的部位。由于弃土场受自身条件的制约,其生态恢复难度大、代价高,且恢复后的维持周期难以保证。而公路建设实践中,弃土场作为公路建设的附属工程,在设计和施工过程中通常得不到足够的重视,乱堆乱弃、弃而不管的现象比较普遍。近年来,因违规向水体弃渣、随地乱弃、后期恢复不力等施工行为而被地方水保、环保部门处罚的公路建设项目呈上升趋势。

鉴此,庐山西海高速公路作为交通部西部交通科技项目"山区公路弃土场设计与施工技术研究"的依托工程之一,围绕弃土场选址规划技术研究、弃土场拦挡、排水及植被恢复技术应用示范开展了研究及示范工作。

8.6.1 永武高速公路弃土场管理三维系统开发

1)遥感与地理信息系统技术应用简介

(1)遥感技术发展现状

遥感是20世纪60年代发展起来的对地观测综合性技术。通常有广义和狭义的理解。广义的遥感是泛指一切无接触的远距离探测,包括对电磁场、力场、机械波(声波、地震波)等的探测技术。狭义的遥感是指应用探测仪器,不与探测目标相接触,从远处把目标的电磁波特性记录下来,通过分析,揭示出物体的特征性质及其变化的综合性探测技术。

遥感技术经历了无记录的地面遥感阶段(1608—1838年)、有记录的地面遥感阶段(1839—1957年)、空中摄影遥感阶段(1858—1956年)、航天遥感阶段(1957年至今)。20世纪60年代以来,苏美空间技术竞相发展,分别发射了一系列的空间计划卫星,促进了航天遥感技术的发展。20世纪70年代,空间技术转向为人类服务,地球资源技术卫星诞生。20世纪80年代,地球资源技术卫星的传感器技术不断提高。20世纪90年代,除美苏外,其他国家均发射了各种资源卫星。目前,高分辨率的商业卫星发展迅速。

(2)地理信息系统技术发展现状

地理信息系统是综合处理和分析空间数据的一种技术系统,它是以地理空间数据库为基础,在计算机系统的支持下,对空间相关数据进行采集、操作、分析、模拟和显示,并采用地理模型分析方法适时提供多种空间和动态的地理信息,为地理研究和决策服务而建立起来的计算机技术系统。从涉及的学科内容上来说,地理信息系统是一门由计算机科学、地理学、测量学、地图学等多门学科综合的边缘学科,其核心是计算机科学,基本技术是数据库、地图可视化及空间分析。

地理信息系统在国际上的发展主要经历了地理信息系统的开拓期(20世纪60年代)、地理信息系统的巩固发展期(20世纪70年代)、地理信息系统技术大发展时期(20世纪80年代)、地理信息系统的应用普及时代(20世纪90年代)4个阶段。在国内的发展主要经历了地理信息系统的开拓期(20世纪60年代)、地理信息系统发展阶段(20世纪80年代)、地理信息系统步入快速发展阶段(20世纪90年代)3个阶段。

地理信息系统(GIS)是现代地理学与空间信息科学相结合的产物。GIS的本质是基于真实世界的地理环境,直观地表达客观世界的各种要素。借助GIS可以对各种要素进行管理、查询、可视化和分析、处理,以便人们进行科学决策。历经了40多年的发展,二维GIS技术早已进入了成熟期。由于二维GIS的成熟应用,以至于GIS已经突破最初的测绘和地学的行业范畴,发展成为跨行业通用的平台软件技术,广泛应用于政府信息化和企业信息化,并越来越多地涉及面向个人的信息服务领域。随着计算机技术的发展和二维GIS行业应用的深入,人们使用三维GIS来展现真实世界的渴望越来越强烈。与二维GIS相比,三维GIS有其独特的优势。三维GIS因更接近于人的视觉习惯而更加真实,同时三维能提供更多信息,能表现更多的空间关系,三维GIS已成为GIS发展的重要方向之一。

三维地理信息系统已广泛应用于交通、国土、城市规划、电力、水利、林业、环保、地质、院校与国防等。

其中，它在交通方面的应用已得到了广泛的重视，将三维 GIS 融入交通行业当中已是 GIS 在交通行业应用的新的发展方向。主要的应用体现在公路设计、公路建设与公路维护等方面。

2)地理信息系统的主要功能

地理信息系统的功能主要有以下几点：

(1)图形图像管理

地理信息系统具有通过鼠标、键盘、扫描仪、数字化仪等设备输入或由其他数据格式转换等多种方式获取地图数据的功能，并能对所获取的图形、图像进行综合管理。

(2)属性数据库管理

属性数据库的管理功能是为属性数据的采集与编辑服务的，它是属性数据存储、分析、统计、制图等的核心工具，也是整个系统的重要组成部分。

(3)空间分析功能

空间分析功能包括逻辑分析、层间空间分析、缓冲区分析、地理模型分析等，还包括属性数据和图形检索、分类及列表，多媒体信息的索引、查询。

(4)图形输出功能

地理信息系统具有点、线、面等不同类型图层的叠合、图例标注、比例尺标注、文字注记、注记符号的制作以及其在图中的旋转、移动、缩放、变形等图幅修饰功能，打印预览(模拟输出)功能，输出操作功能等。

3)基于三维地理信息系统技术的山区公路弃土场规划设计系统建设

(1)系统建设的意义

系统建设的主要目的在于围绕山区公路弃土场选址规划研究的需求，综合发挥空间信息技术的优势，以江西永武高速公路为例，初步进行基于三维地理信息系统技术的山区公路弃土场规划设计系统的建设(见图 8-11)。

图 8-11　系统启动界面

(2)系统的总体设计

系统从整体上可以分为服务器管理端、三维空间显示飞行平台、弃土场规划设计与管理，以及矢量数据编辑平台等部分。

系统整体结构上可以分为客户机/服务器结构(C/S 结构)，平台浏览客户都可以通过内部网络，利用 EV-Globe 客户端平台实现三维场景浏览、三维地形分析、弃土场规划与业务管理等功能；数据维护人员可以通过桌面地图编辑软件，实现对服务器上的地图、影像数据的管理和更新。

(3)系统建设的关键技术

①海量数据的存储技术。

以海量数据为基础，包括 DEM 数据、遥感影像、基础地理矢量数据等。常规的数据处理主要采用文件方式组织和管理数据，不能高效地利用金字塔三维数据引擎，无法有效管理海量数据。本系统主要采用金字塔三维数据引擎技术，实现海量数据的存取与有效管理。

金字塔三维数据引擎是多种海量数据处理技术的集合，主要包括磁盘数据存储技术、内存数据组织技术、数据动态装载与卸载技术、纹理动态载入技术、复杂消隐技术、多分辨率数据表现技术，以及其他相关技术。金字塔三维数据引擎，在服务器端使用 SQL 执行空间数据的搜索，将满足搜索条件的数据缓冲存放，并发送到客户端。因此，在客户端得到的数据仅仅是一个数据子集，其处理和浏览速度仅取决于客户端数据子集的大小而与服务端数据集大小无关，从而实现对多尺度海量数据的高效处理以及从整体到局部的连续浏览，较好地平衡了场景质量和浏览速度，极大地提高了系统的性能。

②影像处理技术。遥感影像包含丰富的信息，处理技术比较成熟，是建设系统的主要数据源之一。系统使用的遥感影像主要包括江西永武高速 K75～K80 路段 2010 年 2 月 2 日的 0.61m 高分辨率快鸟卫星影像、江西永武高速全路段 2.5m 中高分辨率 ALOS 卫星影像、30m TM 影像、15m ETM 影像以及 1：5 万的 DEM 数据，并采用了多种影像处理技术，如图像处理、影像纠正、多源遥感影像配准、影像融合等。

a.图像处理。系统建设使用多项图像处理技术，包括格式转换、图像色彩调整、多种滤波处理、多种图像的逻辑处理、图像批处理等，对图像进行了诸如滤波、增强、光学特征调整以及逻辑运算等处理。

b.影像纠正。遥感影像一般都有变形，引起影像变形的原因主要有两种：通常获取的遥感影像因为传感器位置与姿态的变化，地球曲率的影响，以及地形起伏地球旋转等原因会导致影像外部变形；影像的内部变形是因为传感器本身性能技术指标偏离标称数值而导致的。因此，系统建设中使用参考数据对遥感影像的变形进行了纠正。参考数据包括控制点信息、DRG 或正射影像等。

c.多源遥感影像配准。使用了多种不同来源，不同分辨率的遥感影像，包括 30m TM 影像，15m ETM 影像、0.61m 快鸟卫星遥感影像和 2.5m ALOS 卫星遥感影像。在建设过程中对这些卫星影像进行了配准。

d.影像融合。影像融合技术是指从多种观测手段所获取的关于同一地物的不同遥感数据中，通过一定的数据处理，提取有用信息，最后将其汇集到统一的空间坐标系（图像或特征空间）中进行综合判读或进一步的解析处理的技术。影像融合技术，通过多种信息的互补性表现，提高多源空间数据综合利用质量及稳定性，进一步提高地物识别、解译与决策的可靠性及系统的自动化程度。在系统建设中通过影像融合技术对不同分辨率遥感影像进行了处理。

③三维场景展示技术。

a.分层展示技术。

要求展示丰富的基础地理信息和弃土场专题信息。为了达到更好的展示效果，系统对这些信息进行分类和分级。可以从高速公路全景开始，层层推进，逐级展示；也可以从局部区域开始，在不同级别之间进行切换。

b.自动切换技术。根据不同的视野范围，不同比例尺的三维场景，展示的信息及内容不同，系统要求对不同场景功能之间能够快速切换。

c.自动飞行技术。为了便于展示永武高速公路及其周边弃土场与环境分布，系统提供了自动飞行功能，可沿设定的路线以适合的角度和高度飞行，并具备实时调整俯视角和飞行高度等功能。

8.6.2 弃土场设计与施工技术应用

1）弃土场选址规划

（1）规划方法

根据主体工程施工图土石方调配方案，整理列出包含弃方路段、弃方量、施工标段等信息的公路弃方来源一览表。启动永武高速公路弃土场管理三维系统，逐个标段、逐个弃方路段直接在公路两侧选择弃渣地点，然后进行合理性评价，根据评价结果确定最终的弃土场位置。在选址时，应根据桥梁、隧道等结构物的阻隔性和施工标段划分情况、运距等因素，考虑弃土场的可达性及施工管理的可行性。具体步骤如下：

①点击【添加弃土场】图标，启动弃土场设计程序。

②点击【设计】按钮，进行弃土场容量计算。

③关闭弃土场容量计算模块，前一步操作设计的弃土场信息自动添加到“添加弃土场”模块相应栏目中，继续录入其他信息，点击【确定】即完成了弃土场的添加。

④选中添加的弃土场，点击选择“弃土场评价”，查看评价结果，若选择的弃土场合理即完成了弃土场的选址，否则可删除该弃土场并重复上述过程（见图 8-12～图 8-15）。

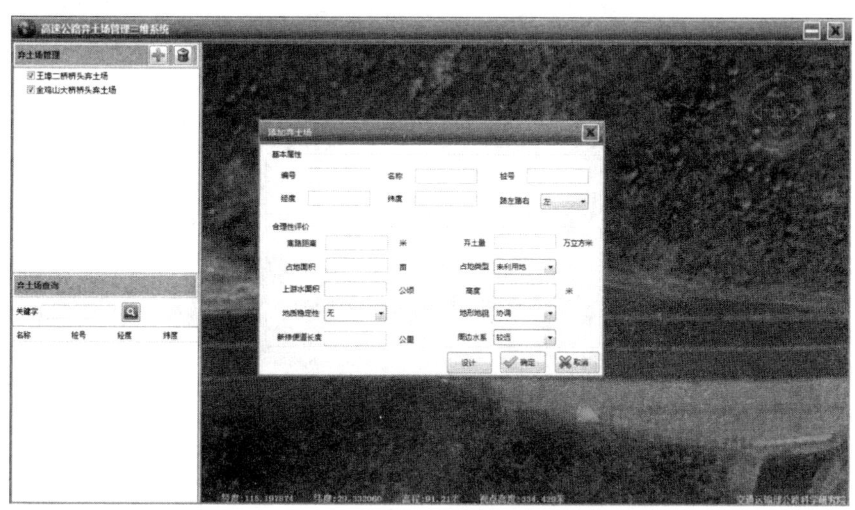

图 8-12　弃土场选址规划操作界面 1

图 8-13　弃土场选址规划操作界面 2

(2)规划成果

利用永武高速公路弃土场管理三维系统，在合理性评价的基础上，对全线弃土场进行了选址规划，并以 Excel 的形式导出形成弃土场选址一览表。按照弃土场所处位置的场地特征，可将弃土场分为坡地弃土场、沟道弃土场、河道弃土场、河道岸坡弃土场、坑坳弃土场、平地弃土场、与路基结合弃土场等 7 类常见弃土场。

为降低滑坡、泥石流等重大环境地质灾害的发生概率，为公路提供景观营造场地，在进行庐山西海高速公路弃土场选址规划时，尽量选择沟道弃渣、与路基结合弃渣等方式，以便于采取防护措施和营造景观（见图 8-16）。

2)弃土场拦挡、排水、土地整治及植被恢复工程设计要点

(1)弃土场拦挡工程

弃土场拦挡工程有拦渣坝、拦渣堤、挡渣墙以及围渣堰等 4 种形式，其中拦渣坝与挡渣墙在公路工程中较为常见。示范工程根据弃土场所处位置的场地特征，因地制宜地进行了拦渣坝与挡渣墙设计。其中，拦

渣坝适用于沟道型弃土场，挡渣墙主要适用于与路基结合弃土场及坡地弃土场。

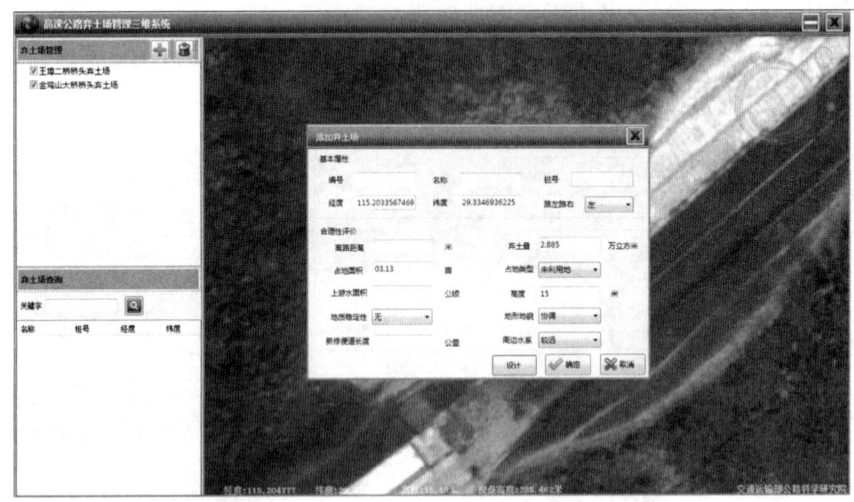

图 8-14　弃土场选址规划操作界面 3

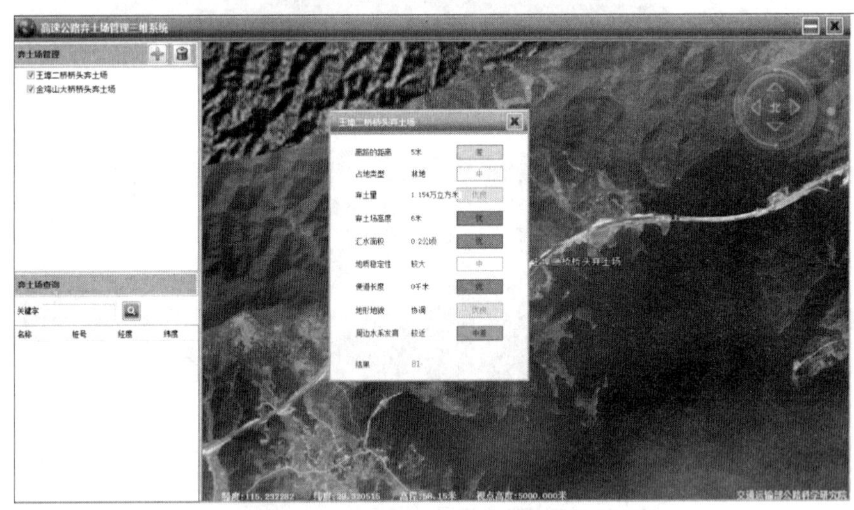

图 8-15　弃土场选址规划操作界面 4

①挡渣墙。

a. 断面结构形式。挡渣墙（见图 8-17）按断面结构形式及受力特点可分为重力式、半重力式、衡重式、悬臂式、扶臂式等，公路弃土场常用的形式为重力式、衡重式等，可根据弃渣堆置形式、地形、地质、降水与汇水条件、建筑材料来源等选择挡渣墙断面形式。鉴于庐山西海高速公路全线弃土场的弃方量均相对较小，施工开挖出的块、片石较多，在弃土场断面设计时均采用重力式。

b. 断面尺寸。挡渣墙的断面尺寸设计先根据经验初步确定主要尺寸，经验算，满足抗滑、抗倾和地基承载力要求，且经济合理的墙体断面尺寸即为设计断面尺寸。抗滑稳定验算是为保证挡渣墙不产生滑动破坏，抗倾稳定验算是为保证挡渣墙不产生绕前趾倾覆而破坏。基底应力验算一般包括两项要求：一是平均地基应力不超过允许承载力，以保证地基不出现过大沉陷；二是控制基底应力大小比或基底合力偏心距，以保证挡渣墙不产生前倾变位。

c. 基底埋置深度。挡渣墙基底的埋置深度应根据地基地质条件、最大冻土深度等确定。地基为土基时，当最大冻土深度小于 1m 时，基底应在冻结线以下不小于 0.25m；当最大冻土深度大于 1m 时，基底最小埋置深度不小于 1.25m，还应将基底到冻结线以下 0.25m 范围的地基土换填为弱冻胀材料。在风化层不厚的硬质岩石地基上，基底宜置于基岩表面风化层以下。庐山西海高速公路沿线最大冻土深度小于 1m，且挡渣墙地基基本为土基，其基底埋置深度应在冻结线以下不小于 0.25m。

d. 分缝与排水。根据地形地质条件、气候条件、墙高及断面尺寸等，设置伸缩缝和沉降缝，防止因地基不均匀沉陷和温度变化引起墙体裂缝。设计和施工时，一般将二者合并设计，沿墙线方向每隔 10～15m 设置一道宽 2～3cm 的伸缩沉降缝，缝内填塞沥青麻絮、沥青木板、氨酯、胶泥或其他止水材料。

a)K72+130右侧弃土场（与路基结合弃渣）

b)K69+500右侧弃土场（与路基结合弃渣）

c)K79+700右侧弃土场（沟道弃渣）

d)K73+800右侧弃土场（沟道弃渣）

图 8-16　不同地形弃土场照片

a)K32+800右侧弃土场（挡渣墙）

b)K94+100左侧弃土场（挡渣墙）

图 8-17　弃土场挡渣墙照片

当墙后水位较高时，应将渣体中出漏的地下水以及降水形成的渗透水流及时排除，有效降低墙后水位，减少强身水压力，增强墙体稳定性，应设置排水孔等排水设施。排水孔径 5～10cm，间距 2～3m，排水孔纵坡不小于 5%，排水孔出口应高于墙前水位。在渗透水向排水设施溢出地带，为了防止排水带走细小颗粒而发生管涌等渗透破坏，应采用在水流入口管端包裹土工布的方式起反滤作用。

②拦渣坝。弃渣堆置于沟道内，受沟道洪水影响，应按防洪、拦渣等要求设置拦渣坝，工程实践中常用

的形式有滞洪式拦渣坝和截洪式拦渣坝两种。滞洪式拦渣坝既有拦渣作用,又有滞蓄上游洪水作用;截洪式拦渣坝仅拦渣不滞洪,其上游洪水由排洪涵洞等排洪建筑物排出。

a. 坝址选择。拦渣坝坝址选择应综合考虑以下几方面的因素确定:

Ⅰ. 坝址处沟谷狭窄,坝轴线较短。上游沟谷平缓、开阔,拦渣库容较大。

Ⅱ. 沟道两岸岩体完整、岸坡稳定,坝基工程地质条件良好。

Ⅲ. 具有布置排水洞、溢洪道或排洪渠等排水设施的地形地质条件。

Ⅳ. 筑坝所需土、石、砂等建筑材料充足,且取料方便。

Ⅴ. 设置拦渣坝堆渣后,不影响沟道行洪和下游防洪,也不会增加下游沟(河)道的淤积。

b. 总库容确定。滞洪式拦渣坝总库容由拦渣库容、拦泥库容、滞洪库容 3 部分组成,坝顶高程应按总库容在水位—库容曲线上对应水位,加上安全超高确定。截洪式拦渣坝不考虑滞洪库容。

c. 坝型。坝型主要有土石坝、浆砌石坝、混凝土重力坝等,均应满足相应的水利工程标准。

d. 坝体稳定计算。根据坝型采用相应稳定性分析方法,确定坝体断面。

e. 坝体断面及结构设计。土石坝断面及结构设计内容主要包括坝高确定、坝顶宽度确定、坝体排水设计、土坝边坡防护设计、土坝下游坡面纵向、横向排水设计等;浆砌石坝和混凝土重力坝设计主要包括确定坝高、坝顶高度、上下游坝坡坡比,拟定泄洪方式(溢流坝或溢洪道)及泄洪建筑物主要尺寸。需要进行溢流或泄水建筑物的水力计算、消能防冲设施设计、坝体稳定及应力计算、防渗设计。

f. 坝基处理设计。应根据地质条件、地基与其上部结构之间的相互关系、拦渣坝布置、筑坝材料和施工方法等因素综合研究后进行。

(2)弃土场排水工程

弃土场排水系统(见图 8-18)一般由截水沟、排水沟、急流槽或跌水等,公路弃土场常见的排水工程为截水沟和排水沟。其中:截水沟是在坡面上修筑的拦截、疏导坡面径流,具有一定比降的沟槽工程;排水沟是用于排除地面、沟道或地下多余水量的沟。截排水沟按其断面形式一般可采用矩形、梯形,分为衬砌、不衬砌两种形式。

a)K92+640右侧弃土场(独立排水系统)

b)K78+560左侧弃土场(与路基排水沟合并设置)

图 8-18 弃土场排水工程照片

庐山西海高速公路沿线弃土场上游汇水面积均较小,设计一般不设置截水沟。弃土场排水沟的设置根据其地形及与公路的关系综合设计,沟道弃土场的排水沟自成体系,与路基结合弃土场则与路基排水一并设计,合并设置。

(3)弃土场土地整治工程

弃土场土地整治工程的内容主要为表土剥离及堆存、表土回填。

①表土剥离及堆存。表土剥离及堆存是指将扰动土地表层土壤剥离并搬运到固定场地堆放,并采取必要的水土流失措施,待主体工程完工后,再将其回铺到需要恢复植被的扰动场地表面的过程。表土剥离厚度根据表层熟化土厚度确定,一般为 20～80cm。原地类为耕地的,表土剥离厚度一般为 50cm;原地类为牧

草、造林的土地，剥离厚度一般为 20～30cm。

剥离表土就近集中堆存于征用的土地范围内，且堆放场地表土不易受到水蚀，一般采用推土机推叠，在自然稳定的前提下堆高 2.5～3.0m。堆存表土应采取土袋拦挡、苫盖、边坡撒播草籽等临时防护措施。

鉴于庐山西海高速公路沿线地形起伏较大，考虑到某些地形起伏较大的弃土场若剥离表土，其施工扰动影响较大，反而不利于环保，设计时仅对占地面积较大且沟谷宽浅的谷底表土采取剥离措施。剥离表土堆存在弃土场征地范围内不受施工影响的地带，四周采用土袋围挡防护，堆存表土表面撒播草籽进行绿化防护。

②表土回填。弃渣施工完毕后，对顶面适当进行平整，然后回填事先剥离并临时堆存的表土。回填厚度设计为：恢复为耕地的，回填厚度 30～60cm；栽植乔灌木树种进行植被恢复的，回填厚度 40cm 以上；绿化植草的，回填 20cm。

为施工方便，庐山西海高速公路弃土场设计表土回填厚度统一规定为 30cm。

(4)弃土场植被恢复工程

弃土场施工完毕后，应及时实施植被恢复工程，以防止水土流失，同时恢复受损的生态系统，美化路容。

根据弃土场所处位置的场地特征，庐山西海高速公路沿线弃土场植被恢复工程采取了不同的设计方案。其中，与路基结合弃土场顶面植物配置方案与主线路侧绿化一致，坡面撒播草籽防护；其他远离公路的弃土场顶面及坡面均设计采取撒播草籽防护。

3)弃渣施工

《开发建设项目水土保持技术规范》(GB 50433—2008)将"先拦后弃"的原则作为开发建设项目弃土(石、渣)施工的强制性条文，要求弃渣前采取拦挡措施。为贯彻这一要求，公路施工过程中可视弃土场类型及弃渣作业进度分阶段实施拦挡工程。地面横坡相对较为平缓地带的弃土场，在留出运输车辆通道的前提下，应采用编织袋或草包等装土后码放于征地范围四周进行临时拦挡，待弃渣作业全部完成后再实施围渣堰等永久性拦挡工程。对于沟道型和坡地型弃渣场，为避免废弃土石方顺坡滑落，应在弃渣作业前建设拦渣坝、拦渣堤、挡渣墙等永久性拦挡工程。

弃渣作业是弃土场施工质量形成的关键环节之一。弃渣作业时，应尽量从拦挡设施前由低处向高处分层堆放。值得注意的是，目前很多弃土场的拦挡工程紧贴渣体修建，导致渣体自然沉降及坡面坍塌时废方易滑落到拦挡设施的下部，为避免这种情况发生，可适当扩大征地范围，在渣体与拦挡设施之间留出适当的距离，以提高挡渣墙的有效性。此外，弃渣作业时还应对土、石、渣的分类堆放进行重点控制。一般应将石、渣置于下部，土置于上部，以避免施工完毕后渣体发生重大变形、沉降，并有利于后期恢复。

9 绿色公路景观规划、设计与营造技术

9.1 技术要点

(1)在对比不同遥感处理方法的基础上,结合公路建设前期路线走廊带选择原则,提出利用3S技术,采用基于高分遥感影像的公路生态景观信息提取方法进行了支持案例研究。

(2)系统归纳了基于文化层面的旅游公路景观规划技术(见图9-1)。

①根据旅游文化景观资源特征来确定旅游资源的分布及其景观属性。提出基于旅游文化的永武公路人文景观规划亮点。

②提出基于廊道文化的公路景观规划,对于后期的路域人文景观设计和生态环境修复具有重要意义。

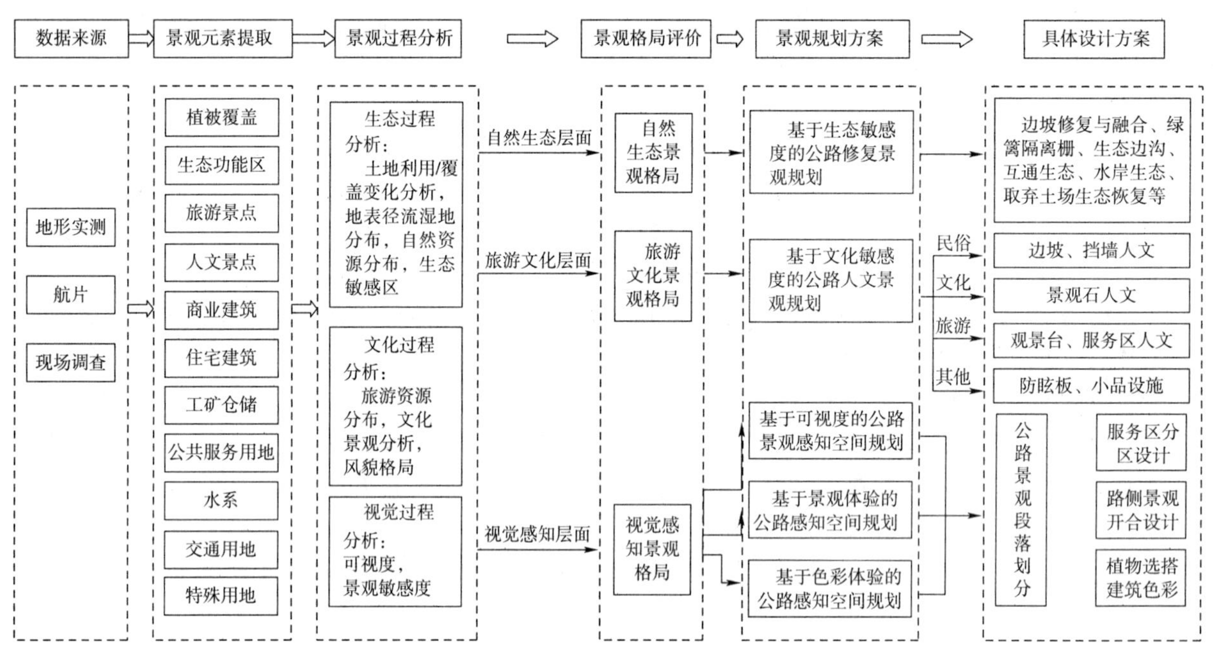

图9-1 绿色公路景观规划框架图

(3)提出了基于感知层面的公路视觉景观规划方法。

①进行了基于可视度的公路景观规划。采用EV-Globe的三维通视分析方法,在永武高速公路上选取重要节点作为视点,进行视域分析,确定出该视点的可见区域和不可见区域;通过视域分析确定出永武公路所在景观区域的可视规划区的边界。

②根据公路跨越地理区域的不同,按照公路所经过的景观资源的类型和整体风貌特征,将公路所经区域分为景观特征单元区、景观缓冲单元区和景观特征点,进而进行基于单元区的公路景观规划。

③根据景观色彩规划的原则,景观色彩认知与要素分析,提出基于色彩感知的公路景观规划,包括路面、交通标志、构造物、绿化带的视觉景观规划。

(4)全面阐述了旅游公路景观设计技术。

在对旅游公路设计理念和方法总结的基础上,结合永武高速设计案例,提出了公路视觉景观设计技术、公路生态景观设计技术、公路人文景观设计技术、公路节点景观设计技术。

9.2 国内外研究现状

旅游公路起源于欧美发达国家。初期的表现方式以建设绿色通道为主,美国在19世纪的"大公园规划"时期,建设了城市绿道网络规划,规定道路的两侧必须种植高大树木,这些道路后来成为城市公路及保护区道路。到20世纪又以开放空间规划和自然走廊规划为代表。最有代表性的是法国为道路的前方设置中世纪战场纪念碑、太阳神雕塑、拿破仑战营等建筑;美国是森林公园道路等;日本则是使用浪漫手法,在旅游景区前道种植樱花赖以引人入境等。这时的旅游公路有双重功能:一是为人类的游憩提供了空间,二是对自然和文化遗产起到了保护作用。

9.2.1 澳大利亚

1984年,澳大利亚即着手开展旅游公路的研究,首先,他们对旅游区的原有公路进行评估,指出旅游公路的交通环境质量对旅游业发展的重要性,认为要提高公路的服务质量,必须制定使用旅游公路管理的交通规则;其次,对旅游公路的建设资金来源进行了调查研究;最后,对旅游公路周围环境进行广泛的调查,其调查内容包括地形地貌、土壤水文、排水系统、生物种群、土地利用、考古、文物保护等,并制定相应的保护措施和规章制度。英国、德国、日本、比利时、克罗地亚等国家比较重视旅游公路上的交通标志设施、降低交通噪声的装置和道路照明等方面的研究。

9.2.2 美国

1991年美国联邦政府在联邦公路局(FHWA)下设立了国家风景路计划(National Scenic Byways Program,NSBP)组织,有目的地在全国遴选出在考古、文化、历史、自然、娱乐和景观价值方面有代表性的公路和小道对其进行资助、宣传,使其成为有旅游价值的公路(小道),目前已经建立了涵盖44个州126条风景公路或风景小道的国家风景路体系。

相应的,各州交通运输部均建有完善独立的风景道路计划(Scenic Byways Program)或风景公路计划(Scenic Highway Program)组织负责各州风景公路(小路)的申报、管理、宣传等工作,可见在美国,人们更多地把旅游(风景)公路作为一种旅游资源来对待,而不仅仅是一种交通廊道。

关于景观公路的设计影响因素,美国FHWA的研究报告"Scenic Byways,A Design Guide for Roadside Improvement"作了详细论述,提出了景观公路的设计,要考虑公路的个性、协调性、地区特征、建筑主题、安全性和可达性等,并对景观公路等基础设施以外的设施的设计要求,如游客服务中心、休息区、卫生间、露营、停车、自行车道和行人便道等做了深入探讨。对于许多景观公路来说,道路使用者主要关心的问题可能不是车速、车道、路肩宽度和路线曲线等,其注意力可能集中在沿线风景上。因此,在不降低景观公路运行安全标准的前提下,在执行设计标准时就要掌握分寸、具有灵活性,尤其是曲线的应用。理想的景观公路路线几何设计,不仅要通过利用蜿蜒的曲线,把沿线的自然景观和历史文化景点有条不紊地呈现在道路使用者眼前,还可通过曲线避开和沿线景观公路主题不协调的地点。尤其是江河两岸、峡谷、山脉等地区,路线的平纵曲线设计要能力求减少填挖并能增加驾驶乐趣。景观公路的加宽要特别慎重,否则,将破坏沿线自然景观。对于分隔行驶的景观公路来说,中央分隔带的设计要和沿线景观相协调。此外,在景观公路的其他基础和附属设施的设计时,如桥涵、挡土墙、边坡和路缘石的设计和修建材料等,都应考虑沿线的景观和主题。

2006年9月,交通部第二批赴美公路新理念考察团专门针对美国旅游公路建设情况进行了考察,其中包括旧金山市双峰山公园旅游路、金门公园旅游路、红木国家公园旅游路、黄石国家公园旅游路、大奇顿国家公园旅游路、布莱斯国家公园旅游路、大峡谷国家公园旅游路及夏威夷奥胡岛环岛旅游路等多条带有旅游性质的公路,总结其特点如下:

(1)环路、支路、自行车道、徒步旅行道等多种形式配合。

(2)线形选择更加灵活、自由,充分体现尊重自然、保护自然的原则。

(3)灵活设置停车休息、观景区,最大限度满足旅游功能和交通功能。

(4)工程结构物选择充分体现自然、景观特性。

(5)交通标志独具个性,充分体现景区特色和景观功能。

(6)旅游信息的提供全面、及时,最大限度满足旅客的需要。

(7)相关配套的旅游纪念品的开发与经营工作深入、全面。

国内通常把旅游公路定义为连接重要旅游区或大旅游圈内连接景区各景点以旅游交通为主要功能的公路。旅游公路在旅游业发展中担当着极其重要的角色。

我国近年来建成了多条旅游公路,如湖北神宜生态旅游公路、安徽黄山景区屯溪至黄山(黄山南大门)旅游公路、四川峨眉山风景区旅游公路、吉林环长白山旅游公路、四川川主寺至九寨沟旅游公路(2003年被交通部指定为中国公路与自然环境相和谐的交通环保示范样板)、云南思茅至小勐养旅游高速公路等。旅游公路的建设为我国旅游业的发展起到了极其重要的作用。

国内多家单位及学者针对各地区域的旅游公路设计问题进行了研究。湖南省交通规划勘察设计院的郑立常认为旅游公路的使用功能是以运送游览观光的旅客为主,行车速度不是第一性的重要技术指标,并不着意追求线形的平、直、顺、长直线、大半径。更重要的是要满足线形的连续性和形态的优美性。旅游者并非简单地完成一次旅行任务,而为舒服、享受、大饱眼福而来。因此,要让旅客感到乘车也是一种享受。湖北省交通规划设计院的付军明在《关于山区旅游公路建设的一些思考》一文中指出,在进行旅游公路的交通安全防护设计时,应当更加突出宽容性理念,原因是旅游公路上的使用者包括了较多不熟悉路况的非专业驾驶员。

四川川北公路规划勘察设计有限公司的陶明德提出了旅游公路设计必须努力使公路建设与旅游发展、环境保护及投资能力相适应,体现安全性、自然性、环保性、灵活性以及合理利用资源的原则:必须体现安全性原则,明确树立建设通行安全、驾乘舒适的山区生态旅游公路的思维,以安全为目的、以舒适为目标,充分协调人、车、路、景的关系,不过于追求设计速度;体现自然性原则,将公路融入周围自然环境中,使公路建设与地形地貌及气象气候特征相匹配;贯彻环保理念,遵循"不破坏就是最好的保护"的思路,充分利用当地树种、草种对边坡及公路沿线坡面进行立体绿化(防护),达到环保效果理想、环保措施经济、环保感观自然的建设目标;重视灵活性原则,合理运用技术标准和各项指标,使公路满足需求,体现功能,适合自然,在工程措施上既考虑近期需求和投资能力,也兼顾公路长远建设目标,避免和减少资源浪费;在建设中治理,在治理中建设,充分使用地材,节约资源。

基于旅游公路对旅游业发展的重要支撑作用,近年来,旅游公路的建设在全国范围已形成一股高潮,据不完全统计,国内已开展或正在开展专项旅游公路规划或改造建设的省区市就有北京、江西、甘肃、重庆、河北、河南、安徽、内蒙古、四川等,地方交通主管部门、景区和旅游公路沿线居民对旅游公路建设的认识达到比较高度的一致。可以说旅游公路建设已经成为我国自高速公路建设、农村公路建设以来的第三次公路建设浪潮。

综合国内外的研究现状,目前国内外就旅游公路建设的问题已经有较深入的研究,然而还不够系统化,尤其是在国内,旅游公路的建设多直接套用现有公路设计的理论和方法。事实上,虽然旅游公路与一般公路存在较多的共性因素,其建设经验可以借鉴,但是旅游公路也有较多的个性因素。如旅游公路的建设是旅游资源开发为目的;旅游公路上的交通组成以客运为主,不熟悉路况的非专业驾驶员居多;游客对旅游公路上的交通工程设施的完善程度及景观优美程度具有较高的期望等。因此不能完全照搬一般的公路建设经验,必须针对旅游公路的特点,系统研究与旅游公路建设相关的各类关键问题。

9.3 旅游公路功能及景观特性分析

9.3.1 旅游公路的功能

旅游公路也是公路系统的一部分,因此其主要功能应是服务于客货运交通的运输功能,但由于它存在的一些特点,另外一个主要功能是为旅游人群服务,主要表现在3个方面:

(1)指示服务功能

旅游公路的最终目的是开发旅游资源,促进旅游业的发展,而其他公路最终目的是为周围的群众创造好的交通环境,旅游公路与旅游经济紧密联系,不仅对旅游资源的开发具有拉动作用,同时利用旅游业带来的人流、物流和信息流促进公路沿线经济的发展，因此具备了比普通公路网更大的投资潜能和风险。对于旅游公路的一部分使用者来说景区及周边环境是陌生的，因此旅游公路应为游客提供必要的旅游信息以及必要的加油站、公共厕所、超市等信息的指示，使旅游者顺利到达景区，并解决途中车辆和驾乘人员的必要需求。同时在旅游公路沿途突出秀丽的风景、和谐的环境，体现出景区的动态与整体美，增加旅游者心理愉悦感。

(2)游憩功能

对于一部分旅游者并不是以单纯的到达目的地为唯一目标，旅行的过程也是一个轻松游玩的过程。因此在旅游公路创造优美和谐景观的同时，还应注重路边停车区、观景台及沿线小景点的建设，使旅游公路本身也变成景区的一部分，使人们在此处可欣赏田园风光、呼吸新鲜空气、品农家饮食，充分享受在城市中无法找到的生活情趣。

(3)环境艺术功能

环境艺术功能包括营造宜人空间、连接公路与环境、美化路容形象等。旅游公路区别于其他道路的一大特点，是需在道路沿线及其周围的环境区域营造道路绿化美化工程，这项工作不同于园林建设，而是紧紧依附于道路构筑物的带状风景有为道路交通服务的明确目的，要求绿化美化工程的布局设计、景物的安排，在适应和利用自然条件的基础上起到警示、引导、供游人旅途休息的作用，以满足旅游道路安全、舒适、美化的目的。

9.3.2 旅游公路的景观特性分析

(1)线性景观空间

高速公路是空间中一种抽象的线性构图，它有机地连接了沿线各种不同的景观单元。当车辆行驶于其上时，随着路面倾斜、弯曲、上坡、下坡等多种动势的变化，人们可以感受到沿线丰富的景观资源，而这些原本各异的景观资源也会因为公路的修筑而被连贯成一个整合的线性空间，即包含其路域范围内多种景观元素的线性景观空间。

(2)动态景观空间

人在高速公路上行驶本身就是一个动态的过程。在这一动态过程中，由于人本身具有一定的速度，使得沿线景观的每一个画面的展示可能只是瞬间，但却是连续的；同时，随着速度的变化，驾驶员的视域、视距也会发生改变，导致了他在公路上看到的、注意到和感受到的事物及其敏感程度是不同的。因此，高速公路沿线景观不同于我们通常看到的静止的三维景观空间，它是公路使用者在路上以一定速度运动时的视野中出现的四维景观空间。

(3)高速公路景观安全特性

尽管安全始终是使用者对公路的最基本要求，但相较于普通公路，旅游公路对安全性的要求更高、更突出。尤其是在目前国内旅游出行方式条件下，成规模的、集中的旅游团还是游客旅游的主导方式，旅游团队最主要的交通工具就是旅游大客车或中巴车，加之多数景区处于山区，公路技术等级较低，稍不注意就会酿成群死、群伤的恶性交通事故，如果涉及境外旅游团还会带来较恶劣的国际负面影响，所以旅游公路的安全性地位更加突出。

9.4 基于3S技术的旅游公路景观规划研究

9.4.1 自然生态层面的公路景观规划

1)景观生态学与生态学基本理论

(1)生态系统结构和功能特征

生态系统作为一个特定的地理空间单元，具有特定的结构和功能，也就是说，生态系统是结构和功能的统一体。生态系统结构是指系统内各组成因素在时空连续空间上的排列组合方式、相互作用形式以及相互联系规则，是生态系统构成要素的组织形式和秩序(于贵瑞，2001)。生态系统功能主要是指与能量流动和物质迁移相关的整个生态系统的动力学(沃科特等，2002)，是系统在相互作用中所呈现出来的属性，它表现了系统的功效和作用。生态系统所具有的功能是支持系统存在的原因，它体现了生态系统的目的性，一旦其功能丧失，该生态系统也就失去了存在的意义。生态系统的结构和功能息息相关，功能的变化会引起系统内结构组分的相应变化；同样结构的变化也会导致系统功能某些方面的相应变化。在生态学中，常用净初级生产力、植被覆盖度、生物多样性指标来表征生态系统功能。

①净初级生产力。植被是陆地生物圈的主体，作为陆地生态系统中的重要组分与核心环节（孙睿等，2000），它不仅在全球物质与能量循环中起着重要作用，而且在调节全球碳平衡、减缓大气中 CO_2 等温室气体浓度上升以及维护全球气候稳定等方面具有不可替代的作用。植被净初级生产力（Net Primary Productivity，简称 NPP）是指绿色植物在单位时间和单位面积上所积累的有机干物质总量。它不仅是表征植物活动的重要变量，而且是判定生态系统碳汇和调节生态过程的主要因子（朴世龙等，2001），常用于测定植物群落在该立地上的生长状况和对干扰的反应。NPP 估算可以度量生态系统的做功能力、结构进化能力以及抵抗干扰能力，是一个能够深刻反映环境变化的参数，对生物和非生物环境具有极强的敏感性，因此被作为陆地生态系统功能或活力的重要指标之一。

生态系统的净初级生产力（NPP）的直接测定需要高强度的林地作业和花费大量时间，这引起生态学家对如何选择 NPP 估计方法的重视。最有前途的方法之一是利用卫星扫描和遥感与有关的生态生理学关系的知识相结合（沃科特等，2002），建立模拟生态系统过程模型的方法。目前，模拟生态系统过程的模型变得越来越先进，并能够结合多因子进行模拟，大范围陆地 NPP 的估算主要依靠模型完成。

②植被覆盖度。植被覆盖度是主要的地球生态系统指标，是衡量地表植被覆盖程度的一个最重要的指标，在土地沙漠化评价、水土流失监测和分布式水文模型中都将植被覆盖度作为重要输入参数，大区域范围植被覆盖变化体现了自然和人类活动对生态环境的作用（李苗苗，2004）。

传统测量植被覆盖度的方法是地面测量，最简单的方法就是目测法（章文波，2001；张云霞，2003），其缺点主要是主观性太强，更加客观的测量方法有采样法（赵春玲，2000），以及仪器法（章文波，2001）借助于采样仪器的测量方法，如空间定量计、移动光量计等。这些方法虽然提高了测量的精度，但野外操作不便且成本较高，难以在大范围内快速提取植被覆盖度。监测植被覆盖度的传统方法只能在小区域使用，不可能给出大尺度地区的宏观植被信息。为了完成大范围地区的植被覆盖度监测，近 20 年来，随着对地观测系统技术的不断成熟，遥感技术为监测大面积区域的植被覆盖度，甚至全球的植被覆盖度，提供了可能。目前使用较多的遥感测量方法有回归模型法以及像元分解模型法等，但是这些方法都具有操作复杂，测量时间长，受条件限制多，效率低或只适用于特定的区域与特定的植被类型，一般不易推广。而直接利用归一化植被指数 NDVI 近似估算植被覆盖度是一种比较好的方法。杨胜天等使用 NDVI 将植被覆盖度分为高、中高、中、低 4 种类型（杨胜天，2002）。Tucker 等利用遥感数据对非洲大陆的干旱与沙漠化等植被覆盖变化进行了监测。CHEN Yun-hao 等利用遥感数据研究了中国 1989—1999 年十年的 NDVI 的变化规律（CHEN Yun-hao，2001）。国内也有不少关于植被覆盖动态变化的研究。史培军等利用 3 个时相的 Landsat5-TM 数据计算了北京地区植被覆盖度，并着重对其景观变化过程进行了分析（陈云浩，2002）。杨胜天、刘昌明等利用近 20 年的遥感数据对黄河流域的植被覆盖变化进行了分析，并评估了黄河流域近 20 年来的生态保护工作成效（杨胜天，2002）。

归一化植被指数 NDVI 又称为标准化植被指数，据前人的研究经综合比较，归一化植被指数 NDVI 与植被覆盖度、植被生产力等性状具有很好的线性关系。植被覆盖度可以用 NDVI 指数表示，公式为：

$$NDVI=\frac{ND_{NIR}-ND_{R}}{ND_{NIR}+ND_{R}} \tag{9-1}$$

对于 LANDSAT-TM 数据而言，NDVI 的求算公式为：

$$NDVI=\frac{TM4-TM3}{TM4+TM3} \tag{9-2}$$

式中：TM4、TM3——分别为 TM 图像的第 4(NIR)和第 3(R)波段亮度值。

在遥感监测植被覆盖度中，通常利用植被覆盖度与 NDVI 之间关系估算区域植被覆盖度，其计算公式如下：

$$f=\frac{NDVI-NDVI_{min}}{NDVI_{max}-NDVI_{min}} \tag{9-3}$$

式中：　f——植被覆盖度；

$NDVI_{min}$——研究区裸土最小 NDVI 值；

$NDVI_{max}$——纯植被像元 NDVI 值或最大 NDVI 值。

③生物多样性。生物多样性也是反映生态系统功能的重要指标，其在控制各种生态学过程中起关键性作用（于贵瑞，2001）。生物多样性又可以分为生态系统多样性、遗传多样性和物种多样性。最为人们所接受的生物多样性定义是在“物种”水平上的。长期以来，人们对生物多样性的作用以及人们在如何改变生物生存环境的认识存在很大的不确定性，在这样的情况下，人们认为生物多样性可为维持生态系统提供更多的选择（沃科特等，2002），为生态系统适应环境变化、未来的人类生存发展提供必需的基因资源储备。

（2）景观生态学

景观生态学是介于生物学和地理学之间的交叉性科学，是近十几年来生态学中发展最快的分支之一。其创始人 C. Troll 综合地理学、生物学和生态学的有关研究内容，将景观定义为由一组以相类似方式重复出现的、相互作用的生态系统所组成的异质性陆地区域（Rapport，1998）。而景观生态学则是研究景观单元的类型组成、空间配置及其与生态学过程相互作用的综合性学科（邬建国，2000）。景观生态学的提出填补了生态学组织层次上的空白，成为介于生态系统生态学和全球生态学之间的过渡，对强调生态要素与现象的空间结构和尺度作用具有重要的意义。

①斑块—廊道—基底模式。景观生态学中，斑块（Patch）—廊道（Corridor）—基底（Matrix）模式是构成并用来描述景观空间格局的一个基本模式。这一模式为我们提供了一种描述生态学系统的“空间语言”，使得对景观结构、功能和动态的表述更为具体、形象。

斑块是指与周围环境在外貌或性质上不同，但又具有一定内部均质性（Homogeneity）的空间部分。这种所谓的内部均质性，是相对于其周围环境而言的。廊道是指不同于两侧基底的狭长地带，是指景观中与相邻两边环境不同的线性或带状结构。宽度、组成内容、内部环境、形状、连通性等是反映廊道结构特征的重要指标。基底是景观中范围广阔、分布最广、连续性也最大、相对同质且连通性最强的背景地域。常见的有森林基底、草原基底、农田基底、城市用地基底等。

公路工程特别是高等级公路和公路网的建设是在自然景观中嵌入大型的人工廊道，大量水泥地面和路基的植入，改变了地表地下水环境，并将原有的自然景观系统予以分割，这是对景观结构的重塑，破碎度将增加。公路常常把单一种群分割成复合种群，是耐干扰种群活动的通道，是侵蚀、沉种、外来种侵入以及人类对基底干扰的源端。

②异质性。异质性是景观生态学的重要概念，是指在一个景观区域中，景观元素类型、组合及属性在空间或时间上的变异程度，是景观区别于其他生命层次的最显著特征。景观生态学研究主要基于地表的异质性信息，而景观以下层次的生态学研究则大多数需要以相对均质性的单元数据为内容。

景观异质性包括时间异质性和空间异质性，更确切地说，是时空耦合异质性；空间异质性反映一定空间层次景观的多样性信息，而时间异质性则反映不同时间尺度景观空间异质性的差异。正是时空两种异质性的交互作用导致了景观系统的演化发展和动态平衡，系统的结构、功能、性质和地位取决于其时间和空间异质性。所以，景观异质性原理不仅是景观生态学的核心理论，也是景观生态规划的方法论基础和核心。

③尺度（Scale）。尺度是景观生态学的另一个重要概念，一般是指对某一研究对象或现象在空间上或时间上的量度，分别称为空间尺度和时间尺度。任何景观现象和生态过程均具有明显的时间和空间尺度特征。尺度往往以粒度（Grain）和幅度（Extent）来表达。空间粒度指景观中最小可辨识单元所代表的特征长度、面积或体积，其粒度对应于最大分辨率或像元（Pixel）大小；时间粒度则指某一现象或事件发生的频率或时期间隔。幅度是指研究对象在空间或时间上的持续范围。

不同的景观尺度水平具有不同的约束体系。人们往往需要利用某一尺度上所获得的信息或知识来推测其他尺度上的特征，这一过程即所谓尺度推绎（Scaling）。

④边缘效应。边缘效应（Edge Effect）即指缀块边缘部分由于受外围影响而表现出与缀块中心部分不同的生态学特征的现象。缀块中心部分在气象条件（如光、温度、湿度、风速）、物种的组成以及生物地球化学循环方面，都可能与其边缘部分不同。许多研究表明，缀块周界部分常常具有较高的物种丰富度和第一性生产力。道路建设造成对动植物种群生境的严重切割，由此引发的边缘效应不容小觑。

⑤景观空间格局度量。景观是由大大小小的斑块组成的,斑块在景观内空间分布的总体样式称为景观格局。景观格局是景观过程长期作用的产物,同时景观格局又直接影响景观过程(赵羿等,2001)。景观生态学数量方法的发展使得景观水平的研究可以定量描述空间格局,比较不同景观,分辨景观结构差异,以及确定景观格局和功能过程的相互关系(傅伯杰等,2002)。这也促进了景观生态评价、景观健康评价工作的积极开展。阎传海(1996)以淮河下游地区和江苏北部为例建立了景观生态分类系统,计算出各景观亚型的综合评价指数,并划分出不同的景观生态现状类型。Heggem 等(2000)介绍了景观生态评价的指标和方法,并以坦萨斯河流域为实例进行了研究。袁兴中等(2000)提出景观健康评价的指标体系包括非生物环境指标、生态学指标和社会经济指标 3 大类,并列出了详细的指标。Bertollo(2001)对景观健康的研究工作进行了综述,并以意大利东北部海岸为例建立了景观健康的评估参数和诊断模型。吴飚等(2000)将景观生态学的方法运用于建设项目生态环境影响评价中,从景观空间结构、恢复能力、内在异质性、绿色拼块之间的连通程度以及组织开放性等方面对景观生态做出了评价和预测。

公路建设作为一项重要的人为干扰,通过改变景观组分对区域景观空间结构产生影响,因此需要借鉴目前较为成熟的景观格局数量研究方法来量化公路工程对生态系统结构产生的影响。景观格局数量研究方法分为用于景观组分特征分析的景观空间格局指数、用于景观整体分析的景观格局分析模型和用于模拟景观格局动态变化的景观模拟模型 3 大类。景观空间格局指数是定量化的指标体系,可以简单明了地说明景观单元特征和景观异质性特征,反映公路工程所在区域景观空间结构在不同时段的差异性,即景观的时间异质性景观空间格局指数。

景观空间格局指数包括两部分,即景观单元特征指数和景观异质性指数。景观单元特征指数是指用于描述斑块面积、周长、形状和斑块数等特征的指标;景观异质性指数包括多样性指数、镶嵌度指数、距离指数及景观破碎化指数 4 类(傅伯杰等,2002)。定量化分析景观空间格局的应用软件 FRAGSTATS 详细介绍了各个指标的计算方法及所代表的意义,并提供了在 Arc View/Arc Info 等环境下运行的运算模块。

2)公路生态景观敏感性评价技术方法

(1)质量指标法

其基本原理是通过对环境因子性质及变化规律的研究分析,建立评价函数曲线,通过评价函数曲线将这些环境因子的现状值(项目建设前)与预测值(项目建设后),转换为统一的无量纲的环境质量指标,由好至差用 1～0 表示("1"表示最佳的、顶极的、原始或人类干预甚少的生态环境状况;"0"表示最差的、极度破坏的、几乎非生物性的生态环境状况,如沙漠)。由此计算出项目建设前、后各因子环境质量指标的变化值。最后根据各因子的重要性赋予权重,再将各因子的变化值综合起来,便可得出项目建设对生态环境的综合影响。该方法需要与其他专业的知识相结合,如数学和统计学,指标体系的制定上难度偏大,但结果精确度高。

(2)图形叠置法

基于 GIS 的图形叠置法是将道路影响地区根据不同的区域类型划分为若干地理单元,以生态、噪声、大气等相关环境资料建立数据库,为每个环境因子作出一幅环境图。然后为每个评价因子设置各自的评价权重,通过 GIS 系统的栅格计算器和叠置分析功能将各单因素环境图与底图叠加得到复合图。用不同的色彩和不同的色度深浅来表示不同的生态环境影响和不同的影响程度。该方法评价结果直观明了,可广泛应用于公路选线、土地利用变化、动植物潜在生境分析等方面。

(3)生态机理分析法

动物或植物与其生长环境构成有机整体,当开发项目影响植物生长环境时,对动物或植物的个体、种群和群落也产生影响。用此方法预测时,首先要调查环境背景现状和收集相关资料,调查动植物分布、动物迁徙路线和栖息地,尤其是要调查评价区内是否存在珍稀濒危物种及重要经济、历史、景观和科研价值的物种;根据调查结构分别对动植物按种群、群落和生态系统进行划分,描述其分布特点、结构特征和演化等级,根据兴建项目后环境的变化,对照无开发项目条件下动植物或生态系统演替的趋势,预测项目建设对动植物及生态系统的影响。该方法从动植物的生长规律出发,研究影响其生长的因素,揭示其内部生长规律,适用于动植物的个体、种群或群落的内部生长规律的研究。

(4)遥感影像解译方法

景观类型的划分及其空间分析是进行景观动态变化研究的基础和核心，RS 和 GIS 技术为这一过程提供了强有力的技术平台；近年来开发的嵌套于 GIS 软件中的景观分析软件使得这一研究过程更为快捷和科学。依据本研究尺度特征，采用国内新的土地利用现状分类的二级分类系统，并结合当地实地特征进行景观类型的划分，并根据研究目的需要做了必要改动，分类结果为耕地景观、园地景观、林地景观、水域景观、农村居民点景观、工矿用地景观、城镇景观、交通用地景观、未利用地景观，共 9 个景观类型。根据利用遥感技术开展土地资源分类调查及可能达到的规定精度，对低于应用陆地卫星 TM 图像并配合采用细小地物成数抽样方法量测达到预期精度的地类，均不能单独列入分类系统，通过野外核实(见图 9-2)。

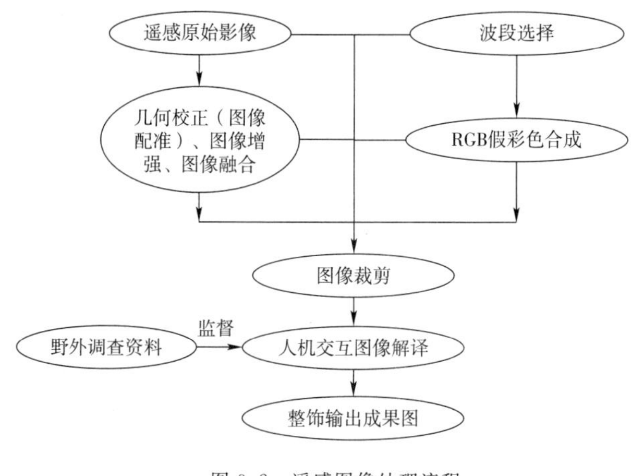

图 9-2 遥感图像处理流程

(5)公路生态景观敏感性评价指标体系构建方法

①指标体系构建。根据公路沿线自然地理条件的不同，将生态系统划分为山地生态系统和荒漠绿洲生态系统两种类型。对这两种生态系统类型又进行了指标划分，对于山区生态系统分别从生态系统稳定性、生态因子变化率、人类活动影响度等几个角度制定了指标体系，其下又细分了 15 项指标。对于荒漠绿洲生态系统，分别从自然环境和社会环境两个方面划分了二级指标，二级指标下又细分了 15 项三级指标。

由于各指标的含义不同，指标值的计算方法也不同，造成各指标的量纲各异。而综合评价就是要将多种不同的数据进行综合，因而可以借助于标准化方法来消除数据量纲的影响。我们选用比较常用的 Z－Score法来转换，其公式为：

$$X=\frac{X_i-\overline{X}}{s} \tag{9-4}$$

式中：X——标准化后指标值；

X_i——标准化前指标值；

$\overline{X}$——指标算术平均值；

s——标准差。

②指标权重的确定。权重是以某种数量形式对比、权衡被评价事物总体中诸因素相对重要程度的量值。它既是决策者的主观评价，又是指标本质的物理属性的客观反映，是主观综合度量的结果。权重主要决定于两个方面：第一，指标本身在决策中的作用和指标值的可靠程度；第二，决策者对该指标的重视程度。权重按其性质可分为实质性权重、估价权重、信息量权重、可靠性权重、系统效应权重等 5 种。对实际问题选定被综合的指标后，确定各指标的权值，有主观赋权法，是利用专家或个人的知识或经验，这些专家的判断本身也是从长期实际中来的，权值有一定的客观基础；另一些方法是从指标的统计性质来考虑，它是由调查所得的数据决定，这样确定的权重多属于信息量权重，不需征求专家们的意见，所以称为客观赋权法。但客观赋权法没有充分考虑指标本身的相对重要程度，更容易忽视评价者的主观信息，因此，不论其数学理论如何完善，对于有大量人为因素存在的复杂系统评价，客观赋权法同样有缺陷。

对复杂对象的多指标综合评价目前通常采用的方法主要有层次分析法、模糊综合评价法、灰色关联度法以及主成分分析法等，各评价方法的适用条件以及效果各异，因此，优化评价方法的选择是多指标综合评价过程中关键的一步。

a. 主成分分析法。主成分分析法进行综合评价的基本思想是：把多项评价指标综合成少数几个主成分，再以这几个主成分的贡献率构造一个综合指标，以此作出评判。评价指标间的相关性较高时，这种方法能消除指标间的信息重叠，而且能根据指标提供的信息，通过数学运算自动生成权重，有一定的客观性，避免了人为因素的偏差，适用于样本数较多的客观评价。

b.灰色关联度法。灰色关联度法的基本思路是由样本资料确定一个最优参考序列，通过计算各样本序列与该参考序列的关系度，综合分析评价目标，对评价目标作出综合分析。灰色关联度法适用于对“外延明确，内涵不明确”的对象进行评价。

c.层次分析法。层次分析法的基本思路是首先根据问题的性质和要求达到总的目标，把问题层次化，建立一个有序的递阶系统，然后对系统中各有关因素进行两两比较评判，通过对这种比较评价结果的综合计算处理，最终把系统分析归结为最底层（决策对象、方案、措施）相对于最高层的重要性权重确定问题，此种方法也有缺陷，即评价结果很大程度上受人的主观意志决定。

③指标综合方法。生态景观敏感性评价指标体系（见表9-1）是一个多指标多层次系统评价问题，多指标综合评价的合成方法的选择是非常重要的步骤。合成是指通过一定的算式将多个指标对事物不同方面的评价值综合在一起，得到一个整体性的评价。根据生态系统稳定性指标体系的特点，我们选用线性加权和法来完成各指标的综合合成，方法如下：

$$\mathrm{ESI}=\frac{\sum W_i \cdot X_i}{\sum W} \tag{9-5}$$

式中：ESI（Ecological Sensitivity Index）——被评价对象得到的综合评价值（即生态景观敏感性指数）；

W_i——各评价指标的权重；

X_i——单个指标标准化后的值；

i——评价指标的个数。

由于本模型为单层次指标，因此各指标权重直接综合专家评分表得出。

根据各评价指标的调查结果，参照等级标准，对各评价指标进行数量评价，然后按表中所列各项评价指标的初始加权值加权综合。即：

$$N=\sum_{i=1}^{1} W_{1i}R_{1i}+\sum_{i=1}^{3} W_{2i}R_{2i}+\sum_{i=1}^{3} W_{3i}R_{3i} \tag{9-6}$$

式中：N——生态环境质量综合评价结果；

W_{1i}、R_{1i}——分别为生态环境的各项指标的数量评价和初始加权值；

W_{2i}、R_{2i}——分别为声环境的各项指标的数量评价和初始加权值；

W_{3i}、R_{3i}——分别为水环境的各项指示的数量评价和初始加权值。

公路沿线生态景观敏感性评价指标体系 表9-1

编　号	指　标	指标计算方法
I_1	居民点密度	由居民点分布计算得到的区域居民点密度
I_2	河流平均密度	由居民点分布计算得到的区域居民点密度
I_3	道路密度	由居民点分布计算得到的区域居民点密度
I_4	平均NDVI指数	由区域NDVI分布计算得到的区域居民点密度
I_5	林地面积比	各格网中林地面积占林地总面积的比
I_6	边坡平均坡长	由各格网中边坡面积除以格网边长得到
I_7	景观综合评价指数	由斑块数、破碎度指数、多样性指数计算得到

3）景观格局空间分析方法

应用地理信息系统ArcGIS软件空间分析模块、缓冲区分析模块、邻近分析模块，对各期土地利用及景观图进行空间分析处理（见表9-2）。

GIS 模块功能介绍及应用说明　　表 9-2

模　块	功　能	应　用
空间分析模块(Spatial Analyst)	Spatial Analyst 空间分析模块可以进行:(1)基于本地环境、邻域或待定区域的统计分析;(2)应用简单的影像处理工具生成新数据;(3)对研究区进行基于采样点的插值;(4)进行数据整理以方便进一步的数据分析和显示;(5)栅格矢量数据的转换;(6)栅格计算、统计、重分类等功能	栅格数据转换、计算、统计、重分类,基于本地环境、邻域或特定区域的统计分析
缓冲区分析模块(Buffer)	缓冲区分析是指以点、线、面实体为基础,自动建立其周围一定宽度范围内的缓冲区多边形图层,然后建立该图层与目标图层的叠加,进行分析而得到所需结果。它是用来解决邻近度问题的空间分析工具之一。邻近度描述了地理空间中两个地物距离相近的程度	缓冲区分析,对不同距离范围内生态系统组成、格局变化进行对比分析,确定公路影响的空间尺度
邻近分析模块(Near/Spatial Join)	邻近分析方法主要应用于研究中心主体与周围一定距离的事物之间关系中	分析较大尺度范围内,公路两侧一定范围内环境敏感目标与公路的邻近关系
距离分析(Distance)	即根据每一栅格相距其最邻近要素(也称为"源")的距离来进行分析,从而反映出每一栅格与其最邻近源的相互关系。通过距离分析可以获得很多相关信息,指导人们进行资源的合理规划和利用	分析路侧居民点、河流、公路之间的距离指数
密度分析(Density)	密度分析是通过离散点数据或者线数据进行内插的过程,根据插值原理不同,主要分为核密度分析和普通的点/线密度分析	公路两侧景观与居民点、河流、公路密切相关,因此用于分析路侧上述目标的密度值,对景观进行评价

(1)景观格局变化分析技术方法

①景观格局研究进展。景观作为一个整体成为一个系统,具有一定的结构和功能,而其结构和功能在外界干扰和其本身自然演替的作用,呈现出动态的特征。景观格局(Landscap Pattern)一般是指空间格局,广义讲,它包括景观组成单元的类型、数目以及空间分布与配置。景观格局研究是揭示区域生态状况及空间变异特征的有效手段,其分析的主要内容是景观元素在空间分布中的数量、位置、类型、形状、大小和方向。研究景观的格局是研究景观功能和动态的基础。景观格局分析的目的是从看似无序的景观斑块镶嵌中,发现潜在的有意义的规律。

随着科学和技术的迅速发展,尤其是遥感技术和地理信息系统的发展,现代景观学在研究宏观尺度上的景观结构、功能和动态的方法上已发生了显著变化,呈现出了一系列以空间分析和动态模型为特征的定量研究方法。景观格局的动态变化研究已成为景观生态学研究的重要领域。其中,Odum E P 和 Thrner M G (1990)在 Gorgis 州 50 年的景观动态变化进行研究(Odum E P,Turne :M G,1991); Kiira Aviksoo (1993) 研究了 Estonia 泥炭地景观动态;Kienast F(1993)运用地理信息系统分析了瑞士景观格局;Luque S S 和 Lathrop R G(1994)对美国新泽西州松林景观空间和时间的变化进行了研究;Medler K E 和 Okey B W (1995)对美国 Ohio 州的农业景观进行了结构变化研究。Vos W 对意大利 Solano 盆地 1935—1985 年土地利用状况进行了对比研究(Vos W,1993);Fox J 通过量化分析热带雨林变化的时空格局,来说明自然、生物和社会经济参数对泰国高地雨林的控制作用的研究(Fox J,1995)。

国内有肖笃宁对沈阳西郊景观格局变化的研究,他首次将美国景观生态分析的方法引入我国用于研究城郊景观,对于景观空间格局的指标提出了若干创见。在我国,景观格局变化研究开展得最为广泛,涉及的研究对象也十分广泛,对黄土区农业景观格局进行了分析。陈顶利和傅伯杰(1990)利用土地利用现状图分析了山东省东营市景观格局;曾辉(1999)对经济快速增长区小城镇景观动态变化进行了研究;郭晋平等(1999)利用航片对关帝山林区近 40 年的景观异质性及其动态特征进行了全面分析;张惠远等(2000)以 TM 影像为主要信息源,对贵州高原西部喀斯特山地的景观变化进行了系统研究;程国栋等(2001)分析了黑河流域中游地区近 20 年间景观结构的变化;田光进(2002)利用 1986 年、1990 年、2000 年二期 TM 影像对海口市的景观格局变化进行了研究;田光进(2002)利用 TM 影响和 GIS 技术对河北省农村居民点景观特征进行了研究;袁艺,史培军(2003)利用 1980 年、1988 年、1994 年和 2000 年 TM 影像对深圳市城镇用地和农地景观格局变化特征进行了研究等,在景观格局分析及其动态变化研究的方法和技术方面都取得了一定的进展。

②景观格局分析的层次。景观格局(Landscape Pattern)是指景观组成单元类型、异质性、多样性及其空间分布规律,是大小和形状不一的景观嵌块体在景观空间上按照一定的规律组成的。它既是景观异质性的具体体现者,又是各种自然与人为因素在不同时空尺度上作用的最终结果。

景观生态空间格局分析是景观生态学的核心,目前景观生态学的研究热点之一是在较大的空间尺度上以数量方法评价景观空间格局的特征。遥感与地理信息系统技术的结合,成为探讨景观格局演变、揭示其空间变化规律、建立其变化驱动力模型的有力分析手段。

目前景观格局的研究主要集中于两个方面:一是景观格局的空间异质性问题(包括景观指数及其空间统计特征分析);二是景观格局演变(即时间异质性)问题。

景观异质性主要运用景观格局指标进行分析。景观格局指数是高度浓缩的景观格局信息,是反映景观结构组成、空间配置特征的简单量化指标,根据等级系统观点,将景观指数分成 3 个水平层次(邬建国,2000),即描述景观要素的指标、描述景观类型的指标和描述景观总体水平特征的指标。

a. 景观斑块水平(Patch-Level)上的景观格局指标。景观斑块水平指标是定量化和特征化各斑块空间性质与内容的指标。是计算其他水平上景观指标的基础,研究意义适用于微观尺度。斑块水平的景观格局指标包括面积、周长、周长面积比、形状指数、分维数等。这一水平的指标对生态学研究意义重大,而对尺度较为宏观的地理学研究解释意义较小。

b. 景观类型水平(Class-Level)上的景观格局指标。综合了某一既定景观类型上所有斑块的信息。这些指标可能是通过对这一既定景观类型所有斑块信息平均值,或者是求加权平均值法把最大斑块的显著属性反映到所有指标中。在许多应用中,主要研究各景观类型的数目和分配及分布情况。常用的景观类型水平上的景观格局指标主要包括总面积(CA)、景观百分比(PLAND)、斑块数目(NP)、景观形状指数(LSI)、最大斑块指数(LPI)、平均斑块面积(AREA-MN)、蔓延度(CONTAG)、斑块聚集度(COHENSION)、连接度(PLAND)等。这些指标主要反映各景观类型在总景观中所占比重及其分布的形状、位置特征,不同的研究目的和针对不同的景观类型,所选择的指标各有侧重。

c. 景观水平上(Landscape-Level)的景观格局指标。综合了所有斑块信息的指标,主要用于研究整个景观的格局。景观水平上的景观格局指标主要包括总面积(CA)、斑块数目(NP)、总边界(TE)、景观形状指数(LSI)、平均斑块面积(AREA-MN)、斑块丰富度(PD)、多样性(SHDI,SIDI)、分离度(DIVISION)、破碎度(SPLITTING)聚集度(AI)等指数。这些指标主要反映景观组成、结构、分布特征,根据研究需要可选择不同指标进行分析。

对于公路生态景观敏感性评价而言,公路建设对景观的影响主要体现在景观类型水平和景观水平上,因此重点考察这两个层次上景观格局的变化。景观类型水平选用景观指数包括景观斑块数量、斑块密度、平均斑块面积、最大拼块面积比例、景观形状指数、景观分离度指数、聚合度指数。景观水平选用景观指数包括斑块面积、斑块数量、斑块、景观形状指数、景观连接度、分裂度指数、聚集度指数、多样性指数、均匀度指数。各指数生态学意义列于表 9-3。

景观格局指数及其表征含义 表 9-3

指数代码	单位	意　义	范围
NP	个	在类型级别上等于景观中某一斑块类型的斑块总个数,在景观级别上等于景观中所有的斑块总数。一般 NP 越大,景观的破碎化程度较高	≥1
PD	个/hm^2	为单位面积上的斑块数目,表征了景观的完整性和破碎化	≥0
ED	km/km^2	为将不同斑块间的公共边长之和再除以整个景观面积的所得值。其值越大,表示斑块与外界物质能量的交换程度越高,斑块内部越稳定	≥0
SHDI	无量纲	多样性指数,为景观级别上各斑块类型的面积比乘以其值的自然对数之后的和的负值。其值越高,表明土地利用越丰富,破碎化程度越高	

续上表

指数代码	单位	意　义	范围
SHEI	无量纲	为 SHDI 除以给定景观丰度下的最大可能多样性(各斑块类型均等分布)。当其值较小时,优势度一般较高,表明景观受到一种或少数几种优势斑块类型所支配,其值趋近于 1 时优势度低,说明景观中没有明显的优势类型且各斑块类型在景观中均匀分布	0~1
CONTAG	%	描述了景观里不同斑块类型的团聚程度或延展趋势。一般来说,高蔓延度值说明景观中的某种优势斑块类型形成了良好的连接性;反之则表明景观是具有多种要素的密集格局,景观的破碎化程度较高	0~100
COHENSION	无量纲	衡量景观类型的自然连接程度。关键类型占景观的比例减少并分割成不连接的斑块,该值趋于 0;关键类型占景观的比例增加,其值增加	0~100
PLAND	%	为某一斑块类型的总面积占整个景观面积的百分比,是帮助确定优势景观的依据之一	0~100
LSI	%	当景观中斑块形状不规则或者偏离正方形时,其值越大	≥1
AI	%	反映景观中不同斑块类型的非随机性或聚集程度。其值小时,景观多由许多小斑块组成,具有较大的随机特征;其值较大时,景观则表现出斑块聚集而形成少数大斑块的趋势	0~100
DIVISION	无量纲	景观分裂度指数,反映拼块离散程度	

(2)公路影响区景观综合评价方法

陆地生态系统景观的整体性为生物多样性提供栖息生境与交流通道的功能,选择平均斑块面积、破碎度指数、多样性指数作为基本评价指标。由于各指数反映的景观生态系统状况不一致,因此需先将各景观指数进行归一化处理,转换为综合评价指数,并评价景观综合指数在空间上的分布,进而评价流域尺度上的生境维持功能。

平均斑块面积表征景观中所有斑块或某一种斑块的平均面积,计算公式为:

$$\overline{S}_a = S/A_n \tag{9-7}$$

式中:A_n——景观中的斑块数;

S——景观总面积。

破碎度表征景观被分割的破碎程度,反映景观空间结构的复杂性,在一定程度上反映了人类对景观的干扰程度。它是由于自然或人为干扰所导致的景观由单一、均质和连续的整体趋向于复杂、异质和不连续的斑块镶嵌体的过程,景观破碎化是生物多样性丧失的重要原因之一,它与生物多样性保护密切相关。公式如下:

$$C_i = N_i/A_i \tag{9-8}$$

式中:C_i——景观 i 的破碎度;

N_i——景观 i 的斑块数;

A_i——景观 i 的总面积。

多样性指数是指景观元素或生态系统在结构、功能以及随时间变化方面的多样性,它反映了绿地景观类型的丰富度和复杂度。Shannon-Weiner 指数计算公式如下:

$$H = -\sum_{i=1}^{n} p_i \ln p_i \tag{9-9}$$

式中:H——多样性指数;

p_i——景观类型 i 所占面积的比例;

n——景观类型数目。

由于各指数反映的景观生态系统状况不一致,因此需先将各景观指数进行归一化处理:

$$\nu' = \frac{\nu_i - \nu_{min}}{\nu_{max} - \nu_{min}} \tag{9-10}$$

式中:ν_{max}——样本数据的最大值;

ν_{min}——样本数据的最小值。

由于景观破碎度指数反映的是景观破碎程度，该指数越高，景观越趋于破碎化，景观质量出现恶化，因此对该指数的标准化方法采用以下公式：

$$\nu'=\frac{\nu_i-\nu_{min}}{\nu_{max}-\nu_{min}} \tag{9-11}$$

各参数含义与式(9-10)相同。

综合评价公式

$$N=\sum_{i=1}^{1}W_{1i}P_{1i}+\sum_{i=1}^{3}W_{2i}P_{2i}+\sum_{i=1}^{3}W_{3i}P_{3i} \tag{9-12}$$

式中：N——景观综合评价结果；

W_{1i}、P_{1i}——分别为平均斑块面积及权重；

W_{2i}、P_{2i}——分别为景观破碎度指数及权重；

W_{3i}、P_{3i}——分别为多样性指数及权重。

4)基于高分遥感影像的公路生态景观信息提取方法

(1)无人机遥感空间信息提取方法

①遥感影像及影像预处理。无人驾驶飞机简称无人机(Unmanned Aerial Vehicle，UAV)，是一种有动力、可控制、能携带多种任务设备、执行多种任务、并能重复使用的无人驾驶航空器。航空摄影是快速获取地理信息的重要技术手段，是测制和更新国家地形图以及更新地理信息数据源的重要来源。无人飞行器与航空摄影测量相结合，成为航空对地观测的新遥感平台被引入测绘行业，加上数码相机的引入，就使得“无人机数字低空遥感”成为航空遥感领域的一个崭新发展方向。

近年来，随着社会经济发展，地表形态变化频繁，应实时测绘及社会各行各业对高分辨率数据的需求，无人机数字低空遥感也得到迅速发展。作为一种新兴的遥感技术，其优势主要体现在：a.可在云下低空飞行，弥补卫星遥感和普通航空摄影在有云覆盖地区上空不能有效采集数据的缺陷；b.采用无人机作为飞行平台，数据成本比航空航天遥感平台低；c.采用数码相机作为传感器采集数据，采集速度快，影像质量好，地面分辨率高(可达10cm以内)；d.飞行高度低，能够获取大比例尺高精度影像，在局部获取信息方面有着巨大优势；e.无人机遥感平台机动性强，适应性高，在较小的场地就可以实施起降作业，对天气要求较低。在“5·12”汶川大地震、青海玉树地震、舟曲县特大山洪泥石流灾害、盈江地震的救灾过程中，无人机系统凭借其多项优势第一时间获取了灾区的高分辨率数据，分辨率可达到0.1m，为移民安置、城乡规划、基础设施建设等各方面提供了有力的信息支持。

无人飞行器最早出现在1917年，早期的无人飞行器的研制和应用主要是用作靶机，应用范围主要是在军事上，后来逐渐用于作战、侦察及民用遥感飞行平台。20世纪80年代以来，随着计算机技术、通信技术的迅速发展，以及各种数字化、质量轻、体积小、探测精度高的新型传感器的不断问世，无人驾驶飞行器系统的性能不断提高，应用范围和应用领域迅速扩展。世界范围内的各种用途、各种性能指标的无人飞行器的类型已达数百种之多。续航时间从一小时延长到几十个小时，任务载荷从几公斤到几百公斤，这为长时间、大范围的遥感监测提供了保障，也为搭载多种传感器和执行多种任务创造了有利条件。随着技术的成熟和民用领域的需求，无人飞行器系统已经逐渐渗透到民用领域的各个行业。

我国无人机遥感系统的监测研制开发已有十多年的时间。中国测绘科学研究院开发出一种造价低、实用性强、安全可靠，以小型无人机为飞行平台的无人机遥感监测系统——UAVRS系统。经自主飞行和遥感飞行试验，控制精度和飞行性能满足遥感监测技术的要求。南京模拟技术研究所、北京航空航天大学、西北工业大学等多家无人机研发单位，都相继开发了拥有技术知识产权的无人航空器产品。目前，无人机已在各省测绘局得到大力推广应用，如宁夏回族自治区国土资源厅基础测绘院、新疆维吾尔自治区测绘局第一测绘院、浙江省测绘与地理信息局、四川测绘局、吉林省测绘局、河北测绘局第三测绘院、广东省国土资源厅测绘院等都已初具测绘无人机独立飞行作业能力。无人机数据在抗震救灾、城市建模、土地利用动态监测、地质环境与灾害勘查、地形图更新等领域起到了重要的作用。

本项目采用 N-Ⅰ型无人机，搭载 EOS 5D 型相机，对江西永武高速及周边地区进行了低空航拍作业，获得了分辨率为 0.25m 的无人机航拍遥感影像。无人机性能参数及图片见表 9-4、图 9-3。

本项目 N-Ⅰ型无人机性能参数表 表 9-4

	项 目	参 数	项 目	参 数
系统性能参数	气动外形	前拉后推串列式	燃油消耗率	4.5L/h
	机长	2.6m	发动机巡航转速	6000～6500r/min
	翼展	3m	发动机最高转速	7200r/min
	机翼面积	1.1m^2	巡航空速	110km/h
	机高	0.48m	最大过载	5G
	载荷仓容积	15L	航时	2～3h
	空重	8kg	标准作业航程	360km
	最大燃油储量	8.4L	巡航抗风能力	17m/s
	最大起飞质量	38kg	起降抗风能力	5 级
	最大任务载荷	12kg	控制半径	200km
	最大空速	135km/h	最短起飞距离(满载)	70m
	最大飞行高度	海拔 5000m	最短降落距离	150m
	最大海平面爬升速率	满载时 5.5m/s	搭载相机	EOS 450D 或 EOS 5D
	航程	400km	成图精度	1:500/1:1000/1:2000
系统特点	安全性极强；双发动机，均可做到单发起降；每个舵机均备份，紧急时自动切换；可选配云台；可选配弹射架；适合于大范围复杂地区测绘应用			

图 9-3 N-Ⅰ型无人机实图

②无人机影像的几何纠正。几何纠正是无人机遥感图像应用的关键技术之一。航拍中采用普通的商业数码相机作为传感器，这类相机没有经过标定、镜头畸变往往较大，在对影像进行预处理时必须予以考虑。因此，无人机影像的几何纠正主要针对由传感器本身引起的内部变形和传感器以外因素引入的外部变形两个方面进行。

数码相机一般采用面阵 CCD 或 CMOS 作为感光器件，所获影像属于中心投影瞬间一次成像，原理与框幅式航空摄影仪相同。因此，对于数码相机而言，在镜头条件确定后，其内部变形误差也随之确定。根据这一特点，设计了标准网格，在其理论成像位置和实际成像位置之间建立多项式相关，利用这一数学模型完成数码相机的标定。由于受现有无人机平台的限制，航拍时无法同步获得每幅影像的姿态参数。为此，在影像外部误差的纠正中借鉴了卫星遥感的处理方法，以现有的大比例尺地形图为底图，用多项式法加以拟合纠正，其技术路线与实现流程见图 9-4。

③影像的无缝拼接。无缝拼接是无人机遥感图像应用的另一个关键技术。微型无人机体积小、质量

轻，在飞行中易受气流影响，这种特性不仅增加了影像几何纠正的难度，而且增加了不同航片间光谱无缝拼接的难度。本项目选择在晴天进行数百架次飞行，飞行中所获影像的光谱特性基本均匀一致，仅需在通用的图像处理软件中简单做些微调即可实现影像的无缝拼接。

④影像预处理的精度检验。经预处理后的影像通过拼接，即得到江西永武高速公路及其周边地区微型无人机遥感影像图。该图经地形图比对和实地测量检验，平均定位偏差为1.06m，最大定位偏差为2.07m，长度变形在x，y两个方向上均小于1%，基本没有角度变形。

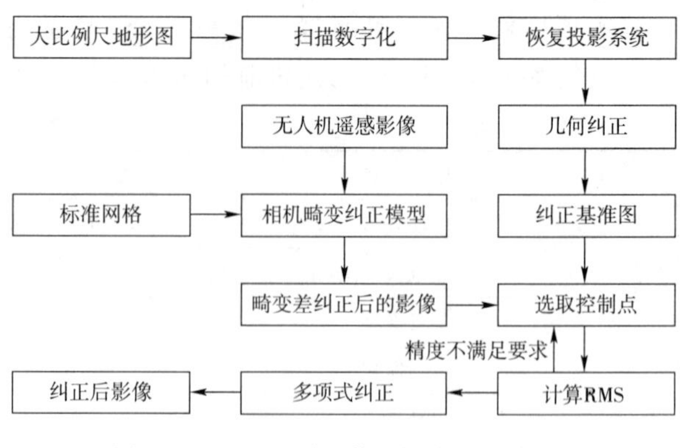

图9-4　无人机遥感影像几何纠正流程图

⑤影像的人际交互解译。无人机遥感影像与MODIS、NOAA等中、低分辨率卫星影像相比具有如下特点：a.空间分辨率高，采用试验中的飞行设计和相机参数设置，原始影像的地面像元空间分辨率达到了0.25m，这有利于精确地反映土地利用的情况。b.影像空间分辨率的提高，使得影像的纹理特征更加明显，同一类型地物中的细节更加突出，同类地物中光谱差异性的扩大增加了分类的难度。目前情况下，对于无人机影像这类高空间分辨率的遥感影像在监督分类后的精度往往不能达到使用要求，因此必须对监督分类后的影像进行目视判读检验。在本项试验中，经过预处理的待分类影像空间分辨率达到0.2m，通过目视解译可以判读出绝大部分地物，对于不明确地物辅以地面调查可以很好地解决判识问题。

(2)高分辨率遥感影像空间信息提取方法

①主要遥感卫星介绍。

a. ALOS地球观测卫星。先进对地观测卫星ALOS是JERS-1与ADEOS的后继星，2006年1月24日发射，分辨率可达2.5m。采用先进的陆地观测技术，能够获取全球高分辨率陆地观测数据，主要应用目标为测绘、环境观测、灾害监测、资源调查等领域，ALOS卫星载有全色立体测绘仪(PRISM)、高性能可见光与近红外辐射计-2(AVNIR-2)、相控阵型L波段合成孔径雷达(PALSAR)3个传感器。

发射时间	2006年1月24日
轨道	太阳同步轨道
重复周期	46天(重访时间为2天)
高度	691.65km
倾角	98.160
姿态控制精度	2.0×10－40(配合地面控制点)
定位精度	1m
数据速率	240Mbit/s(通过数据中继卫星)，120bit/s(直接下传)

b. Landsat地球观测卫星。Landsat是美国陆地探测卫星系统。从1972年开始发射第一颗卫星Landsat 1，到目前最新的Landsat 7。

Landsat 7卫星于1999年发射，装备有Enhanced Thematic Mapper Plus(ETM＋)设备，ETM＋被动感应地表反射的太阳辐射和散发的热辐射，有8个波段的感应器，覆盖了从红外到可见光的不同波长范围。ETM＋比起在Landsat 4、Landsat 5上面装备的Thematic Mapper(TM)设备在红外波段的分辨率更高，因此有更高的准确性。

Landsat 7的一些总体数据：

Ⅰ. TM1 0.45～0.52μm，蓝波段。

对水体穿透强，该波段位于水体衰减系数最小，散射最弱的部位(0.45～0.55μm)，对水体的穿透力最大，可获得更多水下信息，用于判断水深、浅海水下地形、水体浑浊度、沿岸水、地表水等。

能够反射浅水水下特征，区分土壤和植被、编制森林类型图、区分人造地物类型，分析土地利用。

对叶绿素与叶色素反映敏感，有助于判别水深、水中叶绿素分布以及水中是否有水华等。

Ⅱ.TM2 0.52～0.60μm，绿波段。

对植物的绿反射敏感，该波段位于健康绿色植物的绿色反射率(0.54～0.55μm)附近。

对健康茂盛植物的反射敏感，主要观测植被在绿波段中的反射峰值，这一波段位于叶绿素的两个吸收带之间，利用这一波段增强鉴别植被的能力，对绿的穿透力强，探测健康植被绿色反射率，按绿峰反射评价植物的生活状况，区分林型、树种、植被类型和评估作物长势，对水体有一定的穿透力，可反映水下特征、水体浑浊度、水下地形、沙洲、沿岸沙地等。可区分人造地物类型。

Ⅲ.TM3 0.62～0.69μm，红波段。

对水中悬浮泥沙反映敏感。该波段位于含沙浓度不同的水体辐射峰值(0.58～0.68μm)附近。叶绿素的主要吸收波段，能增强植被覆盖与无植被覆盖之间的反差，亦能增强同类植被的反差，反映不同植物叶绿素吸收、植物健康状况，用于区分植物种类与植物覆盖率，测量植物绿色素吸收率，并以此进行植物分类。此外，其信息量大，广泛用于对裸露地表、植被、岩性、地层、构造、地貌等为可见光最佳波段。可区分人造地物类型。

Ⅳ.TM4 0.76～0.96μm，近红外波段。

对绿色植物类别差异最敏感，为植物通用波段，用于牧师调查、作物长势测量，处于水体强吸收区，水体轮廓清晰，用于勾勒水体，绘制水体边界，探测水中生物的含量和土壤湿度；区分土壤湿度及寻找地下水，识别与水有关的地质构造、地貌、土壤、岩石类型等。测量生物量和作物长势，区分植被类型，用来增强土壤—农作物与陆地—水域之间的反差。

Ⅴ.TM5 1.55～1.75μm，中红外波段。

该波段位于水的吸收带 1.4～1.9μm 之间，受两个吸收带的影响，反映植物和土壤水分含量敏感。探测植物含水率和土壤湿度，区别雪和云；适合庄稼缺水现象的探测、作物长势分析，从而提高了区分不同作物长势的能力。

Ⅵ.TM6 1.04～1.25μm，热红外波段。

测常温的热辐射差异。根据辐射响应，可进行植物胁迫分析、土壤湿度研究、农业与森林区分、水体、岩石等地表特征识别。可以根据辐射响应的差别，区分农林覆盖长势、差别表层湿度、水体岩石，以及监测与人类活动有关的热特征，进行热制图。

Ⅶ.TM7 2.08～3.35μm，中红外波段。

为地质学家追加波段，处于水的强吸收带，水体呈黑色，可用于区分主要岩石类型、岩石的热蚀度，探测与交代岩石有关的黏土矿物。位于水的吸收带，受两个吸收带控制。对植物水分敏感。

c. Quick Bird 地球观测卫星。Quick Bird 卫星于 2001 年 10 月 18 日由美国 Digital Globe 公司在美国范登堡空军基地发射，是目前世界上最先提供亚米级分辨率的商业卫星，卫星影像分辨率为 0.61m。

Quick Bird 卫星具有引领行业的地理定位精度，海量星上存储，单景影像比同时期其他的商业高分辨率卫星高出 2～10 倍。而且 Quick Bird 卫星系统每年能采集 7500 万 km^2 的卫星影像数据，存档数据以很高的速度递增。在中国境内每天至少有 2～3 个过境轨道，约有存档数据 500 万 km^2(见表 9-5)。

Quick Bird 卫星基本数据　　表 9-5

星下点分辨	0.61m	星下点成像	沿轨/横轨迹方向(+/−25°)
成像方式	推扫式成像	立体成像	沿轨 /横轨迹方向
产品分辨率	全色 0.61～0.72m，多光谱 2.44～2.88m	辐照宽度	以星上点轨迹为中心，左右各 272km
传感器	全色波段、多光谱	成像模式	单景 16.5km×16.5km
产品类型	全色、多光谱、全色增强、全色+多光谱捆绑等	条带	16.5km×165km
分辨率	0.61(星下点)2.44(星下点)	轨道高度	450km
波长	450～900nm	倾角	98°(太阳同步)
量化值	11 位	重访周期	1～6 天(70cm 分辨率，取决于纬度高低)

d. World View 地球观测卫星。World View 卫星是 Digital Globe 公司的新一代商业成像卫星系统。它

由两颗(World View-Ⅰ和 WorldView-Ⅱ)卫星组成,其中 World View-Ⅰ于 2007 年发射,World View-Ⅱ在 2009 年 10 月份发射升空。

World View-Ⅱ卫星能够提供 0.5m 全色图像和 1.8m 分辨率的多光谱图像。该卫星将使 Digital Globe 公司能够为世界各地的商业用户提供满足其需要的高性能图像产品。星载多光谱遥感器不仅将具有 4 个业内标准谱段(红、绿、蓝、近红外),还将包括 4 个额外谱段(海岸、黄、红边和近红外 2)。多样性的谱段将为用户提供进行精确变化检测和制图的能力,由于 World View 卫星对指令的响应速度更快,因此图像的周转时间(从下达成像指令到接收到图像所需的时间)仅为几个小时而不是几天。

卫星参数如下:

新增波段	分辨率 50cm(0.5m)
扫描宽度	最低 16.4km
侧摆	300km 仅需 9s
采集量	97.5 万 km/天
平均回访速度	1.1 天

卫星特点如下:

Ⅰ.更灵活的运转。

World View-1 和 WorldView-2 卫星是全球第一批使用了控制力矩陀螺(CMGs)的商业卫星。这项高性能技术可以提供多达 10 倍以上的加速度的姿态控制操作,从而可以更精确的瞄准和扫描目标。卫星的旋转速度可从 60s 减少至 9s,覆盖面积达 300km。所以,World View-2 卫星能够更快速、更准确地从一个目标转向另一个目标,同时也能进行多个目标地点的拍摄。

Ⅱ.更高容量,更快回访

World View-2 卫星能非常灵活地运转,它在太空中的角色就像一个神奇的画笔,能灵活的前后扫描、拍摄大面积的区域,能在单次操作中完成多频谱影像的扫描。World View-2 卫星独有的大容量系统,能达到每日采集 100 万 km^2 的数据采集量。而卫星集群可以保证每日近 200 万 km^2 的数据采集量。World View-2 卫星无与伦比的灵活性能在 1.1 天内二次访问同一地点。如果算上卫星集群,甚至能实现在一天之内二次访问同一地点。由此可以为用户提供同一地点、同一天内的高清晰商业卫星集群影像。

Ⅲ.更精确的拍摄。

World View-2 卫星先进的地理位置技术,在扫描的精确度上有了非常大的进步。其精确度已经达到了 6.5m CE90,这是没有经过处理、没有地面控制,也没有高程模型的数据。目前,就 World View-1 和预期中的 World View-2 卫星而言,精确度可以达到超乎想象的 4.1m CE90。

Ⅳ.多波段,高清晰影像。

World View-2 卫星能提供独有的 8 波段高清晰商业卫星影像。除 4 个常见的波段外(蓝色波段:450～510nm;绿色波段:510～580nm;红色波段:630～690nm;近红外线波段:770～895nm),World View-2 卫星还能提供以下新的彩色波段的分析:

海岸波段(400～450nm)。这个波段支持植物鉴定和分析,也支持基于叶绿素和渗水的规格参数表的深海探测研究。由于该波段经常受到大气散射的影响,已经应用于大气层纠正技术。

黄色波段(585～625nm)。过去经常被说成是 Yellow-Ness 特征指标,是重要的植物应用波段。该波段将被作为辅助纠正真色度的波段,以符合人类视觉的欣赏习惯。

红色边缘波段(7055～745nm)。辅助分析有关植物生长情况,可以直接反映出植物健康状况有关信息。

近红外 2 波段(860～1040nm)。这个波段部分重叠在 NIR 1 波段上,但较少受到大气层的影响。该波段支持植物分析和单位面积内生物数量的研究。

②遥感影像预处理——影像正射。

a.正射基础介绍。影像的正射是指根据原始影像的参数和类型选取纠正模型,在参考影像中选取平面控制点,在 DEM 中选取高程控制点,得到正射影像的过程。影像正射中要注意纠正模型、采样间隔和控制点的选取3个方面。

Ⅰ.纠正模型。

纠正模型(见表9-6)一般采用物理模型或有理多项式模型。

物理模型。适合于能提供严格卫星星历参数的影像数据,要求同时具备DEM数据且控制点整景分布,如SPOT5和ALOS等。

有理多项式模型。适合于难以获得线性传感器的外部几何参数且其姿态十分复杂的卫星数据,要求同时具备DEM数据且控制点整景分布,如P5、ZY2、RAPIDEYE等。

不同数据源采用的纠正模型表 表9-6

卫星数据	物理模型	有理多项式模型	卫星数据	物理模型	有理多项式模型
SPOT5	√		ALOS	√	
QB		√	WV2		√

Ⅱ.采样间隔。

采样间隔根据数据分辨率,按照0.5m的整数倍就近采样,采样方法一般采用双线性内插或三次卷积内插法。

Ⅲ.控制点的选取。

影像的纠正是一个依据矢量基础控制资料或者影像基础控制资料选择控制点的过程,包括正射和配准。控制点选取主要遵循以下几个原则:

控制点选取应在影像放大2~3倍的条件下完成。

纠正控制点应控制影像四周、均匀分布。

尽可能地选择线条轮廓比较清晰的地物交叉点或拐点作为控制点(如水库拐角、公路、铁路等线条比较明显的地物)。

卫星星历参数可以建立严密物理模型,控制点不能少于9~15个,相邻重叠区不少于3个公共点,尽可能不在影像镶嵌线附近选取,并且整景数据均要求控制点分布。

有理多项式模型与纠正阶项(n)相关,每景影像控制点不得少于各阶项所要求的最小控制点数,相邻重叠区不少于3个公共点。

山地、困难地区以及复杂地形条件下,要对整景影像进行分区选点和纠正,并保证相邻分区重叠区有不少于3个公共控制点。

b.正射精度要求。根据纠正软件中自动记录的控制点残差文件,检查正射纠正控制点精度。要求纠正控制点中误差应不大于表9-7中的规定,取中误差的两倍为其最大误差。

纠正控制点残差精度要求 表9-7

地形类别	平地、丘陵地(像素)	山地、高山地(像素)
残差中误差	1	2

c.影像正射。影像正射纠正、几何纠正选用专业影像处理软件(如PCI软件等)的纠正模块完成。在纠正影像前应该注意设置的投影参数是否与参考影像的一致。

d.正射成果检查。将正射后的全色影像和基础底图叠加在同一个窗口中,沿主要线状地物及特征地物线进行“拉帘”检查,检查是否有明显抖动或错位现象。

③遥感影像预处理——影像配准。影像的配准是指采用全色数据和高程数据为基础,选取待配准多光谱影像和全色数据上特征明显的同名地物点为配准控制点,得到配准的多光谱影像的过程。

a.配准模型。配准模型采用物理模型或有理函数模型。同步获取的全色与多光谱影像,可选择几何多项式模型,阶数不大于2阶。配准后的影像应保留原始数据波段数目、顺序和采样间隔,采样方法采用双线性内插或三次卷积内插法。

b.配准精度要求。据配准过程软件自动记录的控制点残差文件检查配准控制点精度。要求配准控制点中误差应不大于表9-8中的规定,取中误差的两倍为其最大误差,全色与多光谱影像不同步或不同源时,可放宽 0.5 倍。

配准控制点残差精度要求　　表 9-8

地形类别	平地、丘陵地(像素)	山地、高山地(像素)
残差中误差	1	2

c. 影像配准。影像配准同样选用专业影像处理软件(如 PCI 软件、ERDAS 软件等)的配准模块完成。

d. 配准成果检查。叠加正射后的全色影像和配准后的多光谱影像,以略大于原始分辨率的比例沿主要线状地物及特征地物线进行“拉帘”检查,对比检查二者的配准精度。

④遥感影像预处理——影像融合。影像融合可分为以下几个步骤:融合前处理;影像融合;影像融合成果检查。

a. 融合前处理。对纠正、配准后满足精度要求的全色与多光谱数据,融合前还需要对其进行预处理。一方面,提高全色数据的亮度,增强局部反差突出纹理细节,尽可能降低噪声;另一方面,对多光谱数据进行色彩增强,拉大不同地类之间的色彩反差,突出其多光谱彩色信息。

融合前可结合以下两种方法处理:

基本处理方法。直方图拉伸采用自适应法或手动法,进行滤波、模糊等一系列处理,突出纹理细节,处理过程中注意过饱和,避免滤波超限。

辅助调色手段。首先可进行色阶、色相和饱和度调整;其次进行亮度、对比度调整;最后适当进行颜色平衡。

b. 影像融合。通常采用的融合方法有 IHS 变换、主成分变换、加权乘积、小波变换、Brovey 及 PANSHARPEN 融合法等多种方法。其中,PANSHARPE 融合法是最新的融合方法,这种方法实现容易,也较好地保留了高分辨率影像的纹理细节和多光谱影像的信息,没有波段限制,融合后的影像几乎没有任何信息损失。

c. 影像融合成果检查。将融合影像添加至遥感处理软件中,检查影像直方图是否正态分布,是否存在明显偏移、范围过窄或被截掉的现象。

检查融合影像整体亮度、色彩反差是否适度、是否有蒙雾。

检查融合影像整体色调是否均匀,不同季节影像只要求亮度均匀,植被变化引起的色彩差异可不考虑。

检查融合影像纹理及色彩信息是否丰富,有无细节损失,层次深度是否足够。

检查清晰度,判断各种地物边缘是否清晰明确,特别是城乡结合部建设用地与耕地等边界是否清晰明确。

5)案例分析

(1)主要的空间信息源获取与解译

①数据源。

a. 主要应用的数据源。为了研究不同分辨率遥感影像在旅游公路生态景观规划方面的适用能力,确定各遥感影像在工程监理中的适用性,收集到了多期、多源的全色、多光谱数据(包括 TM 影像、QB 影像、ALOS 影像),另外,使用无人机对江西永武高速公路展开多架次的无人机航拍,获得了全路段的航拍数据,为本项目研究提供多种数据来源(见图 9-5～图 9-8)。各影像数据参数如表 9-9 所示。

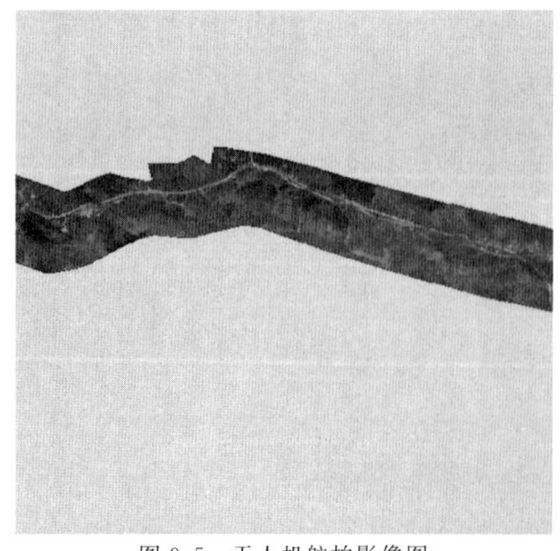

图 9-5　无人机航拍影像图

图 9-6　ALOS影像图

图 9-7　无人机航拍影像局部放大图

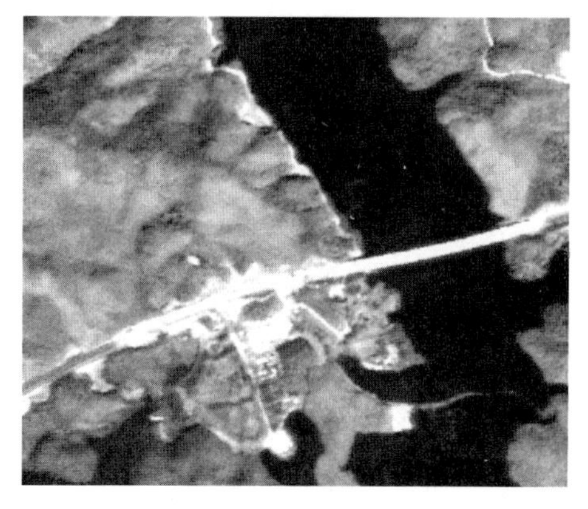

图 9-8　ALOS 影像局部放大图

b. 其他参考数据。江西永武高速公路工可及规划图；江西永武高速公路环境影响报告书；项目区行政区划数据。

常见遥感卫星影像数据参数　　表 9-9

数　据　源	无人机航拍	QB	ALOS	TM
分辨率	0.25	0.61m	10m	30m
波段数	4 波段	全色	4 波段	7 波段
幅宽	10 km	16.5km	16km	185km
重访周期	随时	1～6 天	1～6 天	16 天

②解译标志库建立。影像解译标志库就是根据外业和专家支持，建立对遥感信息进行认识、解译的标志（见表 9-10），实现遥感信息提取和分类的标准化。通过分析这些外业和专家对地物的空间分布、空间关系、时相、纹理、形状、大小、色调等的经验，对建立自动影像解译系统和利用目视解译进行工程化生产都具有极其重要的作用。

解 译 标 志 库　　表 9-10

监测指标	无人机遥感影像		ALOS	
	描述	解译标志	描述	解译标志
高速公路路面		线条平整，路面与周边色差明显，边界规则		线条平整，路面呈暗红色，边界规则
互通立交		交叉道路连接处，路面呈规则曲线		交叉道路连接处，路面呈规则曲线

续上表

监测指标	无人机遥感影像		ALOS	
	描述	解译标志	描述	解译标志
桥梁	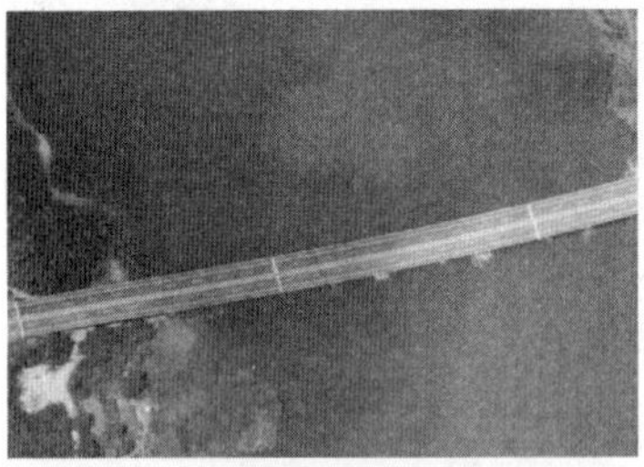	道路横跨河道处，放大可清晰看到桥墩	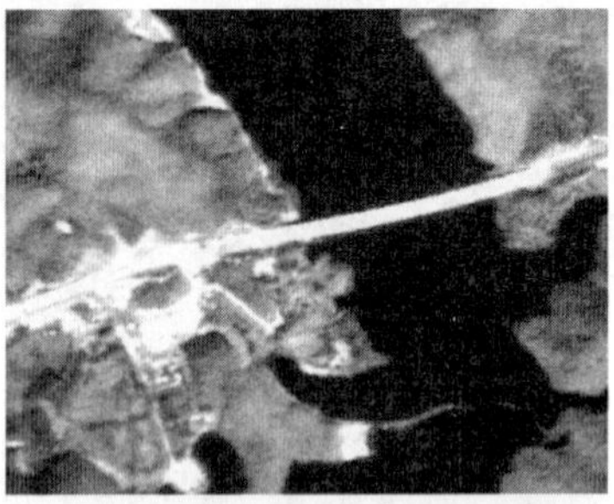	道路横跨河道处，桥梁辨识度不高
水田		边界规则清晰，颜色呈墨绿色	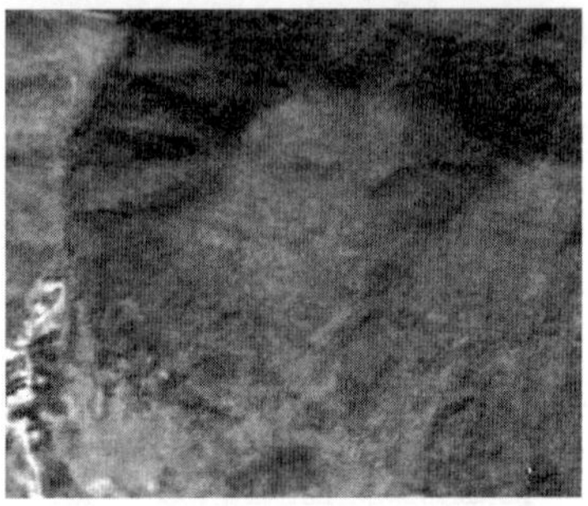	呈条带状分布，颜色呈淡褐色
阔叶林	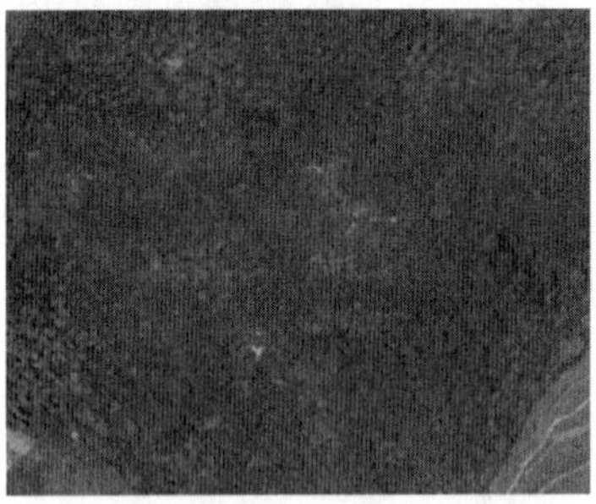	林木呈颗粒状分布，可看到树冠及阴影部分		林地成片分布，颜色呈墨绿色
建设用地		建筑物单体特征明显，屋顶发白，周边有阴影		建筑物单体特征明显，屋顶呈淡蓝色
公路边坡	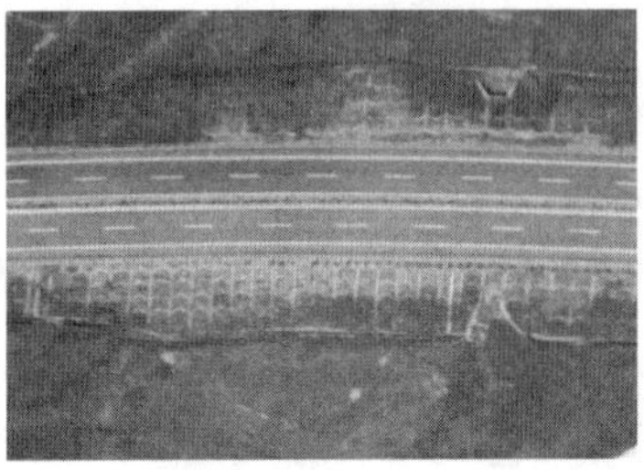	公路两侧有规则边坡措施，外侧有边坡排水沟		

③土地利用数据提取。

a. 监督分类法。监督分类法的关键在于训练区的选取。训练区的选取应与分类地区的特点和分类系统相适应。对训练区的统计特征应进行详细的分析，以选取最有效的参数变量（谱段）参与后续的分类。此外，应对训练区特征指标的外延性进行评估（赵英时，2003）。监督分类法中具体方法包括最小距离分类法、多级切割分类法、特征曲线窗口法和最大似然分类法，其中最大似然分类法用得最多。

最大似然分类法（Maximum Likelihood Classifier）在多类别分类时，常常采用统计学方法建立起一个判别函数集，然后根据这个判别函数集计算各待分像元的归属概率。这里，归属概率是指对于待分像元 x，它从属于分类类别 k 的（后验）概率。设从类别中 k 观测到 x 的条件概率为 $P(x/k)$，则归属概率 L_k 可表示为如下形式的判别函数：

$$L_k = P(k/x) = P(k) \times P(x/k) / \sum_i P(i)(x/i) \tag{9-13}$$

式中：x——待分像元；

$P(k)$——类别 k 的先验概率，它可以通过训练区来决定。

此外，由于式（9-13）中分母和类别无关，在类别间比较的时候可以忽略。

b. 试验区的选取与纯化。本文中采用试分类混淆矩阵分析法和 J-M 距离法对所选取的训练样本纯度进行评价，通过对所得混淆矩阵进行分析，即可得到训练样本占原来各类个体总数的百分比，以确定其分类的正确率，从而也检验了训练的纯度。

在 ERDAS 中对纯化前和纯化后的训练样本区进行了分类，并以训练样本自身对分类结果进行精度检验，得到混淆矩阵。纯化前训练样本的训练区分类混淆矩阵显示 Overall Accuracy＝92.0142％，Kappa Coefficient ＝ 0.9165。对训练样本进行纯化后，训练样本的训练区分类混淆矩阵显示 Overall Accuracy ＝ 96.3045％，Kappa Coefficient ＝ 0.9500。

在 ERDAS 中对未纯化前和纯化后的训练样本区统计其 J-M 距离，结果显示：纯化前训练样本的 J-M 距离，最小的是园地和林地之间的 J-M 距离，只有 1.3208。另外，园地和耕地之间、居民点及工矿用地和未利用地之间的 J-M 距离也比较小，但均大于 1.5。经纯化以后，只有园地和林地之间的 J-M 距离仍然小于 1.5。其他均在 1.8 以上。训练样本之间的可分性明显增大。

c. 分类精度及结果分析。在对影像做了图像预处理后，根据影像的光谱特征，选择适当的训练样区，将土地利用分为若干不同的类别。结合研究区的实际情况，根据目视判读选择训练样本，采用最大似然分类法（Maximum Likelihood Classification, MLC），参照我国县级土地利用现状调查分类系统，制定了研究区土地利用类型体系，将研究区土地利用类型划分为 9 个一级分类、37 个二级分类（见表 9-11）。

土地利用类型编码及说明 表 9-11

一级分类		二级分类		类别说明
名称	编码	名称	编码	
耕地	1	水田	11	指有水源保证和灌溉设施，在一般年景能正常灌溉，用以种植水稻、莲藕等水生农作物的耕地，包括实行水稻和旱地作物（小麦、油菜等）轮种的耕地
		旱地	12	指无灌溉水源及设施，靠天然降水生长作物的耕地；有水源和灌溉设施，在一般年景下能正常灌溉的旱作物耕地；以种菜为主的耕地；正常轮作的休闲地和轮歇地
园地	2	果园	21	以种植桃树、葡萄、桑树、苹果等其他果树为主的园地
		茶园	22	种植茶叶为主的园地
		其他园地	23	种植药材等其他作物的园地
林地	3	有林地	31	指郁闭度大于 20％的天然林和人工林等成片林地
		灌丛林地	32	指郁闭度大于 40％、高度在 2m 以下的矮林地和灌丛林地
		苗圃	33	用于育树苗、花卉等的土地
		其他林地	34	除上述林地以外的林地，包括因未成林的人工林地、迹地等，疏林地属于此类

续上表

一级分类		二级分类		类别说明
名称	编码	名称	编码	
草地	4	天然草地	41	生长天然草本植物，未经人工改良、用于放牧或割草的草地
		人工草皮	42	人工种植的用于绿化和球场等的草地
		荒草地	43	城区周围及山区
水域及水利设施用地	5	河流水面	51	指天然形成或者人工开挖河流常水位岸线之间的水面，不包括被堤坝拦截后形成的水库水面
		湖泊水面	52	指天然形成的积水区常水位线所围成的水面
		水库水面	53	人工拦截汇集而成的蓄水量不小于10万m^3的水库正常蓄水位岸线所围成的水面
		坑塘水面	54	人工拦截汇集而成的蓄水量小于10万m^3的水库正常蓄水位岸线所围成的水面养鱼、虾、蟹、牛蛙、水草(作为黑鱼的食物)等的水面
		滩涂	55	包括沿海滩涂和内陆(河流、湖泊)滩涂
		沟渠	56	人工修建，南方宽度大于1m，用于引、排、灌的渠道，包括渠槽、渠堤、护堤林等
		水工建筑用地	57	人工修建的闸、坝、堤路林、水电厂房、扬水站等常水位岸线以上的建筑物用地
公共建筑设施及工业生产用地	6	公共建筑用地	61	公共基础设施用地、机关团体用地、医疗卫生用地等建筑用地
		瞻仰景观休闲用地	62	城市内公园，小区内大片绿地，休闲、景观绿地等
		教育及文体用地	63	学校、体育馆等 高尔夫球场
		工业用地	64	指工业生产及直接为工业生产服务的附属设施用地，包括采矿、采石、采砂(沙)场，砖瓦窑等地面生产用地及尾矿堆放地。城区内部及周围白色未利用地。畜禽养殖归为此类
		特殊用地	65	军事、涉外、宗教、监教、墓葬等特殊用地
		其他建筑用地	66	类别难以确定或正在建设但类别尚无法确定的建筑用地
住宅用地	7	城镇住宅	71	指城镇用于生活居住的各类房屋用地及其附属设施用地。包括普通住宅、公寓、别墅等用地
		农村居民点	72	城镇以外，乡村与零散农户的居民点用地
交通运输用地	8	铁路用地	81	铁路路基及两侧辅助建筑物
		公路用地	82	公路路面及两侧林带、排水沟等用地
		民用机场	83	民用机场范围内的用地
		河港码头	84	沿海商港、渔港、专用码头等所属范围的用地
		公路边坡	85	公路两侧由于开挖山体形成的路堑边坡
其他土地	9	沼泽地	91	指地势平坦低洼、排水不畅、长期潮湿、季节性积水或常年积水，地层生长湿生植被的土地
		裸地	92	指表层为土质，基本无植被覆盖的土地；或表层为岩石、石砾，其覆盖面积不小于70%的土地
		空闲地	93	指城镇、村庄、工矿内部尚未利用的土地
		田坎	94	主要指耕地中宽度不小于1.0m
		设施农用地	95	指直接用于经营性养殖的畜禽舍、工厂化作物栽培或水产养殖的生产设施用地及其相应附属用地，农村宅基地以外的晾晒场等农业设施用地

根据基于高分辨率遥感影像的生态环境要素信息提取技术方法，对获取的数据源进行土地利用信息提取，利用ArcGIS软件，对提取的信息进行修改、整理、汇总，如图9-9所示。以全面了解公路沿线生态环境状况信息。

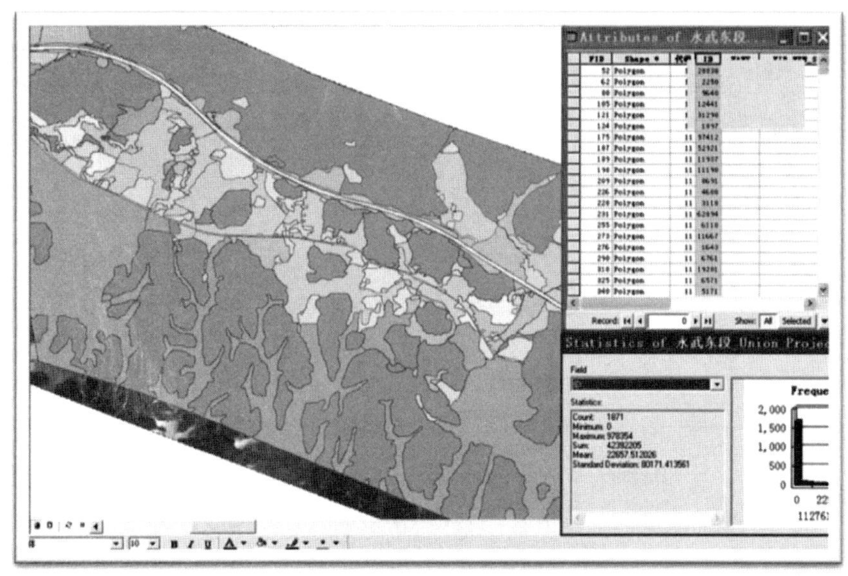

图 9-9　生态环境要素信息整理示意图

(2)公路两侧土地利用与景观分析

①公路两侧土地利用本底状况分析。公路两侧植被覆盖度较高，其中：有林地、灌丛林地比例达到 61.39%；农田（包括水田旱地的面积）比例达到 17.40%。湖泊水面是另一种主要的土地利用类型，占总面积的 8.36%。其他各类型土地利用类型面积很小。沿线土地利用类型以林地、水域为主，农田及居民点镶嵌其中，说明沿线生态系统基底条件较好，提升生态景观质量的重点应放在控制农田与居民点扩张方面（见图 9-10、表 9-12）。

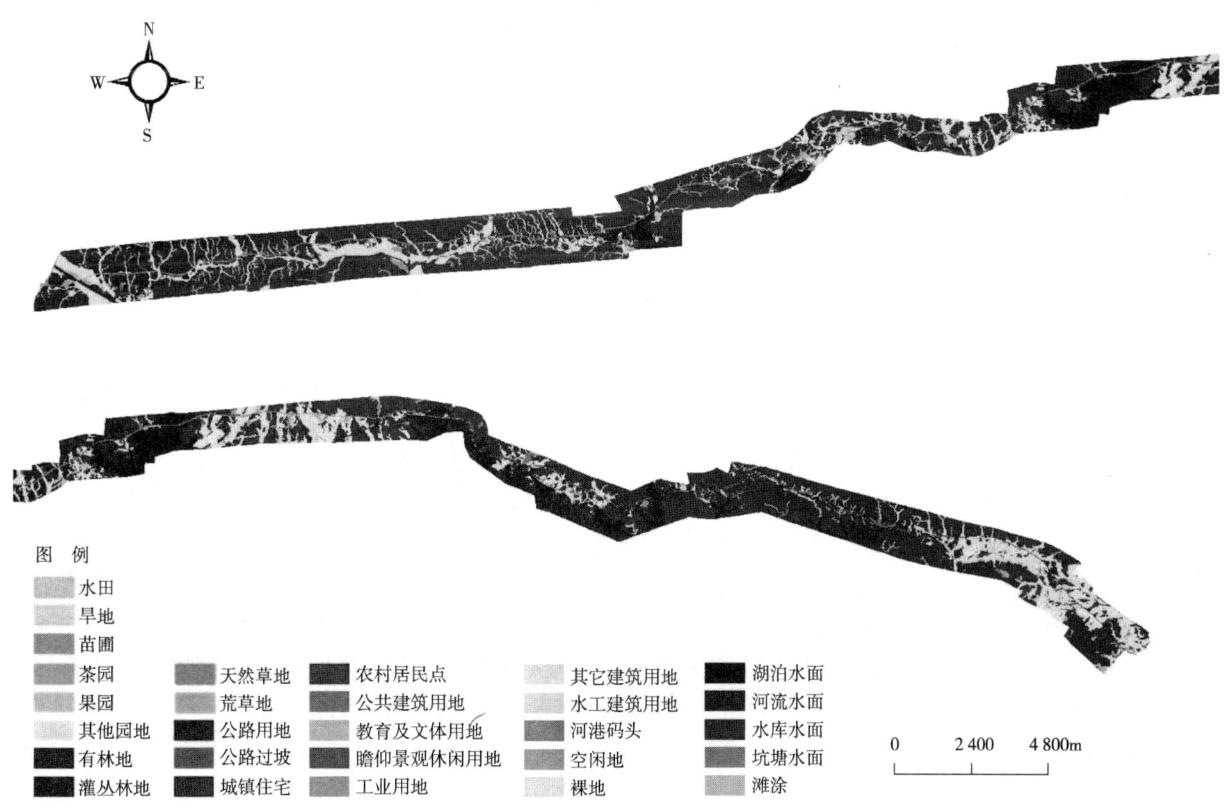

图 9-10　公路两侧土利用类型图

公路影响区土地利用面积及比例　表 9-12

类　型	面积(hm²)	比例(%)	类　型	面积(hm²)	比例(%)
茶园	5.09	0.03	坑塘水面	199.74	1.18
城镇住宅	36.14	0.21	空闲地	166.82	0.99
工业用地	103.47	0.61	裸地	76.01	0.45
公共建筑用地	0.76	0.00	苗圃	3.95	0.02
公路边坡	241.63	1.43	农村居民点	416.70	2.46
公路用地	347.04	2.05	其他建筑用地	14.58	0.09
灌丛林地	1156.32	6.84	其他园地	230.18	1.36
果园	60.28	0.36	水工建筑用地	0.83	0.00
旱地	484.96	2.87	水库水面	4.21	0.02
河港码头	1.45	0.01	水田	2456.02	14.53
河流水面	62.74	0.37	滩涂	31.87	0.19
湖泊水面	1413.00	8.36	天然草地	4.20	0.02
荒草地	163.01	0.96	有林地	9222.80	54.55
教育及文体用地	1.68	0.01	瞻仰景观休闲用地	0.09	0.00

②公路两侧景观基底分析。公路两侧以林地景观和农田景观为主。林地景观主要分布在公路两侧的山体，其面积占总面积的 61.39%；水体景观是以柘林湖水体为主的区域湖泊、水库、坑塘水体，占沿线总面积的 10.12%；农田景观分布在公路两侧较平整的山谷及山前冲积平原，占总面积的 17.40%。通过对景观类型的分析可知，公路沿线生态系统以森林景观、水体景观为主体，构成区域景观生态系统的基底，其中在平原地带镶嵌分布农田景观与城镇景观等景观拼块，而构成区域廊道的主要是公路及沿线河流(见表 9-13、图 9-11)。

公路沿线景观类型面积及比例　表 9-13

类型	面积(hm²)	比例(%)	类型	面积(hm²)	比例(%)
公路景观	588.67	3.48	园地景观	299.50	1.77
裸地景观	242.83	1.44	水体景观	1711.56	10.12
草地景观	167.20	0.99	林地景观	10379.11	61.39
农田景观	2940.99	17.40	建筑景观	575.71	3.41

③公路与沿线景区的位置关系分析。将永武高速公路与沿线道路与水体叠加，沿线道路、水系发达，纵横交错，构成了实际和潜在的廊道系统。将永武高速公路、沿线道路、水体与云居山—柘林湖景区叠加，可看出沿线道路主要分布在永武高速公路两侧，但只有少部分进入景区，大部分位于景区之外，部分路段接近柘林湖核心景区，但公路整体距云居山核心景区较远(见图 9-12、图 9-13)。

(3)公路两侧景观格局变化研究

区域景观格局变化体现在区域景观指数如斑块数、平均斑块面积、斑块多度、斑块邻近度、斑块破碎度、斑块多样性等，因此本部分研究基于遥感数据解译的景观基础数据，应用经典的景观指数计算方法，对评价区不同时期内的景观指数的变化以及距公路两侧不同距离缓冲区内景观指数进行分析。

评价区域景观格局变化从斑块类型层次和景观层次分别选取斑块数量、斑块面积比例、斑块密度、平均斑块面积、斑块分离度、斑块自然连接度、斑块形状指数、斑块聚集度、斑块多样性指数、斑块均匀度指数作为评价指标。分析不同时期内以及距公路两侧不同距离内的景观斑块指数变化规律。

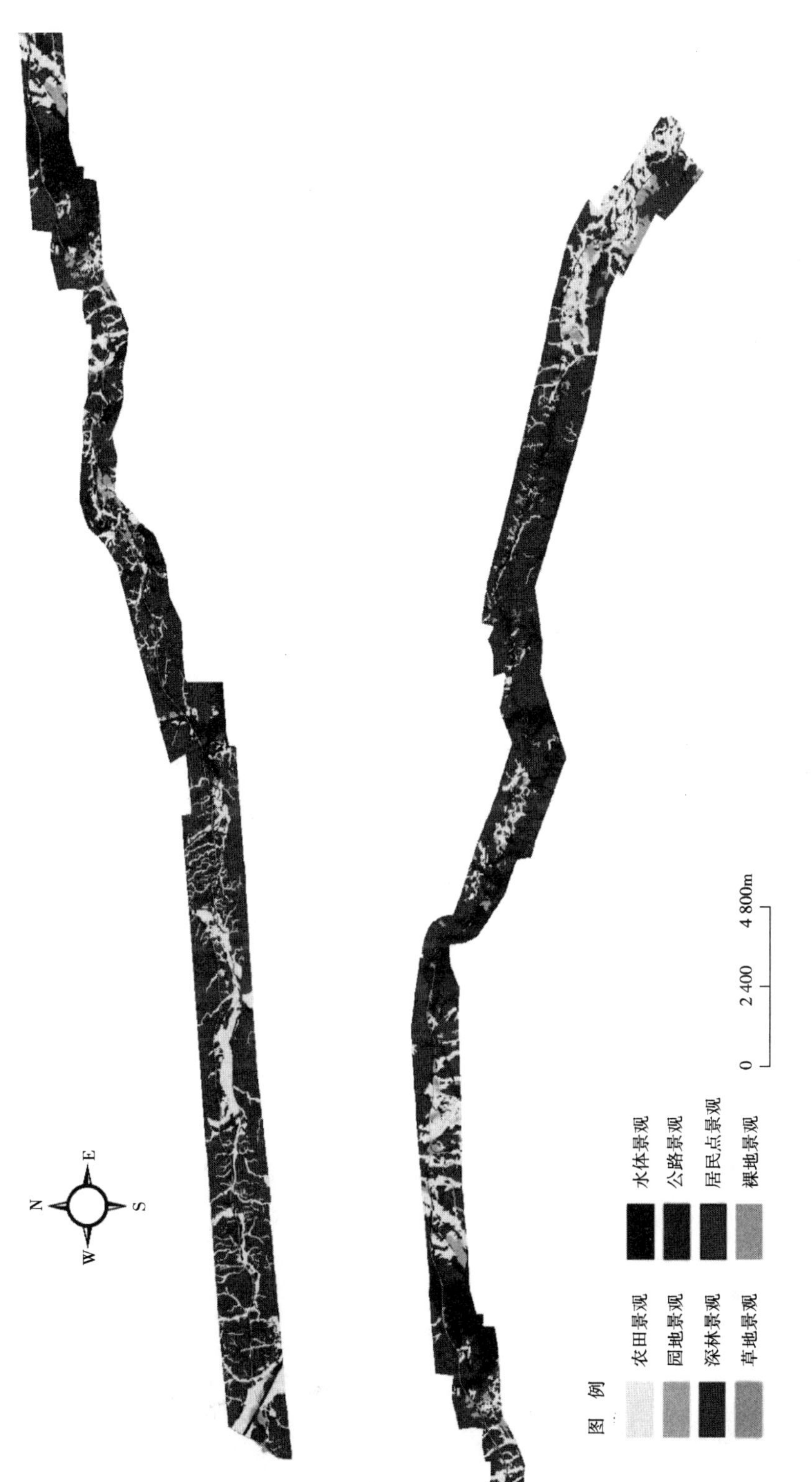

图9-11 公路沿线景观类型图

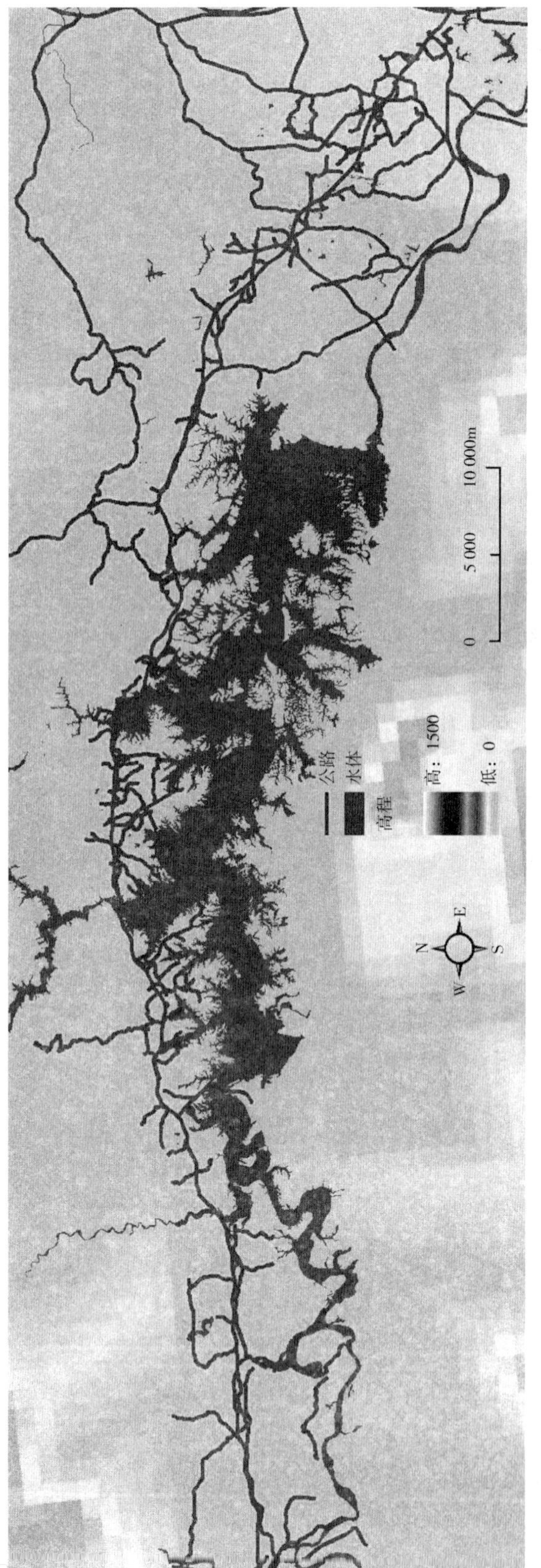

图9-12 沿线主要道路及水域分布图

图9-13 永武高速与景区的相对位置关系

①斑块类型尺度景观分析。从拼块数量来看，农村居民点数量最多，达到905个，公路用地、公路边坡拼块数量其次，反映出沿线公路建设造成的景观破碎化；从拼块密度来看，农村居民点、公路用地密度最大，反映出上述两个景观类型分布特征，破碎化较严重；从最大拼块占景观比来看，有林地、湖泊水面比例最大，说明这两种用地类型景观拼块较完整，呈连片分布；从景观形状指数来看，农村居民点、公路边坡、水田等景观类型最大，说明这些斑块呈不规则镶嵌状态，而其他用地类型形状较规则；有林地、湖泊水面、空闲地等平均斑块面积最大，也说明这些类型的拼块以大拼块为主；从分离度指数来看，分离度指数较高，均接近1，说明景观内各拼块均呈现较分散的分布状态；从聚集度指数来看，景观中公路用地、农村居民点、公路边坡、瞻仰景观休闲用地聚集度较低，说明这些拼块未呈现聚集的趋势，而自然拼块如林地、水域等聚集度指数较高，说明景观内自然基底正呈现聚集为大拼块的趋势，景观整体质量有望进一步提升(见表9-14)。

斑块水平景观指数表

表9-14

拼块类型	CA类型面积	PLAND拼块面积比例	NP拼块数量	PD拼块密度	LPI最大拼块占景观面积比	LSI景观形状指数	AREA_MN平均斑块面积	DIVISION分离度指数	AI聚集度指数
水田	2455.64	14.62	265.00	1.58	1.40	38.87	9.27	1.00	92.34
旱地	485.01	2.89	370.00	2.20	0.34	31.14	1.31	1.00	86.23
果园	60.42	0.36	15.00	0.09	0.07	7.42	4.03	1.00	91.61
茶园	5.04	0.03	2.00	0.01	0.03	2.33	2.52	1.00	93.77
其他园地	230.18	1.37	71.00	0.42	0.28	11.61	3.24	1.00	92.95
有林地	9222.29	54.92	380.00	2.26	2.90	31.35	24.27	0.99	96.84
灌丛林地	1156.85	6.89	292.00	1.74	0.67	24.09	3.96	1.00	93.18
苗圃	3.92	0.02	6.00	0.04	0.01	3.43	0.65	1.00	86.96
天然草地	4.20	0.03	3.00	0.02	0.01	3.10	1.40	1.00	89.24
荒草地	163.29	0.97	196.00	1.17	0.06	22.11	0.83	1.00	83.32
河流水面	62.72	0.37	72.00	0.43	0.06	15.95	0.87	1.00	80.81
湖泊水面	1412.74	8.41	43.00	0.26	2.25	14.74	32.85	1.00	96.33
水库水面	4.21	0.03	3.00	0.02	0.01	2.81	1.40	1.00	90.50
坑塘水面	199.64	1.19	402.00	2.39	0.09	24.38	0.50	1.00	83.31
滩涂	32.03	0.19	34.00	0.20	0.02	9.59	0.94	1.00	84.44
水工建筑用地	0.81	0.00	4.00	0.02	0.00	1.83	0.20	1.00	89.58
公共建筑用地	0.79	0.00	2.00	0.01	0.00	1.50	0.40	1.00	93.57
瞻仰景观休闲用地	0.07	0.00	2.00	0.01	0.00	1.83	0.04	1.00	37.50
教育及文体用地	1.73	0.01	1.00	0.01	0.01	1.15	1.73	1.00	98.75
工业用地	103.45	0.62	68.00	0.40	0.09	11.51	1.52	1.00	89.53
其他建筑用地	14.55	0.09	7.00	0.04	0.06	2.55	2.08	1.00	95.80
城镇住宅	36.11	0.22	3.00	0.02	0.11	3.55	12.04	1.00	95.66
农村居民点	415.83	2.48	905.00	5.39	0.06	40.92	0.46	1.00	80.32
公路用地	234.96	1.40	718.00	4.28	0.94	48.14	0.33	1.00	69.00
河港码头	1.47	0.01	5.00	0.03	0.00	2.68	0.29	1.00	84.39
公路边坡	241.49	1.44	386.00	2.30	0.04	44.67	0.63	1.00	71.70
裸地	75.66	0.45	126.00	0.75	0.05	15.80	0.60	1.00	82.78
空闲地	167.04	0.99	14.00	0.08	0.97	30.85	11.93	1.00	76.68

②景观尺度分析。分别计算由无人机航片生成的2012年公路两侧景观水平的景观指数。拼块密度为26.19；最大拼块占景观面积比为2.8967，说明整体较为破碎化，没有占主导地位的大型拼块；景观形状指数为45.53，说明景观中拼块形状较不规则，呈自然形态的景观多呈现此特征；平均拼块面积为3.8hm^2；公路两侧景观分离度指数为0.9924，反映拼块分离程度，接近1说明较分散，说明在公路沿线景观中，各类型拼块均呈现离散、镶嵌分布，未出现集中分布的大块景观拼块；公路两侧多样性指数较高，说明较多的拼块类型镶嵌在一起，没有形成单一优势景观类型；路侧均匀度指数为0.4879，其值较低，说明景观中没有明显的优势类型且各斑块类型在景观中均匀分布；由聚集度指数来看，其值接近100的上限，说明景观中虽然目前没有优势斑块存在，但是景观中各拼块有呈聚集成大拼块的趋势，根据拼块水平的景观指数分析可知，景观中林地、水域等呈现聚集成大拼块的趋势，而农村居民点、公路、边坡等景观未呈现出此特征(见表9-15)。

景观尺度各景观指数一览 表9-15

指标名称	TA 总面积	PD 拼块密度	LPI 最大拼块占景观面积比	LSI 最大景观形状指数	AREA_MN 平均斑块面积
指标值	16792.51	26.1902	2.8967	45.5353	3.8182
指标名称	DIVISION 分离度指数	SHDI 多样性指数	SHEI 均匀度指数	AI 聚集度指数	
指标值	0.9924	1.6596	0.4879	93.6489	

(4)永武高速公路生态景观敏感性评价

①空间分析方法及生态景观敏感性评价指标数据库建立。地理信息系统(GIS)的核心是空间分析功能，空间叠置分析是空间分析中的一个重要的部分，一般对一个地区的土地适应性评价、生态评价等，都需要用到空间叠置分析的方法。空间叠置分析分为两种类型：一种是以栅格数据为基础；另一种则是以矢量数据为基础。大部分国内外学者都是以栅格数据为基础，运用地理信息系统空间分析方法(范一大，2004；Benson，2006；杨俊，2005)。如果在研究区域的范围大、图形的比例尺大的情况下，以栅格为基础的空间叠置分析栅格数据量大，对计算机的软硬件要求高，且不支持复杂数学模型下的空间分析。

网格系统是通过程序设计生成的一种矢量格式的正方形图形。正方形的大小可以根据研究区域的大小以及研究的尺度决定。网格可以根据用户的需求设计多个字段，这些字段可以接受多源数据的属性值。

②空间分析格网建立方法。在ArcGIS平台，使用Arc矢量—栅格工具集中格网工具生成与研究区范围相适应的标准格网，作为基本评价分析单元，应用GIS投影转换模块将格网投影转换为与属性数据相同的投影。本研究选定格网大小为300m×300m，研究区内共生成13931个单元格。

③生态景观敏感性评价指标提取。本研究生态景观敏感性评价是以评价指标为基础开展的，由于公路位于山岭丘陵地带，因此公路的景观基底为林地景观，公路沿线景观另一大特点是与柘林湖水体交错穿叉，形成“湖光山色”这一优美的自然景观。因此，公路沿线本底景观应由林地景观与水体景观组成。近些年来，由于人类开发活动的出现和不断加强，公路两侧平原地带及较平整的山间谷地出现大量的农田、坑塘水域镶嵌分布，并且有少量的居民点，形成了农田景观、园地景观与居民点景观。公路建设的发展改变了沿线景观的格局，使人类活动到达过去未曾到达的地方，通过引入新的能流物流进一步对自然景观形成干扰。一些采矿迹地、未及时修复的临时施工场地等，由于地表裸露又形成了裸地景观，影响沿线生态景观的整体性。

基于以上特征，本研究选取了居民点密度、水体密度、道路密度、平均景观指数、平均NDVI指数、林地面积比、边坡平均坡长指标，对沿线生态景观敏感性进行评价。

居民点密度分析基于居民点空间分布数据，应用密度分析方法，生成居民点密度，套入格网数据库中，通过空间代数及栅格运算，生成居民点密度分析图。

水体是公路沿线的重要景观类型，其密度高低与整体景观效果有很大关系。水体密度分析，基于沿线水体解译数据，应用密度分析方法，生成水体密度，套入格网数据库中，通过空间代数及栅格运算生成。

道路密度是反映人类对景观影响的重要指标，道路既是景观中新的廊道，又可能对原有景观廊道形成切割，并造成景观的破碎化。道路密度分析，基于沿线水体解译数据，应用密度分析方法，生成道路密度，套入格网数据库中，通过空间代数及栅格运算生成。

景观指数表征公路沿线景观基本状况。由前述景观综合指数生成，计算各格网内拼块密度、破碎度指数、多样性指数，进行综合评价，得到景观综合评价指数。

平均NDVI指数表征公路沿线植被生长状况的重要指标，并与植被覆盖度等有密切关系。由landsat TM7数据3、4波段通过地图代数计算得到，在与公路范围进行配准后，通过空间栅格与矢量分析计算生成。

林地面积比是反映沿线本底植被状况的重要指标。提取公路两侧林地面积信息，套入格网中，计算各格网内林地面积占格网总面积的比例，得到各格网中林地面积比，代入空间数据中，形成林地面积比指数空间分布图。

边坡平均坡长代表了公路边坡对行驶车辆视野阻挡程度，也代表了公路建设对沿线山体的破坏程度。提取公路两侧路堑边坡数据，栅格化后代入格网中计算，各格网内边坡面积与格网边长的比值，即为各格网内边坡平均坡长。

④永武高速公路生态景观敏感性评价结果。由居民点密度指数图（见图9-14）可知，沿线居民点距公路较近，在距公路较远的山体上数量较少，其中公路起点与终点段密度较大。由平均水体密度图（见图9-15）可知，公路沿线水体密度以柘林湖水体最大，集中在路段中段位置，其他路段较低。由平均公路密度图（见图9-16）可知，沿线公路密度较高区域呈点状分布，多分布于公路互通、主要道路交叉口等地带，整体来看，在路线中段密度较高。由平均NDVI指数空间分布图（见图9-17）和林地面积比指数空间分布图（见图9-18）可知，平均NDVI指数、林地面积比数据空间分布相近，以路侧山地森林为主，公路沿线及平原地带较少。由平均边坡坡长空间分布图（见图9-19）可知，平均边坡坡长沿线分布不均，部分路段集中切割山体，形成连续分布的高边坡，公路起点与终点路段边坡平均坡长较小。由景观综合评价指数（见图9-20）可以看出，公路沿线两侧山地、湖泊景观综合评价指数较高，公路沿线及以居民点、农田为主的平原地带景观综合评价指数较低。

通过计算，对沿线生态景观敏感性进行综合评价（见图9-21）。公路起点路段～K30段，由于居民点分布较密集，生态景观敏感性指数较低；随后由于林地增加，K30～K45段生态景观敏感性指数增加；K45～K70段，由于水体较多而山地较少，生态景观敏感性指数下降；随后，K75～K100段随着林地面积的增加，生态景观敏感性指数增加；至终点路段，生态景观敏感性指数又出现下降。沿线生态景观敏感性指数较高的两个区域为K35～K45、K70～K100的山区路段，对这部分景观应重点保护，避免进一步开发造成破坏。对生态景观敏感性较低的地区，如K0～K30、K45～70路段，需要进一步加强景观营造，加强生态系统稳定性，降低生态景观敏感性，提高整体景观水平。

（5）基于高分辨率的遥感影像旅游公路生态景观监测能力分析

①不同分辨率遥感影像的监测能力分析。不同分辨率遥感影像是由不同卫星各自的传感器从空中拍摄地面地物获得的，由于卫星的轨道、平均高度、回归周期以及传感器性能的不同，导致同一地物点的影像数据获取周期有所差别，同时数据的清晰和精确程度也会有很大差别。公路工程生态景观规划需要多频次的精确监测，才能为环境保护工作做出指导。因此，需要针对生态景观各项内容的多种数据源的监测能力进行分析评价，以找到适用的影像数据源。

在确定了基本数据并调查各项内容后，对各项内容不同数据源的遥感监测能力进行分析，以确定不同分辨率遥感影像在旅游公路生态景观规划中的适用性，见表9-16、表9-17。通过对比分析各监测指标在不同分辨率遥感影像上的纹理、颜色等特征，根据旅游公路生态景观规划需求分析得出，高分辨率遥感影像在旅游公路生态景观规划中的适用性较强，能满足旅游公路生态环境规划要素的监测需求。其中，无人机航拍0.25m分辨率数据能够实现旅游公路生态环境全部要素的监测，识别性强，监测精度相对较高；ALOS遥感影像可实现生态环境要素大部分指标的监测，能够满足生态环境信息调查的基本需求；TM影像在各监测指标方面的识别性较差，能够实现大范围的粗略监测。

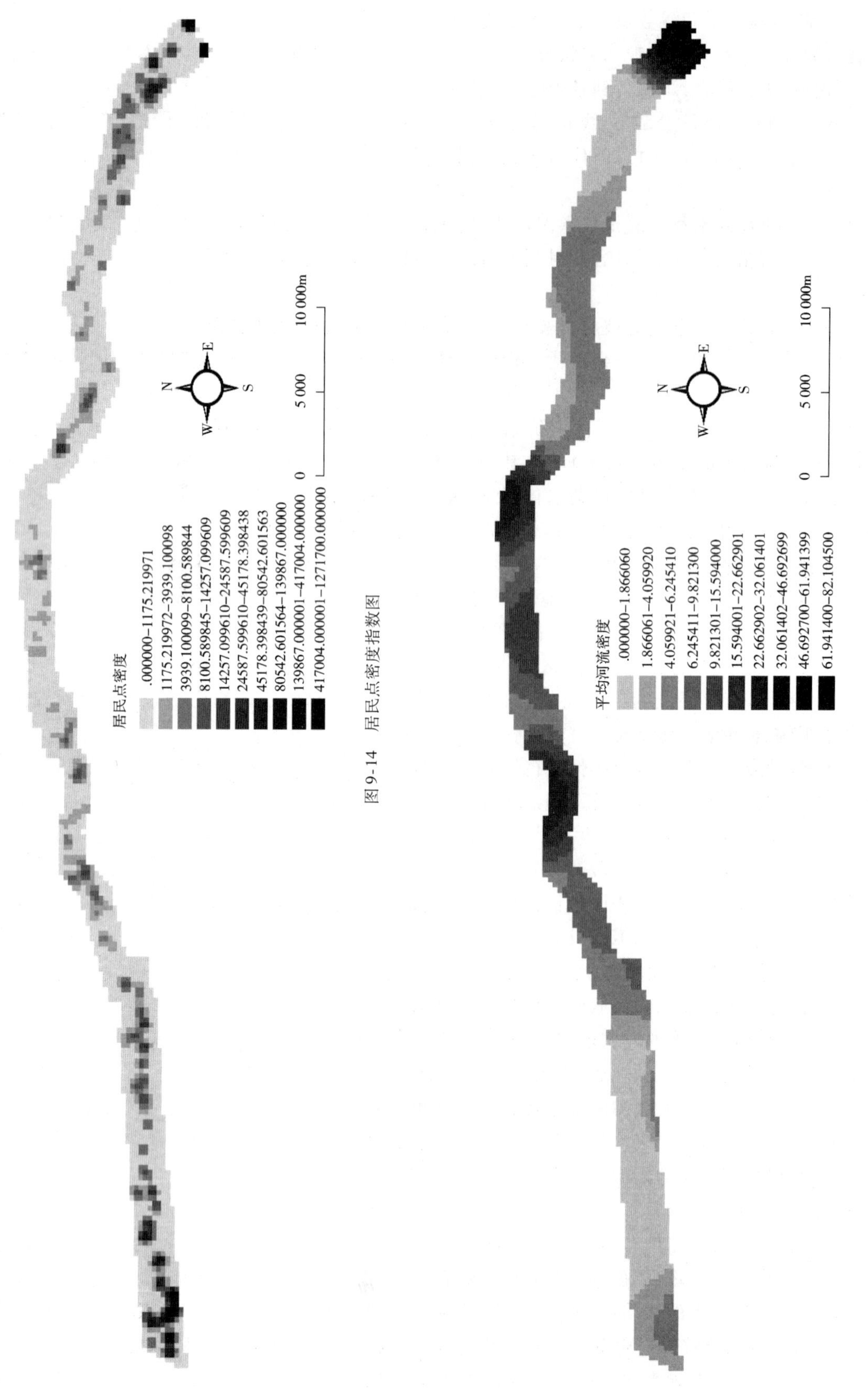

图 9-14　居民点密度指数图

图 9-15　平均水体密度图

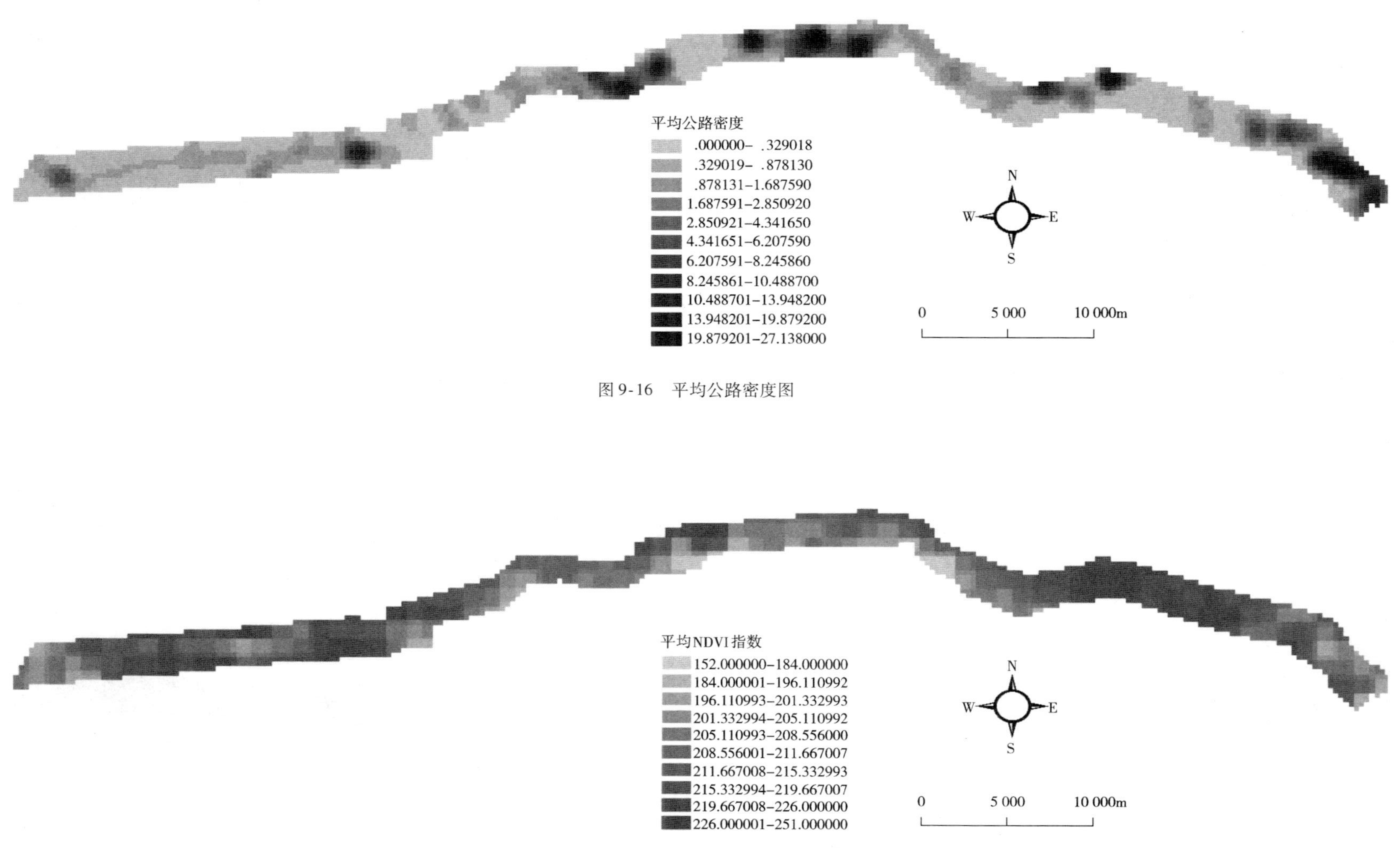

图 9-16　平均公路密度图

图 9-17　平均 NDVI 指数空间分布图

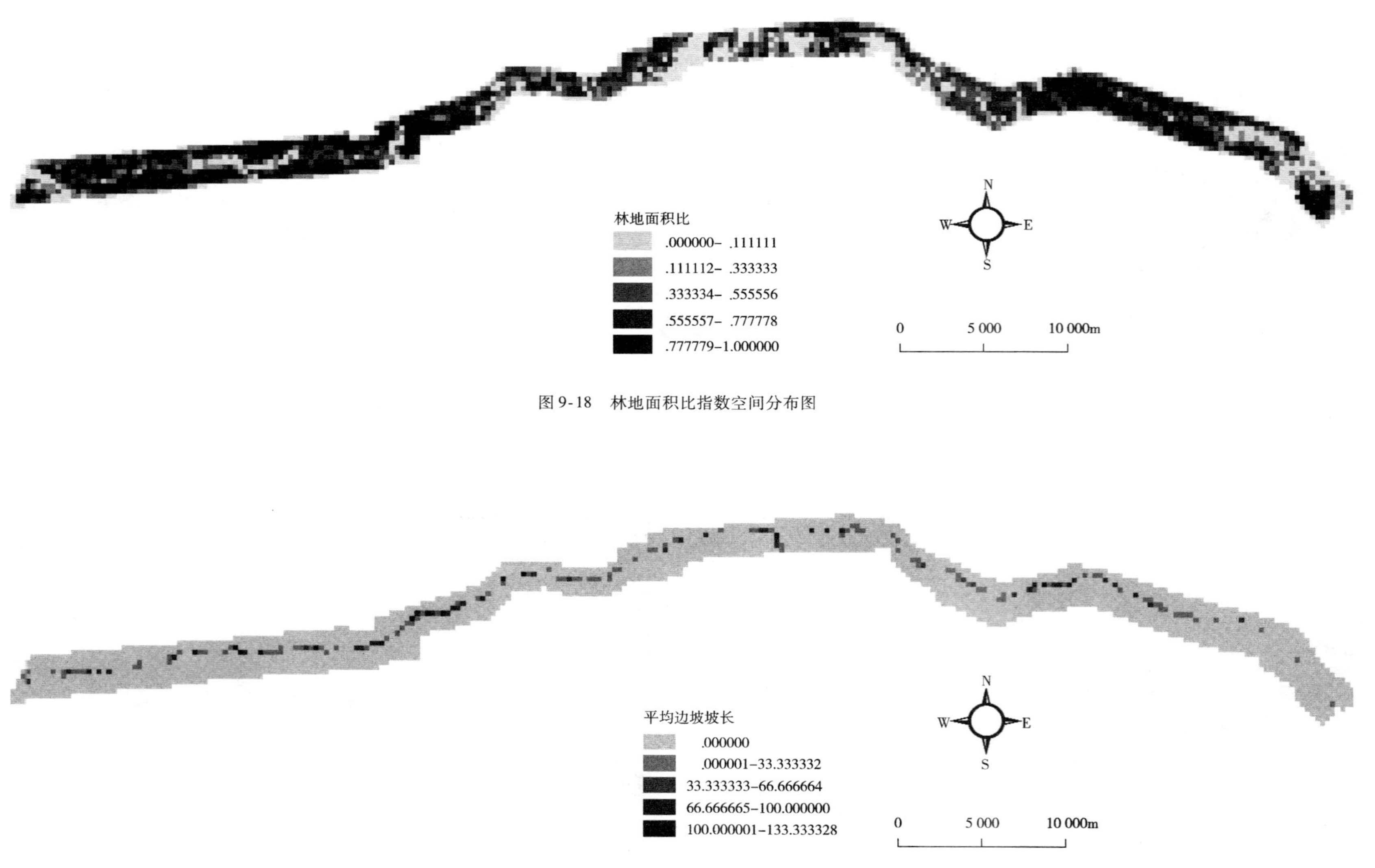

图 9-18 林地面积比指数空间分布图

图 9-19 平均边坡坡长空间分布图

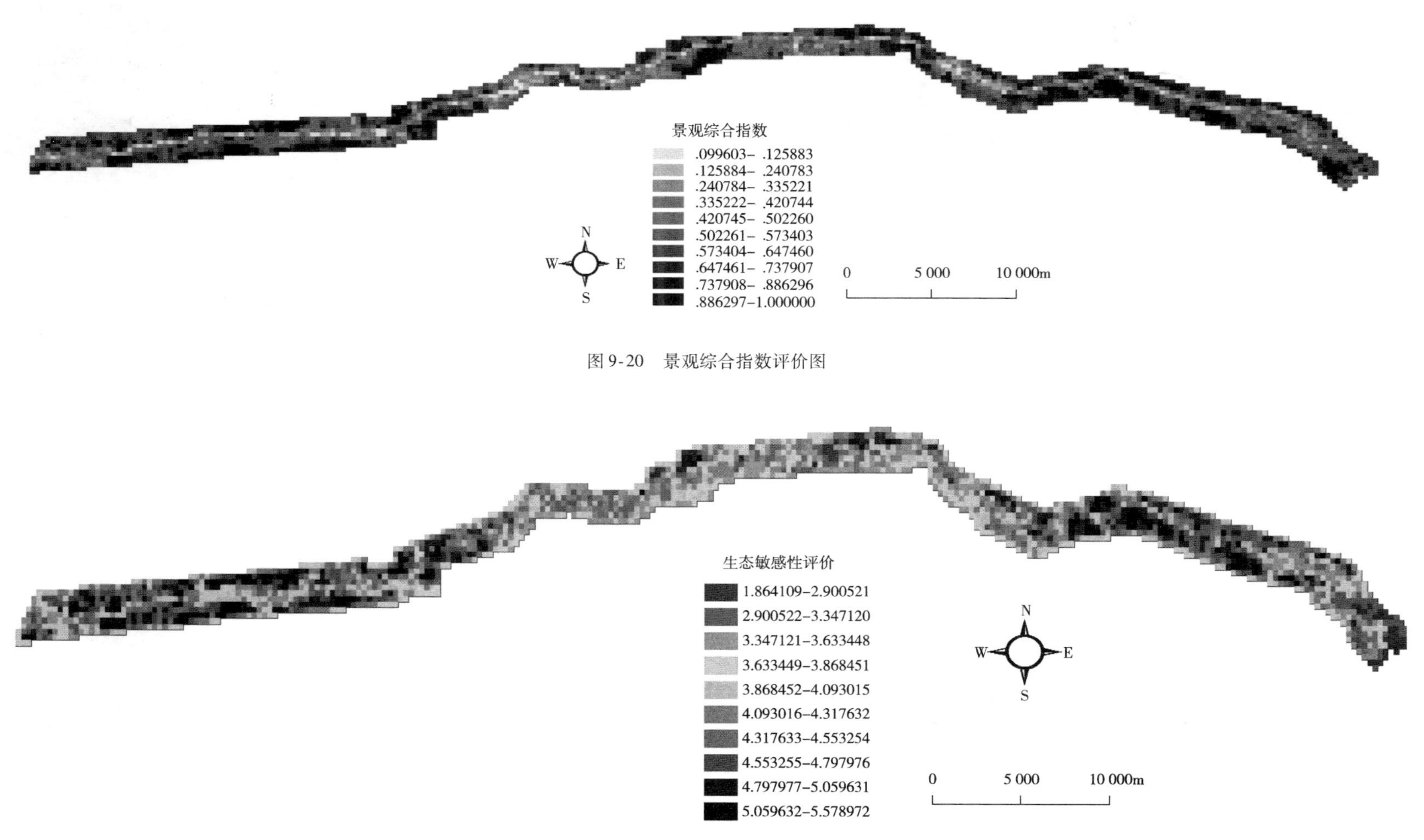

图 9-20　景观综合指数评价图

图 9-21　生态景观敏感性综合评价图

不同分辨率影像在公路主体工程的遥感监测能力分析　表9-16

数据源 监测指标	无人机航拍(0.25m)	ALOS(10m)	TM(30m)
路基工程	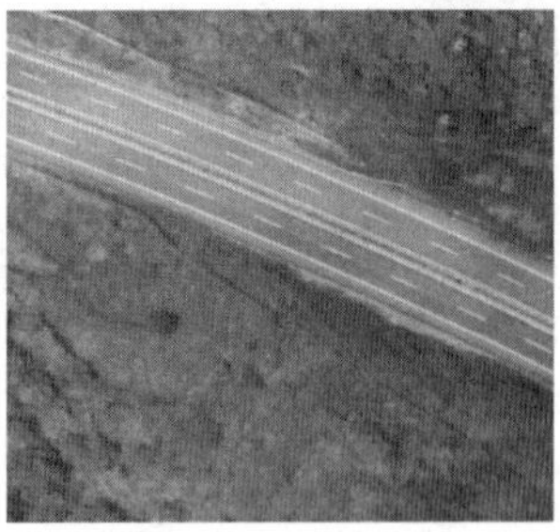	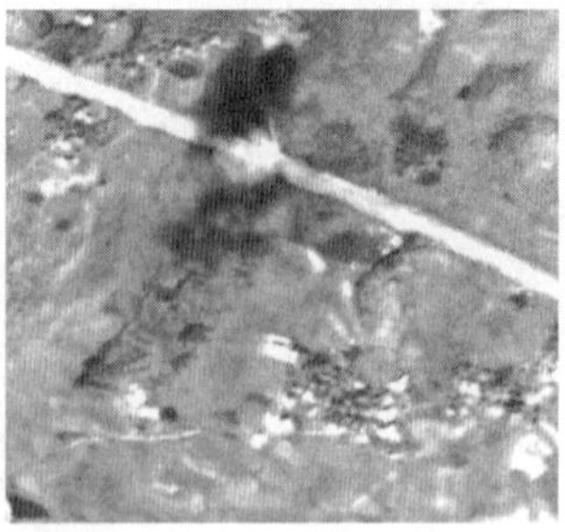	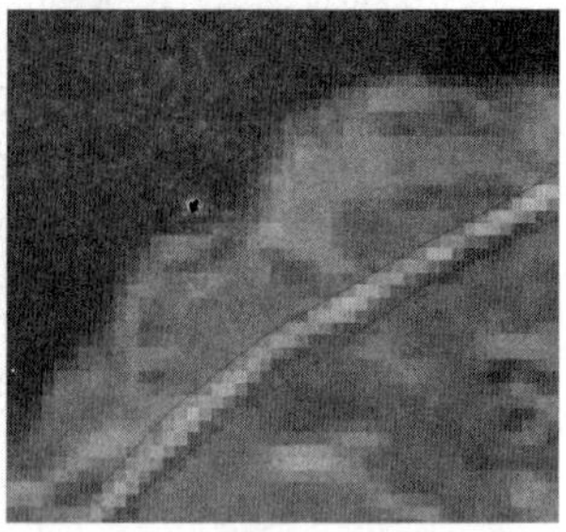
解译分析	从以上3种不同分辨率遥感影像上可以看到，公路在无人机航拍影像上轮廓清晰，路基容易分辨，与周边环境区分明显；在ALOS影像上公路可辨识性较高，但公路边界与周边环境交融，色差不明显；在TM影像上可根据经验判读公路，但是纹理不够清晰明显		
桥梁工程		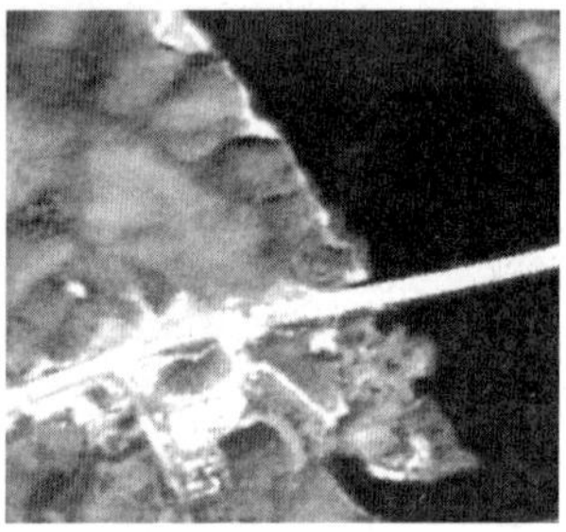	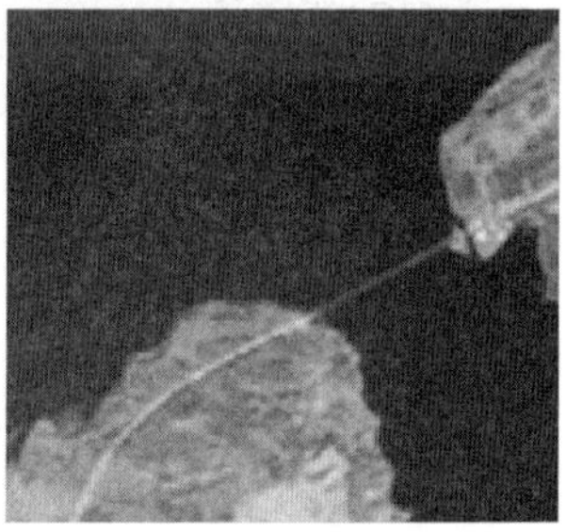
解译分析	桥梁在航拍影像下清晰可见，同时可以看到桥面在水中形成的阴影部分，说明影像识别程度较高；ALOS数据可判读出桥梁工程，色差较为明显；TM数据识别程度较差		
互通立交	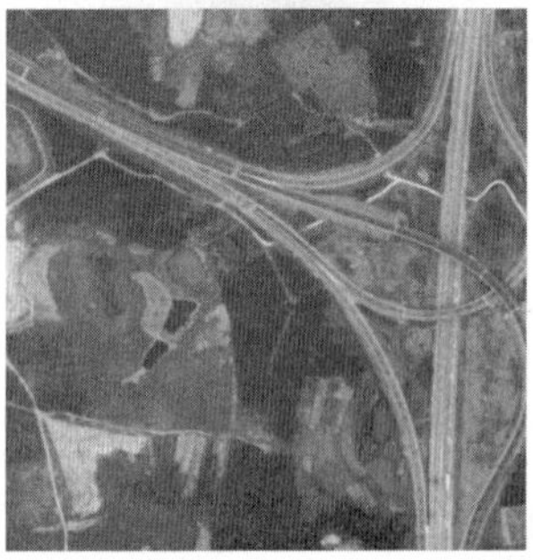		
解译分析	互通工程在WV2高分辨遥感影像下清晰可见，同时可以看到路面走向及周边绿化带，说明影像识别程度较高；ALOS数据由于拍摄时间正处于施工期，道路与周边建设用地不能区分，但道路轮廓比较模糊，难以区分；TM数据不能辨识出互通工程的存在		

不同分辨率影像在公路环境要素的遥感监测能力分析　表9-17

数据源 监测指标	无人机航拍(0.25m)	ALOS(10m)	TM(30m)
旱地	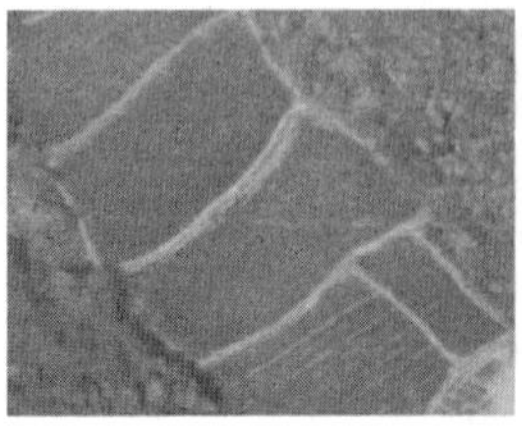		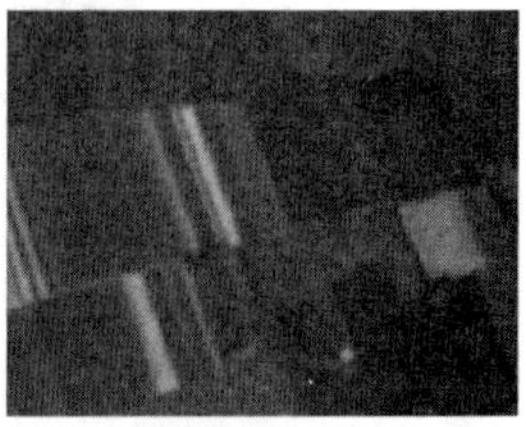
	纹理清晰，容易辨识	纹理较模糊，但能辨识	纹理较清晰，易于辨识

续上表

数据源 监测指标	无人机航拍(0.25m)	ALOS(10m)	TM(30m)
有林地	 颗粒明显，纹理清晰，与其他地类容易区分	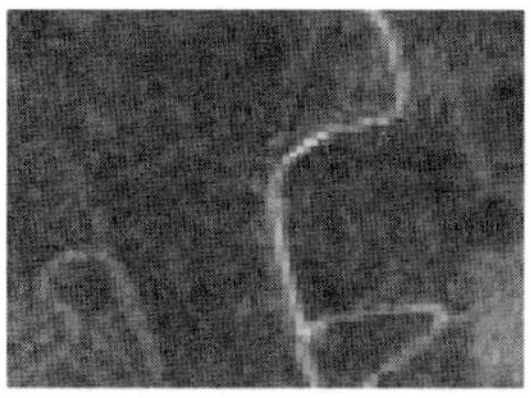 颗粒较模糊，但纹理较清晰，易于辨识	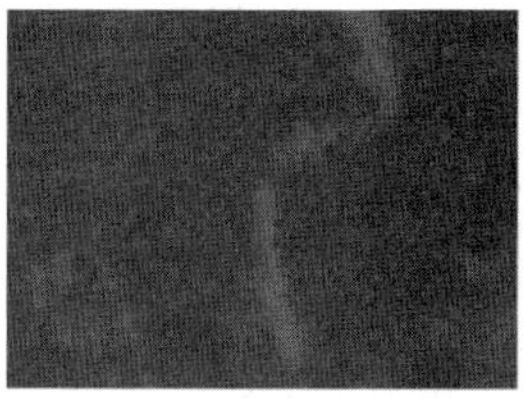 分布聚集，颗粒模糊，色调、纹理均一
灌木林地	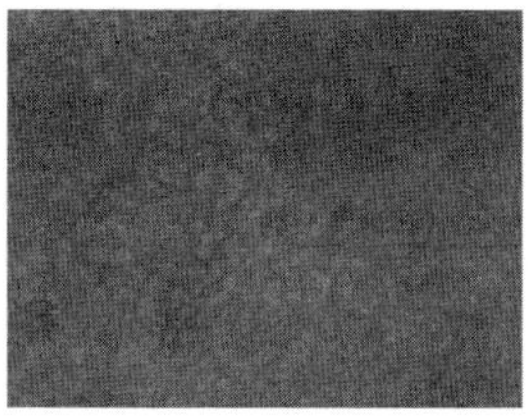 颗粒较小、较密集，纹理清晰	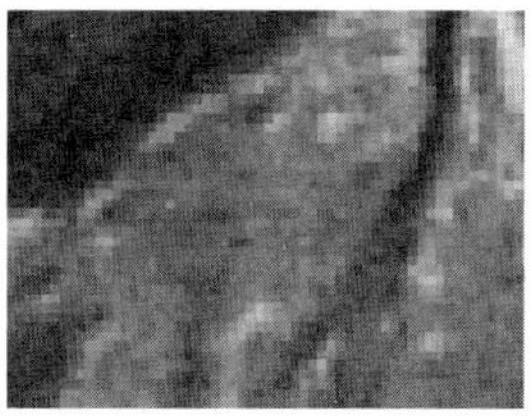 颗粒较模糊，连片，纹理较清晰	 颗粒模糊，成片，纹理较均一
园林地	 纹理成条带，整齐清晰，易于辨识	 纹理成条带，较清晰，易于辨识	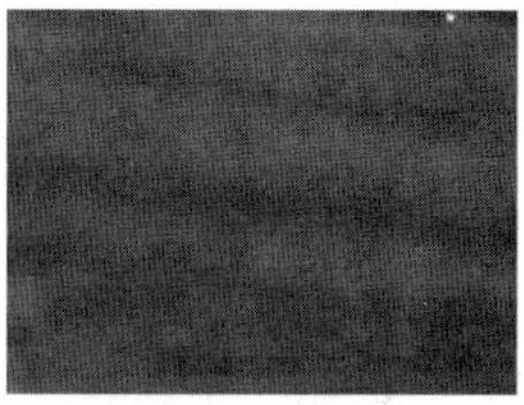 纹理略见条带，较模糊，易于辨识
草地	 纹理较平整，色调均一，能与其他类区分	 纹理较平整，色调均一，能与其他类区分	 纹理较平整，色调均一，能与其他类区分
住宅用地	 纹理清晰，屋顶边界较明显	 纹理较清晰，屋顶边界模糊，成片，易辨识	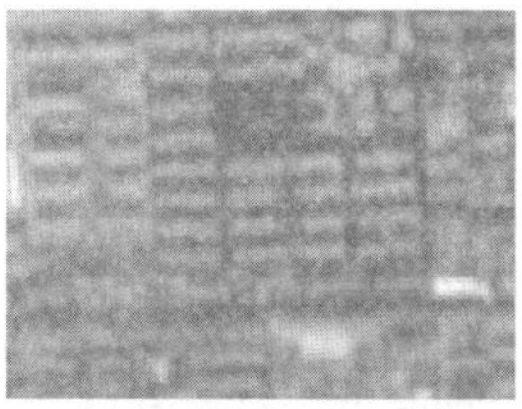 纹理较清晰，色调多元，形状成片，易辨识
道路	 呈线形，相互交错，道路边界清晰	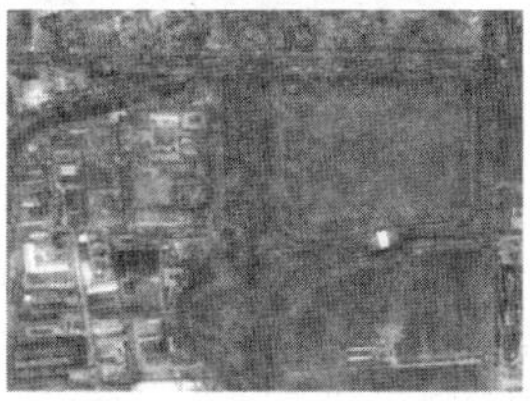 线形交错，易于辨识，但边界模糊	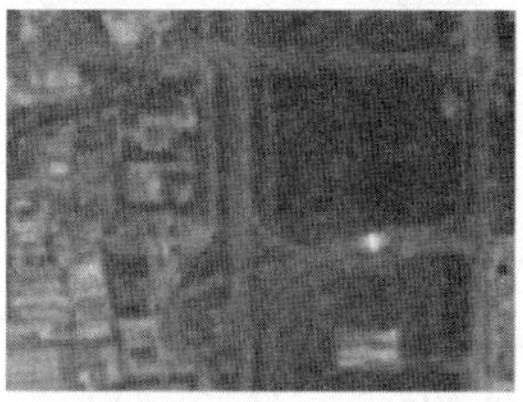 线形交错，边界较清晰，易于辨识

生态景观建设是旅游公路的重要主题之一，在进行生态景观规划过程中，需要掌握道路沿线的生态环境要素分布状况和生态环境特质。由表 4-16 可以看出，分辨率为 0.25m 的无人飞机航拍影像数据在公路项目主体工程各单元的识别程度非常显著，同时能够实现精准定位和数量测量的需求，ALOS 数据的识别程度次之，分辨率为 30m 的 TM 数据的识别程度最低。

根据不同分辨率遥感影像数据源的分析，我们认为，分辨率为 10m 的 ALOS 影像基本能够满足旅游公路生态环境基础信息调查的需求，且成本较低；分辨率为 0.25m 的无人机航拍影像数据是生态景观遥感监测的最优选择，其可识别度高，相对其他亚米级(QB、WV 影像)的高分遥感具有成本优势，而且无人机航拍能够实时开展，数据源获取不受时间限制，具有极大优势，因此无人机航拍影像可作为旅游公路建设特殊时段、重点区域生态景观规划的数据来源。

由表 4-17 可以看出，不同分辨率影像在旅游公路生态环境的遥感监测能力方面差异较大，TM 影像数据能够实现基本环境要素的辨识，但是在各要素的分布范围及精确位置的确定方面明显不足，ALOS 影像的辨识度及各要素的分布范围确定性能优于 TM 影像数据，但不及具有更高分辨率的无人机航拍影像数据。然而，无人机航拍影像为全色影像数据的不足之处在于不能实现植被覆盖度等的自动提取。

②不同分辨率遥感影像在旅游公路生态环境要素的监测精度分析。遥感监测的精度是衡量不同分辨率遥感影像在公路生态景观规划适用性的重要因素，通过研究分析，选用合适的数据源，以提高各监测指标的监测精度，使生态景观规划能够掌握区域生态环境现状的准确信息，对公路生态景观规划至关重要。

以路基工程为例，对 3 种不同分辨率遥感影像的监测能力进行了对比分析，结果表明，高分辨率的无人机航拍影像在公路改扩建工程的各单元(路基工程、桥梁、匝道、施工场地等)具有较高监测精度。

在公路生态景观规划过程中，大量工程施工会造成大面积土地扰动，大量的挖方、填方破坏原有地表植被，取土场、弃渣场加大地表水土流失，对周边环境造成一定危害。因此，对主体工程各施工单元的扰动面积，边坡开挖，施工道路修建，取土场、弃渣场的布设，以及工程周边环境要素的变化情况，各指标是否满足设计要求，成为旅游公路规划设计的重要组成部分。通过表 9-18 的对比分析，表明 ALOS、无人机航拍高分辨率遥感影像在实现公路工程要素监测精度上具有明显优势，能够满足环境监理基本需求。

不同分辨率影像在环境监理方面的监测精度分析 表 9-18

影像数据	QB、WV2 数据(0.5m)	ALOS(10m)	TM(30m)
路基监测			
精度对比	无人机航拍影像监测路基工程宽度约为 24.5m，且可清晰判读到中央分隔带及两幅路面，路面宽度监测结果与设计宽度基本一致	ALOS 影像监测路基工程宽度为 35m，不能判读出道路分幅情况，路面宽度监测结果与设计宽度 24.5m 的误差达到 42.9%	影像监测路基工程宽度为 35.35～79.05m，不能判读出道路分幅情况，道路边界模糊，仅能从色差上进行判读，路面宽度监测结果与设计宽度 24.5m 的误差达到 193%

续上表

影像数据	QB、WV2 数据(0.5m)	ALOS(10m)	TM(30m)
路基监测			
精度对比	QB(WV2)影像监测距离公路一侧200m 范围内的建筑物面积为 317m²,经过现场实际测量,该建筑物面积为 300 m²,误差为 6%	ALOS 影像监测距离公路一侧 200m 范围内的建筑物面积为 1084m²,与实际测量的筑物面积 300m² 相差 784m²,误差为 260%	TM 影像监测距离公路一侧 200m 范围内的建筑物面积为 8279m²,与实际测量的筑物面积相差很大,不能用作小板块地物面积测量的数据源

③小结。根据以上综合分析,高分辨率遥感影像在公路生态景观规划中具有广泛的应用效果,其中分辨率为 10m 的 ALOS 影像数据的适用性较强,能满足旅游公路生态景观规划基本需求,在公路生态景观规划前期对公路及其沿线区域生态环境调查和区域划分可采用 ALOS 影像进行本地信息调查。高于 10m 分辨率的无人机航拍、WV、QB 遥感影像监测能力更突出,但成本也相应较高,在做局部路段生态景观规划设计中可采用该数据。分辨率低于 10m 的遥感影像适用性较差。

(6)旅游公路生态环境遥感动态监测及变化检测技术

遥感技术在生态环境变化研究中的作用日益得到国际科学界的公认,特别是遥感和数据信息系统(TBU)相结合,可以更有效地监测和研究人类对土地的利用方式及由此引起的生态环境的变化,这样就保证了在四维空间的水平上开展数据分析。所以,如何利用遥感数字图像处理技术对多时相、多源遥感数据进行分析处理,自动发现环境要素的变化特征,保证变化信息提取的客观性和正确性,减少作业人员的工作量,是环境监理动态遥感监测的关键步骤。在环境监理动态遥感监测过程中,两时相卫星影像经过几何校正与配准融合处理之后,通过精确的空间叠置比较发现可能的变化,以此变化信息模板为参考来确认变化信息的方法有两种:一是根据其他多种辅助数据源(如数字正射影像 DOQ、数字栅格影像 DRG、数字高程模型 DEM 和数字专题信息 DTI,简称 4D 技术)来确认变化的区域范围、变化的边界及变化的地类属性;二是在变化模板指出的影像范围内进行监督分类,利用两时相分类的结果作比较来得到变化的确切范围和变化属性。不管采用哪种方法,变化信息模板的发现提取都是至关重要的,它直接影响着最后的监测精度,而且在变化信息的确认和分类中也要利用到光谱特征样本库的信息内容。

目前,基于多源遥感影像数据的自然环境动态监测研究较多,尤其是在自然环境方面的动态监测应用研究。RS 可以使自然资源无序开采现象暴露无遗,而在遥感动态监测基础上利用 GIS 手段建立矿产资源数据库系统,则可以在进行遥感动态监测的同时,更有序地管理和合理利用各种自然资源数据,同时方便进行更大范围的自然资源动态监测工作,提供易于使用的、直观的数字化成果,服务于自然资源开发的监督、管理与决策部门。刘琼等为建立全国性的矿产资源开发状况数据库系统,以山西省晋城市和江西省崇义县矿产资源开发状况遥感动态监测成果为基础,通过 GIS 强大的空间数据管理功能,对所收集的数据进行管理,建立了具有浏览编辑、查询检索、统计分析及动态监测等特点的空间数据库系统。研究表明,对遥感解译成果进行数据库管理及信息系统实现是可行的,使遥感信息更加直观,管理更加完善,信息更新更简便,是遥感监测的有效扩充,弥补了纯粹遥感监测的不足,使 RS 成为矿产资源开发状况动态监测的一种切实可行的有效手段。侯文良等通过对 1999 年、2004 年两期的 TM 卫星图像进行解译和判读,利用 GIS 空间分析技术,以森林资源的地类进行空间分析,从而得出森林资源的现状及其空间变化分布状况。并对变化结果进行分析,为巴楚县森林资源管理提供决策依据。谭炳香等将 RS、GIS 技术与传统的森林资源调查方法相结合，取长补短应用于森林经营管理、规划中，可及时获得森林资源动态变化信息，使森林管理者和经营者对本地的生态环境和资源状况及变化情况做到心中有数，可以全面提高本地区或本单位的森林可持续经营水平。可见RS技术和GIS技术在森林资源、矿产资源等多种自然资源的动态监测方面也起到了不可替代的作用，提高管理、开发利用的效率，同时也能在宏观、动态的角度对资源可持续开采进行监测。

植被覆盖度提取。植被覆盖度是指植被植株冠层或叶面在地面的垂直投影面积占植被区总面积的比例(周国林等，1982；Greig-Smith，1964；Chapman，1976)，又称为投影盖度(曲仲湘等，1983)。这一指标具有一定的相对性，同一片植被，因被纳入统计的范围不同而表现为不同的植被覆盖度。其范围分布在0～1之间，数值越大表明植被覆盖度越高。国内外研究表明，植被指数反映了植被的状况，同植被覆盖度有良好的相关关系。通过计算NDVI(归一化植被指数)，建立NDVI同植被覆盖度之间关系的经验公式，来计算植被覆盖度，公式如下：

$$f_{cover}=\frac{NDVI-NDVI_{soil}}{NDVI_{veg}-NDVI_{soil}} \tag{9-14}$$

式中：f_{cover}——植被覆盖度；

NDVI——植被区域的归一化植被指数；

$NDVI_{veg}$——研究区域植被NDVI的最大值(或相对最大值)；

$NDVI_{soil}$——研究区域裸土NDVI的最小值(或相对最小值)。

①NDVI计算。NDVI的计算公式为：

$$NDVI=\frac{NIR-R}{NIR+R} \tag{9-15}$$

式中：NIR——遥感影像的近红外波段(0.75～0.90μm)，对应TM数据为第4波段，ALOS为第3波段；

R——遥感影像的红波段(0.63～0.69μm)，对应TM数据为第3波段，ALOS为第2波段。

利用遥感卫星多光谱波段(非融合数据)，在ERDAS中的Modeler模块编写Model进行计算。

②提取各植被类型NDVI。根据研究区域土地利用数据确定流域内植被类型，见表9-19。

根据研究区域土地利用数据确定流域内植被类型表 表9-19

一级类		二级类		三级类	
编号	名称	编号	名称	编号	名称
		12	园地	121	果园
				122	桑园
				125	其他园地
		13	林地	131	有林地
				132	灌木林地
				133	疏林地
				134	未成林造林地
				135	迹地
				136	苗圃
		14	牧草地	141	天然草地
3	未利用土地	31	未利用土地	311	荒草地
		32	其他土地	323	苇地

在Model中对土地利用地类进行判断，分别提取每种地类的NDVI。

③提取各土壤类型的NDVI。方法同第②步。

④制作NDVI概率分布图并选取$NDVI_{max}$和$NDVI_{min}$。制作图像流域范围内每种土地类型和土壤类型的NDVI概率分布，将NDVI的值和像元个数在Excel中进行统计。

对于土壤类型的NDVI：对NDVI按由低到高排列，先对像元个数求和，生成累计像元个数，用累计像元个数除以总像元个数，得到累计概率分布。

对于土地利用类型的 NDVI:对 NDVI 按由高到低排列,先对像元个数求和,生成累计像元个数,用累计像元个数除以总像元个数,得到累计概率分布(逆序)。

确定置信度,计算土地利用类型的 NDVI 概率分布的置信区间内最大值 $NDVI_{max}$,土壤类型 NDVI 概率分布的置信区间内最小值 $NDVI_{min}$。

结果得到各土地利用类型的 $NDVI_{max}$ 和各土壤类型的 $NDVI_{min}$ 参数表。其中需要指出的是,其他非植被土地利用类型的 $NDVI_{max}$ 取全图 NDVI 概率分布计算出的最大值代替。

⑤制作 $NDVI_{veg}$ 和 $NDVI_{soil}$ 参数图,并计算植被覆盖度。在 Erdas 的 Modeler 中计算每个像元的 $NDVI_{veg}$ 和 $NDVI_{soil}$ 值,并根据式(9-15)计算植被覆盖度。

运用统计模型,要求研究区域内总像元数不能太少,否则概率统计没有任何意义,如果某一种地类像元个数较少,则最好用相近土地利用类型代替,或合并几个相近的土地利用类型,统一计算概率分布。

该计算方法的核心是确定 $NDVI_{veg}$ 和 $NDVI_{soil}$ 的值,通过概率计算的结果并不一定同地面真实状况吻合,所以应该利用外业调查的植被覆盖度进行修正,调整 $NDVI_{veg}$ 和 $NDVI_{soil}$ 的值,修正植被覆盖度结果。

通过试验可以得到 NDVI 最大值和最小值的改变分别对结果的影响效果,从而利用外业的实地采样数据对 $NDVI_{veg}$ 和 $NDVI_{soil}$ 值进行修正(见图 9-22、图 9-23)。

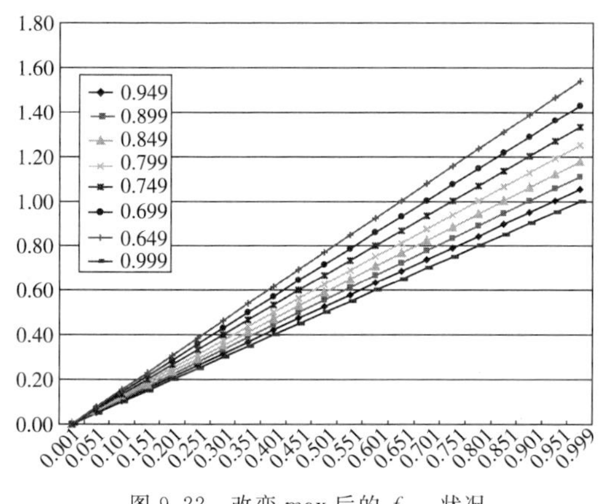

图 9-22 改变 max 后的 f_{cover} 状况

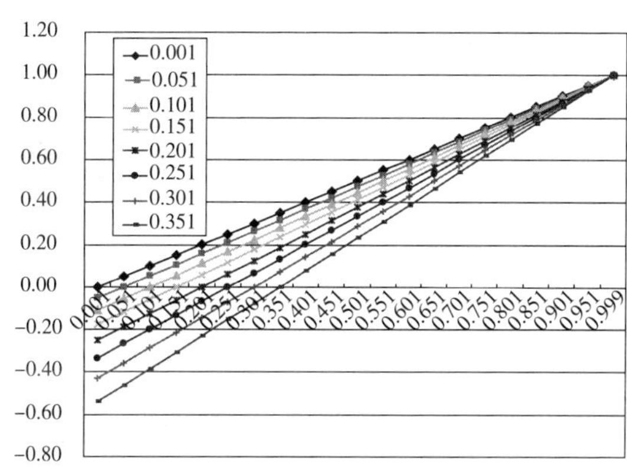

图 9-23 改变 min 后的 f_{cover} 状况

可以看出,NDVI 的 veg(即 max)或 soil(即 min)值增大,f_{cover} 的计算结果要减小,反之,max 或 min 的值减小,计算结果要增大。同时必须注意的是,max 的改变对结果的较大值影响较大,对较小值影响较小;min 的改变对结果的较小值影响较大,对较大值影响较小。总之,max 值主要影响 NDVI 较大值,min 值主要影响 NDVI 较小值,二者对中值影响效果相同。在调整过程中应注意 min 和 max 值的调整大小变化方向。

本研究利用 ERDAS 软件,建立植被覆盖度模型,获取江西永武高速公路 TM 影像进行植被覆盖度提取试验,最终获得了永武高速公路中心线 3km 范围内的植被覆盖状况信息。经统计,永武高速公路中心线 3km 范围内植被覆盖度为 60%~100%的面积达 506.88km²,占总面积的 63.42%;植被覆盖度为 45%~60%的占总面积的 18.74%;植被覆盖度为 30%~45%的占总面积的 13.69%;植被覆盖度为15%~30%的占总面积的2.7%;植被覆盖度为 15%以下的占总面积的 1.44%。结论为植被状况良好(见表 9-20、图 9-24)。

江西永武高速公路中心线 3km 范围内植被覆盖度统计表 表 9-20

植被覆盖度	板块数	面积(km²)	占总面积百分比(%)
0~15%	8	11.52	1.44
15%~30%	15	21.6	2.70
30%~45%	76	109.44	13.69
45%~60%	104	149.76	18.74
60%~100%	352	506.88	63.42
合计	555	799.2	—

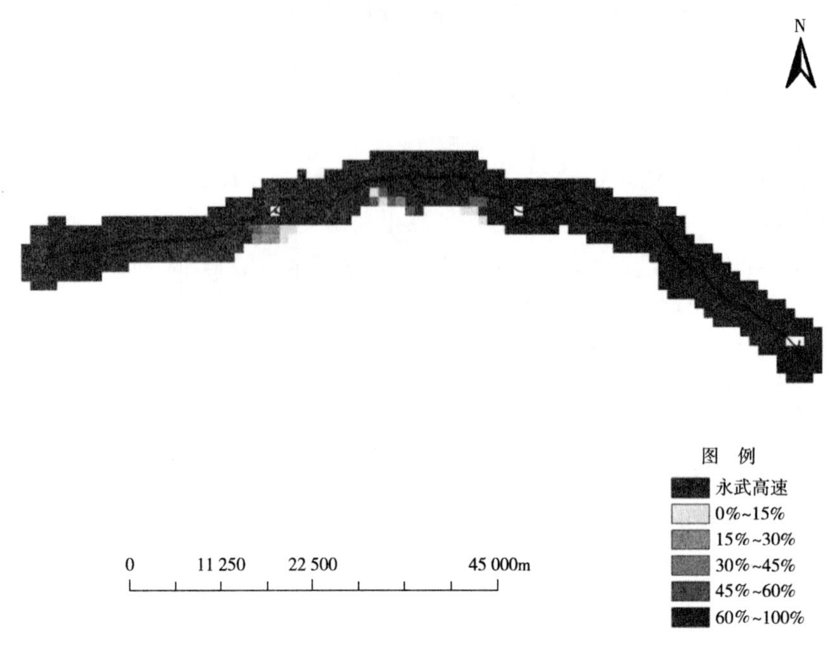

图 9-24　基于 TM 遥感影像的江西永武高速公路植被覆盖度分布图

9.4.2　文化层面的公路人文景观规划

1)文化与公路景观

人与环境的关系既有生理、物质的一面,也有精神、文化的一面,人与景观是相互作用的,是一种创造和被创造的关系。公路景观亦是如此,人既是公路景观环境的组成部分,又在潜移默化当中受到公路环境的影响和塑造。公路作为连续的长跨度线形空间,沿线往往穿越多种具有不同风俗文化的地区,是展示和宣传各种地域文化的良好载体。从整体到局部、从公路线形到小品的配置乃至人的活动都可以对公路所在地域历史文化起到凸显的作用。因此,公路系统既要发挥其交通功能,又要体现一定的地域文化职能,如观赏、游憩、科普教育等,在表达公路所在地区文化个性和地域特色的同时,力求创造一个让人的身体和精神"一块行走"的人文的公路空间环境。

公路景观创作的目的不仅仅局限于与自然交谈,还应注重公路景观空间所表达出来的地域文化的意义,使公路景观空间成为一种能保持文化张力关系的场域,向行人传达所穿越区域与众不同的历史和文化信息。由于公路功能上的单纯性制约了其形态的多样性,加上现代化的信息时代,公路受民族、地域的影响并不突出,将公路所在地域文化巧妙表达的重要方式,就是将文化符号物化于公路边坡、构造物、交通设施等主要景观要素中。在公路景观规划设计中,应该利用文化的引导,研究如何创造富含地域文化的景观环境,必须从所在地域的历史、风格以及环境要素间的原有文脉关系入手,以保持环境的历史延续性和整体性,通过公路景观要素的外观形象(如风格、材料、色彩等)加以表达和体现,使这些景观元素有机地融合于公路的整体景观之中,为行人提供了解历史和审美体验的、具有导向意义的文化信息。所以,公路景观规划设计应充分考虑地域特性,在尊重当地原有文化特征和文化脉络的前提下,对公路所辐射地域的历史文化进行调查、分析,吸纳文化内涵,将其进一步提升和强化,古为今用,使公路整体景观突出地域特色和地方风情,赋予景观文化灵魂和价值,使地域形象因此而充满生机和活力。

(1)文脉的连续性与公路景观

交通的飞速发展和信息的交流频繁,使得公路的形象往往走向趋同,所以,从公路沿线民族、地域中寻找到文化的亮点,在景观环境中注入新的生命,赋予景观以新的内涵,使新老景观协调共生,文化记忆得以延续,在保持公路景观文脉连续性的同时,也彰显了公路景观的个性。

在公路景观规划中,文脉连续性并不是要求与原有景观一致,也不是要放弃景观的个性风格,而应是既有创新，又有延续，文脉不是封闭的重复，而是使景观增加新的意义。文脉的连续性也并不仅仅停留在形象、感觉或意想上的连续上，浅层次的摘取传统景观中的一些符号，加入公路构筑物或小品景观等景观要素的设计之中，而是从传统文化中去理解景观的生成，把握文化发展的脉络，分析文化的走势，这样规划设计出的景观不仅在文脉上是连续的，同时还具有时代的特点，并让文脉延续下去。公路景观规划中考虑文脉并非眷念过去，而是要发扬传统文化中的精华。文脉本身意味着不断发展，停止发展无异于切断文脉。所以只有多样化的统一才是强调文脉所追求的境界。只有立足于文脉的连续性，才能规划设计出真正具有中国特色的公路景观，通过公路这一载体将路域文化传统延续下去，实现传统文化的可持续发展。

(2)文化与公路景观的互融关系

文化与公路景观的关系是相互的，文化不仅通过公路景观来反映，而且还改变着公路景观。文化与公路景观在一个反馈环中相互影响。文化的独特性使得其在视觉上即使没有改造景观，也可以赋予公路景观新的内涵。具有文化背景的公路景观不仅可以反映公路沿线一定历史时期人们的经济价值，而且反映在整个历史过程中形成文化景观的那些精神价值、伦理价值和美学价值等。值得指出的是，公路景观的文化背景虽然客观存在，但公路景观的文化意义却是由行人的感知来塑造的，而且公路景观的文化意义，随着人们的感知、认识、美学准则和信念不同而不同。

(3)公路人文景观的服务需求特征分析

①宜人性。美国著名的景观设计师西蒙兹认为："我们规划的不是物质，不是空间，而是人的体验。"塑造具有人文特色的公路景观，公路景观的服务对象——行人的行为规律及其体验要求是景观规划设计的根本依据。公路景观规划设计的成败、水平的高低以及吸引人的程度，主要取决于在多大程度上满足了行人的交通行为和心理需求。对于后者，需要设计者通过发掘存在于人们内心深处的理想环境模式，并使设计与这一心理模式相和谐来实现。人是人类文明创造的主体，也是一切活动和发展围绕的核心，因此尊重并满足人的生理的、心理的及精神上的各种需求，创造充满"人性空间"公关环境是关注人性的焦点，而"人性空间"的本质是"宜人"的，所以，公路景观的建设必将向宜人化的趋势发展。公路人文景观的"宜人性"包括两个层次：一是"宜人所用"，这是对公路景观空间的功能和性质提出的要求，如公路人文景观空间场所是否能满足不同类型行人的行为活动，人文景观元素是否适用等，属于空间物质层面；二是"宜人所感"，这是对公路景观空间的精神和内涵提出的要求，强调给人以美好、积极的体验和感受，如公路环境是否赏心悦目，空间场所是否反映了路域特色，是否延续了历史文脉，从而对行人的心理和行为起到积极的促进作用。公路人文景观的规划设计应自始至终体现对人的关怀和尊重，塑造真正让人享受、为人喜爱、令人向往的交通空间。

②生态性。让自然参与规划设计，维护生态环境的可持续发展，本身就是一种文化。公路人文景观的生态性，是让行人重新感知、体验和关怀自然，使人、公路、构筑物、交通设施以及人类的出行活动同地球和谐相处，创造一种可持续的生态景观。公路人文景观的生态性规划回应了人类对土地和土地的生物的依恋关系，通过自然元素及生态过程引导人们体验自然，唤醒人们对自然的关怀，这也是一种审美生态。

③识别性。公路作为认知所经区域的交通通道，具有极强的地域认知功能，这是河川、港口、海岸等工程项目都不具备的。公路作为一个地区的对外窗口，其人文景观是区域形象最有力、精彩的概括，在规划设计中尤其要注重识别性的需求。公路经过的每个地方，都有各自不同的历史背景、不同的地形和气候、不同的习俗和观念，都有自己的个性与特色，公路人文景观的规划设计应突出所经区域的地方形象特征，充分体现地域识别性。公路人文景观的识别性，要反映出所经区域特有景观、面貌风采和文化内涵，展现出地域的气质和个性，体现出当地居民的精神素养和地域文化，以及区域的经济实力、商业的繁荣、文化和科技事业的综合水平。

④文脉性。一般公路人文环境的形成都是与所经地区历史文脉分不开的，公路沿线具有历史意义场所中的建筑形式、空间尺度、色彩、符号以及居民生活方式等，恰恰与隐藏在行人心中的、驾驭其行为并产生地域文化认同的社会价值观相吻合。公路人文景观的文脉性规划要求对所经区域的历史演变、文化传统、居民心理、市民行为特征及价值取向等作出分析，取其精华，去其糟粕，并融入现代新功能、新需要，形成新的

地域文化和地域特色，使公路人文景观形成时间上的连续性和传承性。

⑤多样性。公路人文景观空间多样性的真正意义是多种文化功能的综合，包含民俗、历史、休闲、地域、高科技等，以适应交通空间中行人的活动和审美需求的多样性。文化多样性是产生活力的源泉，因为文化功能多样化，才能吸引多样的人产生多样的交通行为和审美活动，才能使公路真正成为富有文化魅力的交通公共空间。

(4)公路人文景观规划的目的

①实现生态恢复与景观设计、地域文化展示的融合。

公路建设不可避免地对生态环境和沿途旅游景观产生破坏和影响，但是通过精心规划设计和植物选择，在恢复被破坏的生态环境的同时，营造与原有自然环境相和谐的景观。通过对公路沿途历史文化等人文景观的发掘与展现，丰富公路的景观类型，实现生态恢复与景观设计、地域文化展示的融合，提升公路的文化内涵。

②实现公路景观建设与沿线区域经济发展的融合。

旅游公路建设为沿线区域带来了人流、物流、信息流、资金流等，促进了地方经济的发展。但是旅游公路的建设施工又对沿途生态环境产生了不可逆的破坏和影响，又不利于沿线经济的长远发展。由于受公路拉动效应影响，旅游公路沿途出现了很多临路的建筑和简易摊位设施等，缺乏统一的规划和管理，沿路建筑千篇一律，没有特色，旅游公路沿途摊位占道经营，严重影响公路交通和旅游区的旅游形象。通过统一的公路景观规划设计，实现公路景观建设与沿途经济建设、人文活动的整合。

(5)公路人文景观规划的意义

①为驾驶员和旅客提供良好的视觉景观环境。

汽车驾驶员在高速和长时间的驾驶中，视觉景观空间很小，驾驶员所见到的视觉空间景观变化较小，单一枯燥的景观很容易造成视觉疲劳，诱发交通事故。而通过公路人文景观规划设计，布设安排高低错落、明暗互间、宽窄交替的景致，通过自然和人文景观的变换，色彩的更替，视野的调整，可以不断丰富驾驶员的感觉、刺激视觉神经，既能够避免疲劳又能够调节心境，始终保持良好的精神状态、饱满的工作热情，并可能把这种情绪传染给游客，从而使整个团队都能保持良好的旅游心情。同时，良好的公路景观可以为游客带来视觉景观上的享受和激发他们游览的兴趣，为他们的目的地旅游提供很好的铺垫和渲染作用。

②创造良好的旅游地形象展示空间。

公路作为通往旅游区的过渡空间，是游客进入和返回的第一印象区和最后印象区，过渡空间景观给游人的印象对游人感受整个旅游区形象具有非常大的影响。基于旅游文化的公路景观设计中可将旅游地独特优美的自然风貌和地域文化中最具代表性的特征展现出来，为当地旅游整体形象构筑良好的宣传展示途径，乘客在来去之际都能进一步完整地加深对旅游地的理解与形象记忆，这对旅游地品牌形象塑造具有重要而现实的意义。

③丰富公路的旅游文化内涵，有利于沿途人文景观的保护。

通过公路沿途旅游文化景观的规划设计，增加了公路的文化内涵，也促进了对沿线各种人文景观的保护。同时把沿途人文景观引入旅游公路景观空间，丰富了大旅游圈内各个景区之间的过渡空间。通过对地方文化与旅游景观元素的表现，体现旅游区的景观特征和文化特征，向游客传达着旅游区与众不同的自然和旅游文化信息。

④促进沿线区域经济的发展。

从旅游的角度而言，旅游和交通历来有着紧密的联系。我国众多旅游景区景点中，因为交通条件改善而成为旅游热线的为数众多，因为交通的制约而养在“深闺”的也不胜枚举。公路的建设给沿途旅游资源的开发提供了良好机遇。从社会经济的角度来讲，基于旅游文化的公路景观规划设计，更好地协调公路建设与区域旅游经济发展的关系，通过规划好公路沿途的旅游文化环境，吸引外资前来投资开发，或者可增加沿途居民的收入，带动地方特色产品的开发与销售，从而促进公路旅游经济的发展。

(6)公路人文景观规划设计原则

①安全性原则。

保证安全是基于旅游文化公路景观规划设计的基础和前提条件。如果不能保证交通安全,公路本身多么优美都是毫无意义的。具体表现在:景观小品设置不影响驾驶员视线通透,保证行车视距;中央分隔带设计严格遵守防眩功能的要求;同时应考虑到景观的色彩、尺度以及其变化频率对驾驶员注意力的影响,景观规划设计中应以安全行驶为主、观赏为辅,只有保证交通安全的公路景观才是美的景观。

②保护性原则。

尽量保护现有的旅游文化景观资源,尽量避免破坏自然环境和原有风景,保护各种动植物和名胜古迹。同时,还应在保护基础之上进行发展,使公路旅游文化景观建设满足现代化交通和人们出行对公路视觉景观的要求。

③生态、景观、文化相融合原则。

旅游文化是公路景观设计的一个重要主题,公路景观应该成为地域旅游文化展现的载体。在公路景观设计过程中应凸显地域文化的特点,展示沿线的旅游文化,尊重民风、民俗,是旅游区公路景观规划设计的特色之一。基于旅游文化的公路景观规划是以自然地理特征为载体,地域文化为内涵,时代背景为特征的景观综合体。因此,基于旅游文化的公路景观规划设计应该尊重地域生态环境的场所特征,展现和延续地方文化,实现生态、景观、文化的融和。

④景观个性原则。

每一条公路都有自己独特的景观特点和文化特征。基于旅游文化的公路景观规划都应该充分考虑地区性特点,根据公路本身独特的景观风格和个性特征进行规划设计。

⑤以人为本的原则。

遵循人性化的原则,就应该从不同的道路欣赏主体心理角度来探讨公路景观的规划设计。对驾驶员和旅游者等动态欣赏主体来讲,旅游的过程应该是一个感受异域文化和心情愉悦的过程。在公路的景观规划设计中应充分考虑驾驶员和旅游者的心里感受,通过旅游文化设计增加其旅途乐趣,缓解驾驶员和旅游者旅途疲劳。对公路沿线居民来讲,要保护他们的生活环境不受影响,增加由公路给他们带来的旅游经济收入的机会。

2)基于旅游文化的公路人文景观规划

(1)公路旅游文化资源分布及景观属性确定

①公路旅游文化资源分布。

文化在旅游中是一个永恒的主题,了解、欣赏、感受异域文化以及对文化的追根求源是重要的旅游动机。公路作为最为显著地域文化的传播载体,其社会性决定了公路景观一定具有社会文化内涵,它必须与当地社区规划、经济发展、旅游开发及人文景观相调和,展示和宣传地域文化,积极地丰富和提高公路景观的文化内涵。因此,基于旅游文化的公路景观规划应该是首先根据旅游文化景观资源特征来确定旅游资源的分布及其景观属性。

旅游文化资源属性特征主要包括以下几个方面:

a.深厚的历史文化意蕴。

旅游文化景观资源的历史文化意蕴是深厚的,是人类历史和文化的结晶,具有深刻的文化属性。不同的民族、信仰观念、社会风俗、自然景观、语言文字等都是旅游景观范畴。

b.内容的广泛性和要素的丰富性。

旅游资源是由不同的要素组成的综合体。如山岳景观是由高耸挺拔的山体与林地、云雾等组成;峡谷景观是由谷地、河水及林地组成;一些气象、天象景观更是多种因素共同作用的结果,如彩虹、夕阳、佛光等都是阳光光线与一定质量的大气作用的结果。由于这些景观形成因素都有相对不确定性,因此对其开发利用应注意不同因素作用条件的满足。

c.整体性和地域性。

旅游资源的整体性和地域性是由以下方面引起的:首先,由于地域分异因素(纬度、地貌、海陆位置等)

的影响，自然环境因素如气候、地貌、水文、动植物出现地域分异，从而导致自然旅游资源出现地域性。其次，由于人文景观与自然景观有紧密的联系性，这种联系表现为强烈的依赖性，自然景观的整体性和地域性也导致了人文景观的整体性和地域性。如不同民族具有风格各异的文化活动、风俗习惯、村镇民宅等。

地域性是旅游流产生的根本因素。不同地方有不同的自然与文化环境，而旅游者天生有求新、求异的心理需求，这使得旅游者在一定的条件下跨越空间限制前往异地游览。因此在旅游开发中，要充分挖掘景观资源特色，开发独特的旅游产品，因为在旅游市场竞争越来越激烈的今天，特色就是旅游产品拥有市场的法宝。

②公路旅游文化景观资源属性确定。

公路旅游文化景观是在公路自身和公路沿线视觉范围内，能吸引旅游者观赏、休闲、求知、探索，给旅游者带来良好的视觉效果，满足旅游者的审美精神需要，同时具有深刻环境教育意义和生态效应的自然生态景观、人文景观及其他景观所构成的功能和特征的景象系统。

按照景观资源的属性，旅游文化景观资源分类见表 9-21。

旅游文化景观资源分类 表 9-21

自然生态景观	地质地貌	山体、丹霞地貌、雅丹地貌、黄土地貌、岩溶地貌、石林、化石、沙丘、平地、高原、峡谷、山峰及特殊地质奇观等
	水文	江河、湖泊、沼泽、海滨、瀑布、泉水、冰川、溪流等
	天象气候	云海、佛光圣灯、季相、日月星辰、海市蜃楼、雾凇等
	生物	森林、草地、古树、花卉、珍稀生物、动物等
人文景观		历史遗迹、民居建筑、宗祠、古墓、寺庙、牌坊、石窟、雕塑、公园、民俗风情、名人伟人、神话传说、节庆活动等
公路本身景观		生态边坡景观、挡墙景观、桥梁隧道景观、公路自身形态

(2)基于旅游文化的公路人文景观规划设计内容

①公路沿线旅游文化景观类型规划及分布规律研究。

静态视点的观测结果是对公路沿线生态本底景观的反映，而动态视点状态下的观测结果则反映了乘车行驶状态下的视觉景观状况。静态调查的结果主要是景观生态学意义上的景观，而动态调查的结果主要是视觉景观，即景观美学意义上的景观。通过运用静态与动态观察相结合的方法调查和规划公路沿线的旅游景观类型，是景观生态学意义上的景观与视觉美学景观相结合的一种尝试。通过规划公路沿线景观类型，研究不同速度下公路景观类型的变化及其分布规律，在宏观上为公路景观规划和公路景观序列空间的构建提供依据。整合沿线各种旅游景观类型，降低公路沿线土地景观的破碎化程度，增加公路沿线生态环境的稳定性。

②旅游公路景观兴奋点设计及空间序列规划。

在园林规划设计中，景观序列是由若干自然与人文景观构成的，是由前导、发展、高潮、结尾等几部分构成的，也就是起景、前景、主景、后景、结景等景观的依次展开，一些复杂的序列还有序景、转折等部分。序列由此构成有主有次的景观结构，产生有起有落、有高亢有低回的赏景意趣，形成一个富有韵律与节奏的景观游览线路。公路景观序列可以对园林景观序列加以借鉴。对整条公路要有一个整体上的把握，即在整体上对公路进行景观序列规划，先确定全段序列的形式，如三段式或多段式，但由于线路可能太长，所以在每一小段还可以对该段的景观序列进行处理。依据公路旅游景观类型的分布规律和公路旅游景观现状评价的结果，从整体上划分公路旅游景观序列空间。通过对不同路段旅游景观序列空间组成旅游景观的评价结果，运用景观兴奋点设计方法划分每一个子序列空间的各个不同组成部分，为基于旅游文化的公路景观规划设计提供序列空间上的定位。公路上表现旅游文化景观兴奋点的设计适合于通过简洁的文化形象和空间营造欢快的具有地域特色的色彩，传达通俗易懂的信息，引起游人的好奇心理，调节游人和驾驶员的视觉感受，能达到舒缓心境、减轻压力的效果。

③旅游文化与公路人文景观相融合的规划设计。

基于旅游文化的公路与人文景观相融合的规划设计依据对沿线人文景观的分析结果，对位于视线可及范围内的人文景观依据其景观价值的高低和景观类型进行分类保护，对一些可以更新的进行有机的更新，力求达到原汁原味，对有障碍的景观进行必要的修复和更新，景观价值较高的通过视线引导，以展现旅游文化最佳的观赏效果。

(3)基于旅游文化的江西永武高速公路人文景观规划

①江西永武高速公路旅游文化景观资源分布。

江西永武高速公路作为鄱阳湖生态经济区内的一条地方加密高速公路，有60多公里贯穿云居山—柘林湖风景名胜区，项目沿线景观资源和民俗文化资源比较丰富，在设计上要求高度重视其旅游文化的开发和更新。

云居山—柘林湖风景名胜区位于江西省北部九江市西南面，跨永修、武宁两县，其地理坐标为东经115°04′～115°40′，北纬29°03′～29°18′。风景名胜区地处京九大动脉，距南昌市80km，距九江市90km。紧临长江经济带，属环鄱阳湖城市群带中心范围，经济上受到京九、沿长江两大经济带的辐射，与庐山、鄱阳湖构成赣北旅游体系中的金三角格局，其地理区位与旅游区位优势十分突出。

根据对风景名胜区内实地风景资源普查统计，云居山—柘林湖风景名胜区的风景资源可分为自然景源和人文景源两大类，自然景源以山岳景观和湖泊风光为主体，人文景观以佛教文化遗存和新建设的景点为主体。据此，两大类又再分为8中类和27小类，共有景点66处，景物景观150多处。

a. 自然生态景观资源。

云居山—柘林湖风景名胜区自然景源组成见表9-22。

云居山—柘林湖风景名胜区自然景源组成表 表9-22

天景	云雾景观：云居山云海特景 日月星光：柘林湖岛屿湖光十色，晚霞风光 气候景观：云居山冬日美景	水景	湖泊景观：柘林湖万顷湖光 湖湾景观：潘龙港、田家垅、王埠港、红岩潭、南山垅、枫树湾、百湾迷宫、七里垅、丁公垅等 溪泉景观：云门寺“聪明泉”等 瀑布景观：云山大瀑布
地景	峰峦景观：云居山峰峦林立，群峰染黛 石构景观：云居山奇岩怪石 岛屿景观：柘林湖碧波万顷，岛屿密布 峡谷景观：区内地貌多成陡崖，线状山间谷地 洞府景观：峰奇洞幽，星罗棋布 地质珍迹：原始类水母化石群	生景	森林景观：云居山 古树名木：真如寺古银杏 珍稀生物：柘林湖桃花水母繁衍地

b. 人文景观资源。

云居山—柘林湖风景名胜区人文景观资源由建筑、园景、胜迹、地方风物4类组成(见表9-23)。

云居山—柘林湖风景名胜区人文景源组成表 表9-23

建筑	宗教建筑：真如寺、瑶田寺、圆通寺、云门寺、观音寺、祇树堂、南阳寺等 工程构筑物：柘林湖大坝 风景建筑：文峰塔、观音像、观湖塔等
园景	陵园墓园：真如寺塔林、魏源墓等 专类游园：民俗文化村、海昏秀域、飞龙山、蛇岛、水浒城、将军岛、奇峰乐园、锁岛、金猴岛、水上乐园、桃花岛、百鸟岛、鳄鱼岛、千佛山庄、生存岛、观音岛、茶岛、观湖岛等 现代公园：协和公园
胜迹	摩崖石刻
地方风物	地方物产：云山攒林茶等茶类、鱼类产品 民间文艺：蛇舞、锄山鼓、武宁采茶戏 神话传说：猴子岩与鲫鱼山的传说、七百里修江传说等 地方人物：建筑大师雷发达、历史人物李烈钧

②基于旅游文化的江西永武高速公路文化景观规划。

江西永武高速公路的公路景观整合后共分为农田景观、园林景观、森林景观、草地景观、水体景观、城镇景观、裸地景观7种。通过对江西永武路的沿线旅游文化的调查和资料收集分析，江西永武路的公路人文景观主要由乡村景观、城镇景观、风景区的水文景观组成。乡村城镇景观有永修县燕坊镇、八角岭垦殖场、虬津镇、白槎镇、梅棠镇、三溪桥镇,武宁县的官莲乡、巾口乡、宋溪镇、甫田乡、澧溪镇。江西永武路的人文景观非常丰富,同时云居山—柘林湖风景名胜区离公路非常近,对公路的影响很大。因此,永武路公路人文景观规划在整体上应充分提取当地人文信息——民间风水(九江水牛镇水、景观置石)、旅游特色(云居山景区、柘林湖水库)、佛教文化(真如、"恒"给人回归与感悟),反映到公路人文景观规划中,同时要把握路景相融原则,进行绿化,配合人文景观进行优化。

a. 对于沿线乡村城镇景观规划如下:

不同的地域要体现不同的文化特色,建议整改不具有地方文化特色的城镇沿路建筑,突出展现具有地方特色的城镇沿路建筑景观。

b. 对于云居山—柘林湖风景名胜区沿线公路水体景观,要充分利用公路人流量大的优势条件积极搞好宣传工作,提高风景名胜区旅游业的知名度。具体规划如下:

Ⅰ. 沿柘林湖畔设置观景休息区,观景亭、休息设施等,并在场地内设置景观石刻字的形式,介绍柘林湖的历史和渊源,介绍桃花水母、千岛湖来历等,使行车休憩中有风景可观、有信息可读、有乐趣可寻。

Ⅱ. 把握滨水资源特色,进行水域文化塑造。景观石与水的文化结合,展示古代诸子论水的主要言论,尚水文化,既能展示旅游形象,又能起到景观兴奋点的作用,丰富公路景观的文化内涵。

c. 公路人文景观兴奋点规划设计如下:

在江西永武高速公路人文景观规划过程中,将人文景观价值较高的路段和景点都看作永武高速公路上的兴奋点。通过对沿路公路互通节点空间的重新规划和特色强调、收费站和桥头景观节点的色彩强化、服务区的文化缩影建设等措施,使此具有较高人文景观价值的地方成为旅游公路上激发游人观赏兴趣的景观兴奋点,基于旅游文化的公路人文景观规划如图 9-25 所示。

9.4.3 基于廊道文化的公路景观规划

1)公路景观的绿廊文化和蓝廊文化

绿廊来源于景观生态学的概念,"绿廊文化"是现代公路人文景观规划中需要挖掘的生态文化。景观生态学以整个景观为研究对象,强调空间异质性的维持与发展,生态系统之间的相互作用,把"基质—斑块—廊道"作为分析景观的一种模式。廊道是线性的不同于两侧基质的狭长景观单元,具有通道和阻隔的双重作用。所有的景观都会被廊道分割同时又被廊道连接在一起,其结构特征对一个景观的生态过程有强烈的影响。

公路在建设中不可避免地对自然景观和自然过程造成人为干扰和破坏,自然生态过程和环境的可持续性经受不同程度的威胁,而且最终将威胁到人类及其文化的可持续性。因此,将景观生态学应用于公路人文景观规划中,就要强调维持和恢复景观生态过程及格局的连续性和完整性,具体地讲,就是在公路景观中要维护路域自然残遗斑块之间的联系,如残遗山林斑块、湿地等自然斑块之间的空间联系,与作为公路景观背景的自然山地或水系之间的联系。这些空间联系的主要结构是廊道,如绿地廊道、林地廊道及水系廊道等,人在其中与之打交道的过程中就创造了"绿廊文化"和"蓝廊文化"。

2)基于廊道文化的公路景观规划

永修至武宁(庐山西海)高速公路东起福银高速公路昌九段,西连大广高速公路武吉段,有 60 多公里穿越庐山国家西海风景名胜区北岸,与庐山西海南岸的焦武二级公路组成庐山西海风景区环湖线,是沟通福银高速公路、庐山西海景区、大广高速公路的一条鄱阳湖生态经济区高速公路。鄱阳湖是我国最大的淡水湖泊,是我国重要的生态功能保护区,也是世界自然基金会划定的全球重要生态区,区域内以湖体保护、滨湖控制、生态廊道建设为重点。因此,对永武高速公路进行基于廊道文化的景观规划对于后期的路域人文景观设计和生态环境修复具有重要意义。另外,庐山西海地处江西,素来为江南的"鱼米之乡",属于长江流域民俗文化圈,具有长江文化流域的大部分特点,公路沿线多为丘陵地貌,田园和林地景观依势而行,在永武高速公路景观规划中,突出绿色廊道的连通性和辐射性,将区域生态系统的服务功能导入公路路域肌理,构建庐山西海高速公路路域生态保护体系(见图 9-26)。

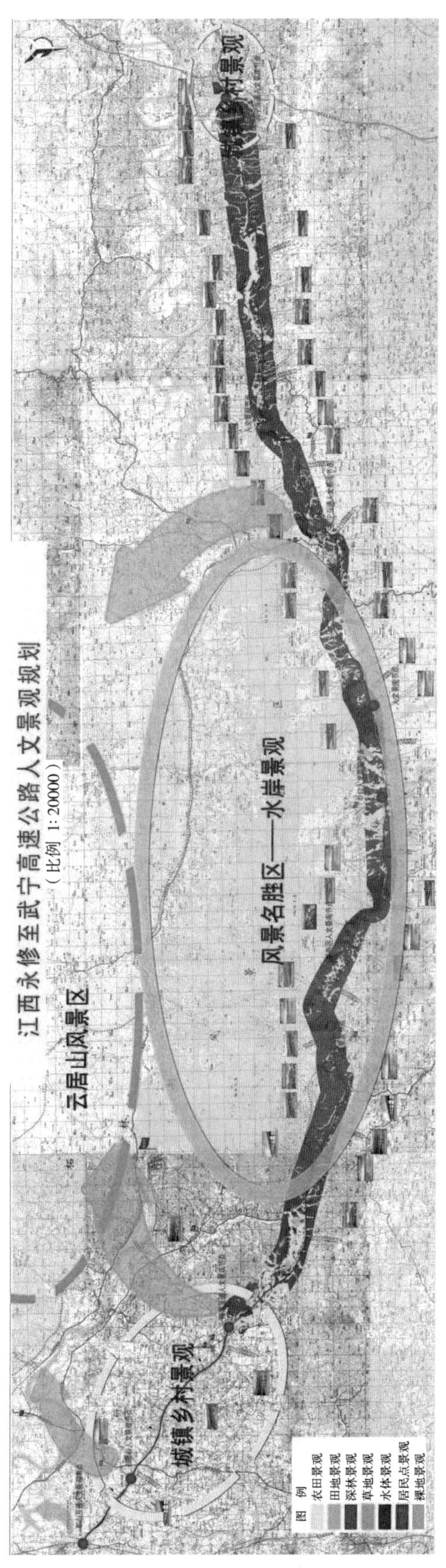

图 9-25　基于旅游文化的公路人文景观规划

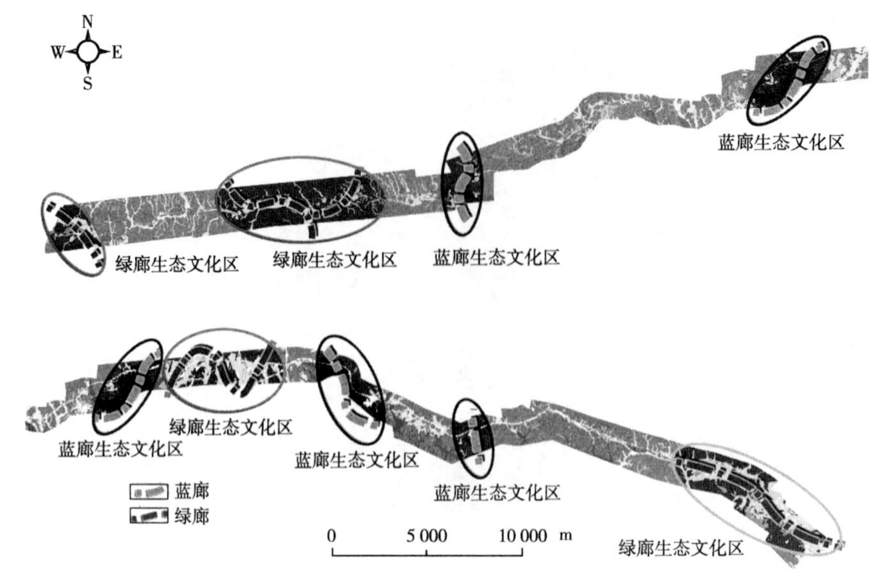

图 9-26　基于廊道文化的永武高速公路人文景观规划

9.4.4　感知层面的公路视觉景观规划

1)景观视觉印象的形成条件

(1)视点

视点是审美主体观赏视对象时的场所,它是视觉行为上客观存在的点,高速公路行车轨迹上的任意一个点都可称为视点,它不以人的意志为转移。高速公路作为区域认知的重要视点场,应尽量让审美主体在视点处容易有所见,从而在头脑中形成良好的视觉印象,以此为价值基准,在景观规划中便引出了眺望点的概念。对于相同的视对象,由于视点位置的差异会导致所见的景观有极大差别,这说明视点在景观规划中占据非常重要的地位。视点变化景观也随之变化,因为景观即视点处的所见。这对于景观的差异极为重要,可以依此区分好的视点和不好的视点。

(2)眺望点

眺望点是根据公路自身线形特点和不同视点处的眺望特性而规划出来的鼓励审美主体实现眺望的视点,它以客观存在的视点为基础。眺望点是公路上可以观赏重要景观的视点场,或者是可以眺望包含在规划区域及其周边范围内的优良观赏特性之景观的恰当地点。公路景观规划中需要根据眺望点的空间特性决定景观规划的手段,从而引导审美主体实现眺望,通过眺望点的规划来调节审美主体的景观体验节奏。因为眺望点在整个景观规划中占据重要地位,所以驾驶员可视度的分析显得非常重要,只有了解驾驶员在视点处真实的所见,才可以客观地进行眺望点的规划。在立地调查中,对高速公路因不同线形特征而形成的不同视觉空间里要素构成的丰富程度进行分析,并分析各个节点眺望范围的可视区域,选定代表性的视觉特征点作为眺望点。

(3)视域

视域是审美主体在某一视点处其视轴线发生障碍前的视觉范围,公路的视域可理解为审美主体在公路这个流动视点上的所见范围。对于公路的景观体验而言,对审美主体视域构成障碍的主要是两个要素,即视屏障与视轴线障碍。视屏障存在于公路空间内,可以通过景观整备手段予以清除;而视轴线障碍存在于公路空间以外,如路外广告牌、大厦或者其他高耸的对象,这些都会遮蔽审美主体的视野,使得观赏变得困难,由于这些障碍不在公路用地范围之内,所以只能在路线规划中予以规避。

(4)景观印象的形成

景观即所见,人们对于外界的认知相当多地来自于景观活动。人们通过景观活动来获得外界的大致信息,并在脑中做出一些景观品质好与不好的判断和评价。所谓好的景观,是视方向上没有阻碍、尺度适中且在适宜的视角之内可以让审美主体有所见的景观。视域内存在视屏障或构成视轴线障碍的场所审美主体会因为通视不良而无法有所见,自然形成不了好的景观印象。所以,景观印象的形成需要经历一个过程,除人眼获得良好的观赏外,人脑的感知对景观而言也极为重要,人眼看到的东西应该作为信息可以通过大脑迅速地得到解读,如果短时间内理解不了则不会在脑中留下印象。

2)景观印象流的形成方法

高速公路的景观规划不同于静态园林景观,其审美方式具有动态特质。车辆行驶得越快,景观对象越倾向于公路和周边环境的整体形态、平衡感和连续性,而忽视细微处景观对象。审美主体以高速运动的方式接受景观的刺激,使得景观审美具有动态的“印象流”的特点。由于高速公路作为景观审美的流动视点场而存在,行车过程中审美主体希望更多地对路外地域的自然风光有所感知,并希望在感知过程中有上下起伏的心理反应而形成节奏感。这种由起伏不定的连续印象构成的景观“印象流”应同审美主体的心理愉悦变化相一致。

高速公路的景观规划宜依据立地环境特点,突出沿线景观资源调查与利用,充分运用有限的景观规划手段,以重要眺望点和节点间段落的选择与划分作为重点,借助视觉空间围合程度的规划突出眺望点的景观作用,同时加强段落间的景观特色规划,形成符合驾乘人员心理愉悦变化的景观“印象流”,从而控制全线整体的景观体验节奏和韵律。

9.4.5 基于可视度的公路景观规划

公路景观规划的对象是公路所在区域包括公路本身在内的所有景物,行人视域之内的景物,是公路景观规划的主要内容。因此公路景观的规划设计应以行人的视域范围为控制界限,以行人视域内所关注的景观区域为规划重点。

本研究采用 EV-Globe 的三维通视分析方法,在永武高速公路上选取重要节点作为视点,进行视域分析,确定出该视点的可见区域和不可见区域;通过视域分析确定出永武公路所在景观区域的可视规划区的边界(见图 9-27)。

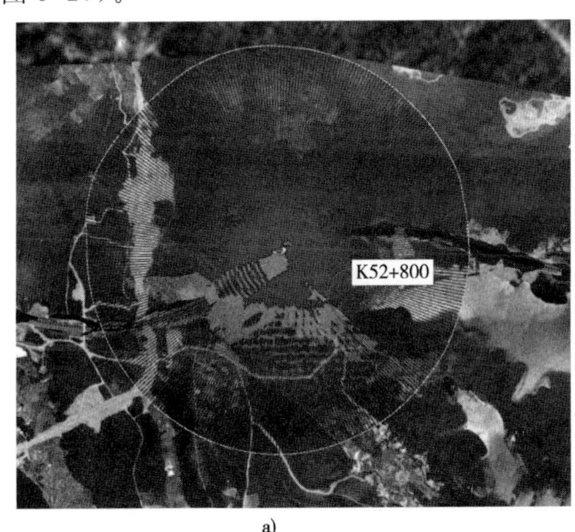

a)

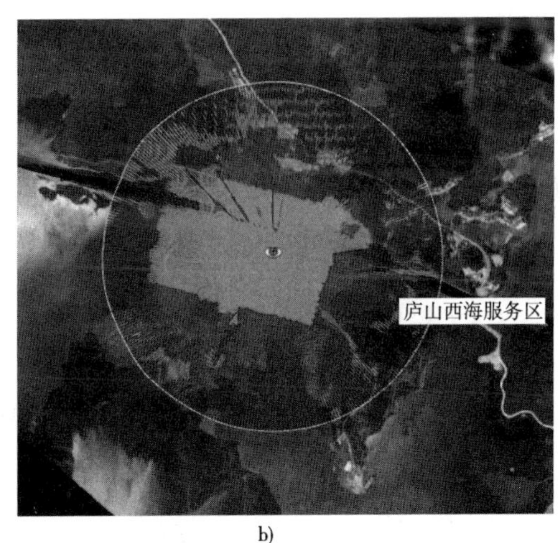

b)

图 9-27 基于主视点的公路景观可视区域规划

9.4.6 基于单元区的公路景观规划

公路作为一个跨越几十甚至上百公里的大型构造物,常常经过不同的复杂地形,景观影响因素繁多,一次性的对整个公路区域进行整体景观规划往往比较困难。因此,可根据公路所在区域的地形地貌、尺度特征以及行人的视觉特征等,将公路所在区域分为相互的协调与联系的若干景观单元区,将公路景观的形式设计与公路的功能特性和行人的视觉要求统一起来,从而使公路景观规划设计更为合理、有效,更有针对性。

根据公路跨越地理区域的不同,按照公路所经过的景观资源的类型和整体风貌特征,可将公路所经区域分为景观特征单元区、景观缓冲单元区和景观特征点。

(1)景观特征单元区

景观特征单元区是指公路所经过的具有同类景观资源的地理区域,也是公路景观设计中体现景观风貌的最基本单元。依据景观的自然程度,公路景观特征单元区可划分为不同类别,依据公路自身特点,可将公路景观特征区划分为自然景观区、农业景观区、管理景观区和城郊景观区。

(2)景观过渡单元区

景观过渡单元区是指公路所在地理区域内,景观特征不够鲜明或变化不够明显的区域。公路旅行通常是一个漫长的过程,景观过渡单元区作为一种过渡,在整个公路景观中起到调节和缓冲的作用。就行人的视觉感受而言,景观过渡单元区缺少景观特征单元区所具有的典型性和鲜明性,是个过渡的区域。因此在具体设计中,该单元区内不应突出任何景观特征,尽量使得公路融入周围景观,讲究协调性和统一性。

(3)景观特征点

景观特征点主要是指以点状分布的焦点景观。由于地形地物的差异,在某些位置所形成的一些独特的地质、地物景观,如山川、河流、湖泊,或别具民族特色的村寨、宗教建筑,或其他醒目的人工结构物等,某所构成的独特景观的均可作为公路景观的特征点,桥梁、隧道的入口以及休息服务区等是设置公路景观特征点的极佳位置。公路景观特征点所起的作用类似于地标,是整个公路景观的精华部分,是行人行程中的兴奋点。景观特征点沿公路沿线的分布并无规律,既可能出现在景观特征区中,也可能出现在景观过渡区中,但在实际规划中,尽量把特征点划分到特征单元区中,以进一步突出特征区的鲜明性。

(4)公路景观的单元规划

永武高速公路作为鄱阳湖生态经济区内的一条地方加密高速公路,有60多公里贯穿云居山—柘林湖风景名胜区,沿线景观资源丰富,根据自然地脉景观状,将全路段分为田园稻香区、水库旅游区、生态山林区3种特征单元区,并选取视点较佳的桥梁和西海服务区作为特征点,在景观规划中,特征单元区力求景观风貌鲜明,过渡单元区在特征单元区之间,通过适当的景观设计手法,起到缓冲景观变化、达到特征景观自然过渡的作用(见图9-28)。

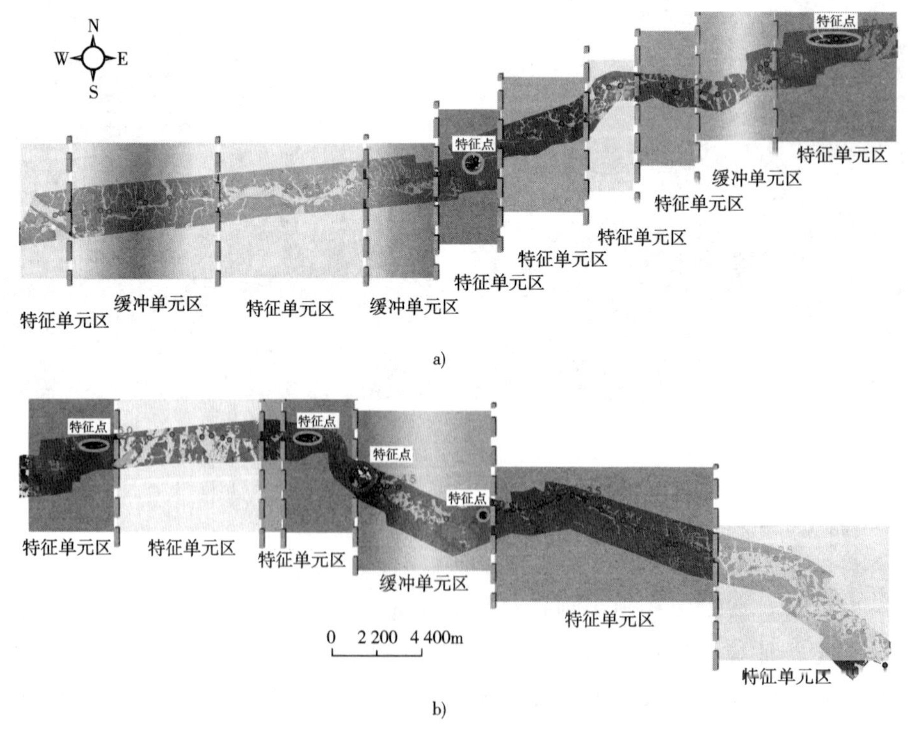

图9-28 永武高速公路的单元区规划

9.4.7 基于色彩感知的公路景观规划

1)景观色彩认知与要素分析

在自然界和社会中,色彩的存在和变换使人类的生活更加丰富多彩,色彩向人们显示出强大的威力,冲击着人们的心理。换句话说,色彩正无意识地影响我们的情绪和行动。色彩也渗透到交通各个角落,对于驾驶员来说,决定他们操作的信息至少有80%来自视觉,而色彩又是视觉最易感知的信息内容,由此可见,色彩直接影响着行车安全。据有关部门统计,在交通事故中,因道路景观不良而造成的事故占有很大的比例。由此可见,色彩是道路景观中不可忽略的内容。

在道路景观设计中,色彩的使用必须与道路使用的安全性、顺畅性紧密联系。道路交通环境是一个动态的环境系统,如何从协调色彩与自然光、速度与人的视觉的相互关系方面来考虑色彩的选取与组合,是道路景观设计中所必须考虑的因素。道路景观色彩系统是否合理,不仅关系到道路交通的作业环境,也直接关系到整个道路交通安全。

(1)颜色视觉

①颜色视觉的心理效应。

颜色在由视觉传至大脑的过程中,产生色彩物理、色彩生理和色彩心理的效应,使人获得色感觉。不同的颜色进入人们的眼帘,不但能使人们产生大小、轻重、冷暖、远近、明暗等的感觉,还能引起人们产生兴奋、紧张、安全、烦躁、忧郁等心理效果。颜色能影响人们的情绪、工作效率以及生活和其他方面,同样也能影响驾驶员安全驾驶车辆。与交通心理密切相关的色彩心理效应如表9-24所示。

与交通心理密切相关的色彩心理效应 表9-24

色彩感觉	特　　点
色彩大小感	色的明度高者,视之似大;明度低者,视之似小
色彩的进退感	红、橙、黄暖色系的色是前进色,有凸出感,蓝、绿冷色系的色是后退色,有凹进感。另外,明度高者,视之似进;明度低者,视之似退
色彩的轻重感	明度高者感轻;明度低者感重
色彩的冷暖感	红色系使人感暖,蓝色系使人感冷。无彩色中,白色使人感冷,黑色使人感暖
色彩的兴奋沉静感	暖色系为刺激色,给人以兴奋感;冷色系为沉静色,给人以沉静感

②色觉视野。

各种颜色对人的刺激有所不同,所以视野也就不一样。色觉的视野见表9-25。白色视野最大,其次为黄、蓝、红、绿。另外,色觉视野和被看对象的颜色及其背衬色的情况有关。在设计汽车内、外颜色及道路标志标线色彩时,要充分考虑驾驶员色觉视野的影响,以利于交通安全。

色觉视野表(°) 表9-25

方　　向	颜　　色				
	白	黄	蓝	红	绿
水平方向	180	120	100	60	60
垂直方向	130	95	80	45	40

③颜色的视认性。

不同颜色的光视认性不同,能从最远处辨认的顺序为红、绿、黄、白。无论在何种天气环境下,红色、绿色光的视认性都好,而红色又好于绿色,因此,交通信号中红色作为危险、禁行信号,绿色作为通行信号的科学依据。对物体表面色的视认性,与物体表面颜色的匹配有关。

高速公路的景观要素包括:a.道路路面;b.道路交通标志;c.道路的构造物,包括路缘石、防撞护栏、灯具、路肩、护坡、跨线桥、隧道等;d.绿化带,包括路内绿化和路外绿化。

(2)高速公路色彩景观的影响因素

①自然环境。

自然环境要素在高速公路色彩景观规划中发挥着重要的作用，只有我们自觉地把区域所处的地理自然环境当作城市色彩规划的依据，才能真正做到顺其自然，道法自然。

②历史文化背景。

景观区段的历史文化背景对色彩的选取也有很大影响。每个地区由于自身发展的道路不同，发展起点和基础也千差万别，这在相对程度上对高速公路景观色彩的建设起着决定性的作用。高速公路的色彩景观要与景观区段的人文环境和历史传统等相协调。

2)公路景观的现状色彩构成

从色彩的物质载体性质的角度来说，高速公路景观的色彩可分为自然色、半自然色和人工色3类。

(1)自然色

自然色是指自然物质所表现出来的颜色，在景观中表现为天空、石材、水体、山体、植物的色彩。

(2)半自然色

半自然色是指人工加工过但不改变自然物质性质的色彩，在景观中表现为人工加工过的各种石材、木材和金属的色彩，比如隧道洞门景观、挡墙景观。

(3)人工色

人工色是指通过各种人工技术手段生产出来的颜色，在景观中表现为各种涂料的色彩，比如桥梁涂装景观色彩。人工色往往是单一的，缺乏自然色和半自然色那种丰富的全色相组成，但相较于自然色和半自然色，人工色可以调配出各种的色相、亮度和彩度，为景观色彩的营造提供了无限多种可能性。

在高速公路的色彩设计中，虽然整条路的环境色千差万别，但是植物绿色是道路景观中的主要色彩元素。大部分景观中都是以绿色为基调色，其道路色彩是一种系统存在。完整的高速公路色彩规划设计，应对道路周边所有民族色彩、文化色彩、地域色彩等色彩构成因素统一进行分析规划，确定该条道路的景观标识色。

3)公路景观的现状色谱提取与分析

(1)公路控制色彩的具体选取方法

国际上目前均采用法国巴黎“三度空间色彩设计事务所”的色彩大师朗科罗和日本CPC机构共同确立的调查方法，并结合各国的具体情况展开。

朗科罗色彩调查法主要分两个阶段：第一阶段是色彩景观分析阶段，第二阶段是色彩视觉效果概括总结阶段。

色彩景观分析阶段主要是进行色彩数据的调查，即从色彩的角度出发，将一切影响色彩景观质量的要素列入考察范围之内，了解项目的相关背景，通过一系列手段(如材料提取、色彩复制、材料亮度等级清单、现场上色草图、拍摄照片等)进行现场考察，以掌握建筑及其周围环境的数据，其中，草图上色和拍摄照片大部分使用色彩摄影来方便地记录色彩信息，但是相片色彩由于容易受到光的影响而造成失真情况，不能列出准确数据，所以只能作为色彩分析的参考。

色彩视觉效果概括总结阶段则是对这些色彩数据进行统计、分析、总结，复制出忠于原色彩材料的色彩模型，对于过于复杂的色彩组成要进行恰当的简化，最好通过图表色谱的方式表现出调查对象区域的主色调、点缀色，周围环境的色彩，以及各色彩之间的数量关系和视觉效果，统计这些色彩在色相、明度、彩度上的大致范围以及色彩搭配。

以上就是朗科罗色彩调查法。高速公路景观区段的控制色彩可以通过此种方法确定。

(2)环境色彩分析

永武高速公路全线有近60km北绕国家风景名胜区——柘林湖，沿线生态植被茂密、风景优美。映入眼帘的首先是庐山西海那一池碧波荡漾的湖水，公路有如一条丝带轻舞在赣西北的青山碧水间。这条路“温婉内敛”，如春风化雨，隐于山水之中。

①自然色彩。

永武高速公路依山傍水，绿意盎然，百里翡翠，青山翠微，西海秋泓，绿影婆娑。翡翠般的绿色是永武生命的象征，是生态文明的标志。

西海，清水一片，一泓秋水。具鄱阳湖之烟波浩渺，兼“千岛湖”之清新典雅，泓映云林寺，柳絮淡淡风，“一泓收尽万山秋”。源深流漫，百川汇融，湖光、山色、绿岛、瀑布、人文交相辉映，万千状态，风韵独具。

永武高速公路得天独厚，抵江环湖，雨水充沛，青山秀水，一尘不染，深得山川之神气。山峦苍秀，层层叠叠的长山复岭，茂林远树，葱郁苍苍，江南之美的元素，似乎都洒落在百里永武。

②人文色彩。

云居山真如寺四面围峰，乱峰环立，层峦叠翠，如莲花耸瓣，中有明湖似镜，波光潋滟，湖光倒映参天古木中的真如禅寺，红波绿影，恍若仙境，称之为“莲花城”。云居山真如寺开山1100多年，高僧辈出，誉满禅林。宋真宗亲书“真如禅寺”匾额至今还高挂大殿。1953年，年已113岁高寿，时任中国佛教协会名誉会长“当代禅宗泰斗”的虚云和尚重修真如寺。后任中国佛教协会会长的一诚大师又把真如寺办成了全国三个“样板丛林”之一。历代多位高僧在云居山真如寺为佛教弘道阐法，云居山不愧“大士所庐”的“冠世圣境”。

③设施色彩。

在景区部分急弯地段的外侧，一排排黄色的“旋转桶”造型新颖，既美观又醒目。每隔6km左右，“风光互补供电监控系统”红蓝相间的球形“风车”随风转动，两片太阳能电池板在阳光的照耀下闪闪发亮，甚是惹眼。成为永武高速和庐山西海景区一道亮丽的风景线。

在万顷碧波间，南山一桥、南山二桥、南山三桥、巾口大桥四桥相连，依山傍水，绕湖而行，形成一个漂亮的“S”形。桥、路、山、水、岛交相辉映，如诗如画。

根据现场调研结果，当地自然环境也以蓝、绿、黄色调为主(见图9-29、图9-30)。

(3)标识色彩提取

绿色是由蓝色和黄色对半混合而成，因此绿色也被看作一种和谐的颜色。它象征着平衡、和平和生命力。对孕妇而言，绿色可以制造一种平静安宁的氛围。绿色是最容易被看见的颜色，因为绿色经过水晶体几乎刚好落在视网膜上。作为一种中立颜色，绿色与复苏、生长、变化、天真、富足、平静等有关。

在色谱中，蓝色是冷色调，但是，它又是青色与品色相融合的颜色，冷静中多了几分感性的情感。蓝色非常纯净，通常让人联想到海洋、天空、水、宇宙。纯净的蓝色表现出一种美丽、冷静、理智、安详与广阔、沉稳。

4)公路景观色彩规划的原则

(1)自然优先

以生态学理论为依据，尊重自然，正视自然，保护自然，恢复自然。自然景观资源包括原始自然保留地、历史文化遗迹、森林、湖泊以及大的植被斑块等，它们对保持区域基本的生态过程和生命维持系统及保存生物多样性具有重要意义，一旦遭到破坏，将难以恢复。因此，进行高速公路色彩设计时，必须考虑自然景观资源。

(2)安全性与舒适性

安全与舒适是高速公路景观设计的主要目的，也是确定景观序列的基础。研究表明，驾驶员在行车过程中的感受与道路景观之间存在着密切关系。道路应该为驾驶员提供既有趣又舒适的行车环境，而要做到这一点，主要依靠道路设计。但是，通过景观设计提高舒适性的前提是保证交通安全。如果不能保证交通安全，道路本身景观序列多么优美都是毫无意义的，所以保证安全是高速公路景观序列设计的基础和前提。

(3)地域性

高速公路短则几十公里，长则几千公里，穿越的地区较多，不同地区的自然景观有不同的结构、格局和生态过程，因此在景观序列设计时，要统筹规划，分段设计，因地制宜，使序列的景观整体协调，并要注重各地特色，尤其穿越少数民族地区时，要突出少数民族文化特色。

(4)协调性

高速公路是一个有机整体，在景观序列设计时既要注意内部各组成部分之间的协调，使其有机地融合在一起，又要注意与地形、环境的外部相协调。在进行线形、沿线构造物的造型设计时，要避免割断生态环境空间或视觉景观空间的错误做法，沿途景点、附属设施以及绿化植物要有统一性和连续性，避免相互独立，缺乏整体协调性。同时，还要与当地风土人情、历史文化相协调，展现当地的文化内涵与韵味。

图 9-29　永武高速公路的景观色彩

图 9-30 永武高速公路的互通区景观

(5)统一和变化

高速公路的景观设计强调各景观设计单元统一,但不是千篇一律,没有区别,而是要在统一的主题下表现出各自的特色和韵味,否则沿途景观就可能会因单调而使驾驶员注意力不集中,反应迟钝,适当的变化(如建筑物的风格、造型、色彩以及线形的弯曲、起伏等)会使驾驶员在行车途中感受到沿途景观富有节律感、多变性,产生愉悦的心理,达到消除疲劳、提高行车安全的目的。所以,高速公路的景观设计一定要在统一的主题下,在统一中变化,在变化中统一。

5)高速公路路面的色彩规划设计

道路路面是驾驶员及行人视觉主承载面,路面上设有各种标志标线,作为底面,路面色彩选用除需考虑与周围环境色的协调外,还需考虑透明性及视认性。目前道路路面色彩选择有灰、蓝灰、蓝、黑 4 种。以上颜色在选取时,还需考虑道路所经区域大的环境色:当道路途径水系发达、植被繁茂的环境以冷色调为主的区域时,为避免错觉,路面色彩须选择黑色及明度低的灰色调;当路过沙漠、荒地等环境以黄、褐色系为主的暖色调区域时,路面色彩可选择蓝灰及蓝色,它们可与环境色互补,减轻视觉疲劳;明度为 4～6 的灰色系,可应用在环境丰富的区域内,以便协调道路及环境。

彩色路面也渐渐走进人们的视野。国外曾在路面上增加一定的色彩,每隔一定距离,色彩就有所变化,将有助于驾驶员精神处于兴奋状态。为给驾驶员必要的警告,在交叉路口、居民密集和停车点附近涂以红色,使驾驶员小心谨慎;在陡坡、转弯和限速区涂上黄色,则驾驶员就会加以注意;在学校、医院等处涂以蓝色,表示安静,则驾驶员就会放轻机器声并不鸣号。我国也曾做过类似的试验,为了降低因车速过快而造成的事故,曾在长距离的路段上涂上几十条间隔白色线条,驾驶员通过这些间隔白色线条(看起来犹如水中的波纹一般)感觉车速过快,从而使驾驶员自觉地降低车速。

6)高速公路交通标志的色彩规划设计

交通标志是向行人或驾驶员传递特定信息的交通语言。目前,我国的道路交通标志按用途和作用可分为警告、禁令、指令、指路及各种辅助标志 5 大类。这些标志通常设置在道路的右侧或上方,是用形状、颜色、符号和文字向人们传递有关交通信息的,其中色彩是设计者要着重考虑的。

交通心理学研究表明,交通标志背景的颜色很大程度上决定了驾驶员能否有效地视认交通标志以及准确地判断交通标志的意义。色彩对比强烈,视认时间才短,效果才好。实践证明,对交通标志易读性的顺序是黄底黑字、白底绿字、白底红字。黄底红字虽不易读,但最能引起驾驶员及有关人员的注意,这是因为驾驶员对红色、黄色有一种警觉自适性反应。红色视认性最好,这也是红色用作禁行标志的依据。因此,我国对道路交通标志的色彩设计明确规定:警告标志的颜色为黄底、黑边、黑图案;禁令标志为白底、红圈、红杆、黑图案;指示标志为蓝底、白图案;指路标志高速公路为绿底、白图案,一般公路为蓝底、白图案。

目前,国内、国际的交通标志色彩包括标志及标线的色彩,用的是纯度及明度较高的原色。这在标志的实践应用中取得良好的效果,但对于标线而言仍存在问题。驾驶员在行驶过程中视线是沿纵深方向的,因此,纵向的标线不会受透视规律制约产生视差,是相对清楚的,但对于横向标线就会因透视产生的视差造成错视,引起事故。在横向标志中引入色彩元素,由线描加文字的区域改作色块区加线描、文字的区域,将会是解决这一问题的良好方法。

7)高速公路构造物的色彩规划设计

(1)跨线桥的色彩设计

高速公路跨线桥的外观色彩是驾乘人员在视觉和心理上受到影响的重要因素,良好的色彩配置将给跨线桥带来“点石成金”的效果。由于跨线桥所应用的材质以混凝土为主,其外观颜色即为混凝土本身的浅灰色,若不对跨线桥的外观进行色彩装饰,单调的浅灰色将给人以压抑的感受,由此而降低桥梁本身结构造型美。

在高速公路跨线桥外观色彩的设计中,全部跨线桥宜在结构完成之后进行统一的规划与设计,并宜由专业的装饰单位进行施工。其外观色彩的设计应遵循以下要点:

①外观色彩宜采用柔和色,而非刺眼的俗艳色。除中承式拱桥吊杆部分使用不锈钢套杆为银白色之外,其他任何部分不宜用刺眼的白色,宜采用微泛青色的珍珠白等其他白色彩种。涂色之前应先刮除疏散的水泥表面,以防色彩剥落。

②在配合周围环境进行色彩设计时,一般暗色调比混凝土固有的浅灰色好,因此基色应采用近自然色,比如植被丰富处采用浅灰绿色,黄土裸露处采用赭色、红棕色等,使用矿质颜料可获得天然暖色调与周围环境相结合,如赭色、浅棕红色、暗蓝灰色等。

③彩色涂层必须是吸湿的,以不阻碍混凝土中湿度的变化。

④梁桥中,边梁渐变段的色彩宜比周围略暗,以呈现自然光给人的视觉感。

(2)互通立交的色彩设计

互通立交是高速公路环境中较大的构造物,立交景观的植物色彩构建最基本且最重要的是内外部和谐。当立交处于植被茂密的山岭之中,采用青色乔灌组合自然式栽植手法,顺应地势。注重立体层面的丰富和林冠线的运用,使围合区内景观与外部环境相和谐。利用植物色彩、形态相近感,隐去立交建筑结构。当立交处于平原田地之中。采用橙色和青色草灌乔组合栽植,生机勃勃,突出乡土气息,与立交外田园风格相一致。当立交围合区内有河流穿越时,采用橙色、黄色和青色草灌乔组合栽植,在阳光的照耀下,橙色、黄色植物给人温暖、积极的感觉,运动感较强,和立交区内水景相呼应。

(3)其他附属设施的色彩设计

其他附属设施的色彩(如服务区、观景台、标志标牌、地面铺装、座椅、栏杆、垃圾桶及灯具等元素,包括建筑小品等),其设计要统一为标识色系。人工色彩可选择纯度较高的标识色作为点缀出现。

8)高速公路绿化带的色彩规划设计

道路的绿化分路内绿化与路外绿化。因植物的色彩是随着气候、季节的变化而变化的,所以它成为道路沿线色彩变化的关键因素,也是体现时间变化的很好的元素。绿化植物的选取除应有很好的地方性外,同时要与周围环境的植物配合。

(1)道路绿化配色基本原则

①季节性的配合。道路绿化植物选取时其季节性应与周围环境植物错开。

②绿化植物的主色彩的色相、纯度、饱和度应略与周围环境植物区分。

③绿化植物色彩选取时,可选取道路路缘石、护栏色等色彩的小对比。

(2)道路不同功能绿化配色原则

①诱导栽植。诱导栽植的目的是引导驾驶员的行车视线,它具有导向性、障碍性、掩饰性。这种功用的植栽的植物配色时,首要考虑的因素应是色彩的诱目性和视认性。高纯度、高明度色彩的诱目性相对较高,但要提高视认性还须加大植物色彩相互间以及植物与周围环境色彩明度的对比。例如:橙色植物一般以绿色阔叶植物或天蓝色叶、灰绿色叶、青铜色叶、紫绿色叶作陪衬;明黄色植物可用深蓝紫色花、鲜红色花及浓绿色叶和淡灰蓝色叶作补色,使色彩协调,同时给人以清新自然的感觉,或用红色、橙色和青铜色作补色,给人以热情和温暖的感受。

②过渡栽植。是在隧道洞口外两侧光线明暗急剧变化段栽植高大乔木予以过渡。这种栽植应选择明度较低及色调较冷的色彩为主色,如浓绿。

③防眩栽植。在中央分隔带、主线与辅道或平行的铁路之间，可栽植常绿灌木、矮树等，以隔断对向车流的眩光。此种栽植色彩选择范围较广，配色灵活，可以用来作为地方色彩表达平台。但考虑到明度较高的色调，如橙、明黄在强烈的日光下有炫目的现象，因此，在防眩栽植中，高度 0.5～13m 范围内应少用此类色彩。

④缓冲栽植：在低填方且没有设护栏的路段或互通式立交出口端部，可栽植一定宽度的密集灌木或矮树。此时，植物色彩的选择具有多样性，可通过不同的色彩搭配表达不同的情感。

⑤遮蔽栽植。对公路沿线各种影响视觉景观的物体宜栽植中低树进行遮蔽；公路声屏障宜采用攀缘植物予以绿化和遮蔽。此时，栽植可作为地方文化的展示平台，其植物色彩的选择可依据表达内容需要确定。

⑥标示栽植。当沿线景观、地貌缺少变化，难以判断所经地点时，宜栽植有别于沿途植被的树木等，形成明显标志，预告设施位置。此种类型的植栽同样需首先考虑它的诱目性及视认性。植物色彩选择需以环境色为底色，配以与环境色有较大色度对比的植物。

⑦隔离栽植。在公路用地边缘的隔离栅内侧，宜栽植刺篱、常绿灌木及攀缘植物等，防止人或动物进入。这类植栽应选择介于道路色彩与环境色的中间色作为底色，以便协调道路及环境。同时，可配以其他色彩来造景。

9.5 旅游公路景观规划、设计及营造技术

9.5.1 旅游公路景观设计理念与方法

1)旅游公路景观设计理论

公路景观设计属于“景观设计学”的范畴，在西方景观设计史上，早期的发展一直以崇尚富装饰性的外来植物和规则式园林形式为特色，较东方传统景观设计的“天人合一”思想具有更强的征服自然的色彩。但是随着近年来环境的日益恶化，以研究人类与自然间的相互作用及动态平衡为出发点的生态设计思想开始形成并迅速发展。从 19 世纪下半叶至今，中西方景观设计领域涌现出众多设计理念和设计手法，我国将这些理论和思想消化吸收后，应用到公路景观设计工作中，起到了良好的效果。

(1)旅游公路景观设计目的

旅游公路景观设计应坚持安全舒适、生态环保、以人为本、功能拓展的原则，力求将公路建设对自然、生态环境的影响和破坏降到最低程度，同时要努力改善路域生态环境质量，不断丰富旅游公路的景观内涵，提升公路的使用品质。因此，旅游公路景观设计的基本目的是保证旅游公路服务功能，让公路覆盖着的地区保持景观的连贯性，创造精炼流畅的公路景观。

旅游公路景观设计集中在两个方面：一方面是如何在公路景观设计中发现及表现地域景观特性；另一方面是我们要认真考虑赋予需设计的旅游公路姿态是什么样的。只有解决这两个关键问题，我们设计人员才能创造出自然和谐、生态环保、风格鲜明、特色独具的旅游公路景观，带动公路沿线经济的快速增长，提高旅游公路的社会经济效益。为此，旅游公路景观设计理念、方法及技巧应尽早介入，在公路规划、设计、施工和管理的每一步骤中渗入，不能等到公路修建后期才去进行一些景观修补和装饰性工作。

根据旅游公路景观设计目的，在考虑景观、交通安全、舒适、美观等方面，我们确定了旅游公路景观的设计目标：

①最大限度融合公路景观与周围自然环境景观，营造“和谐、舒适、安全”的公路景观环境；

②把因为公路建设破坏的自然环境进行“生态恢复”；

③提升公路自身的景观效果，整体提高公路与自然环境的相互包容性；

④保护环境，避免水土流失，防止坡面冲刷，促进边坡稳定；

⑤改善人工构造物与自然环境的协调性；

⑥体现地域文化特色，将公路景观与乡土文化相结合。

(2)旅游公路景观设计理论

居住、生存、发展是人类永恒的3大主题,人类与自然界在生态、社会、文化、经济上都是相互依存的,人类能否在某个地方定居下来,主要取决于这个地方的环境条件是否满足人们的3大需要——生存需要、安全需要和精神需要。因此旅游公路的景观设计理念也遵循这一规律,即“地景规划、生态复原、精神文化”三位一体。

(3)景观生态学理论

景观生态学(Landscape Ecology)是研究在一个相当大的区域内,由许多不同生态系统所组成的整体(即景观)的空间结构、相互作用、协调功能及动态变化的一门生态学新分支。景观在自然等级系统中一般认为是属于比生态系统高一级的层次,景观生态学以整个景观为研究对象,强调空间异质性的维持与发展,生态系统之间的相互作用,大区域生物种群的保护与管理,环境资源的经营管理,以及人类对景观及其组分的影响。

传统的景观生态学主要是区域地理学和植物科学的综合,土地利用规划和决策一直是景观生态学的重要研究内容。如今,景观生态学的研究焦点是在较大的空间和时间尺度上生态系统的空间格局和生态过程。Risser等(1984)认为景观生态学研究具体包括:景观空间异质性的发展和动态;异质性景观的相互作用和变化;空间异质性对生物和非生物过程的影响;空间异质性的管理。景观生态学的理论发展突出体现其对异质景观格局和过程的关系,以及它们在不同时间和空间尺度上相互作用的研究。理论研究还包括:探讨生态过程是否存在控制景观动态及干扰的临界值,景观格局和生态过程的可预测性,以及等级结构和跨尺度外推。将生态系统纳入高速公路景观系统的新颖之处在于:可以关注景观系统的等级结构、空间异质性、时间和空间尺度效应、干扰作用、人类对景观的影响以及景观管理。

①景观生态学的一般原理。

a.景观结构和功能原理。

在景观尺度上,每一独立的生态系统(或景观单元)可看作一个宽广的斑块、狭窄的廊道或背景基质。景观单元在大小、形状、数目、类型和结构方面又是反复变化的,决定这些空间分布的是景观结构。在斑块、廊道和基质中的物质、能量和物种的分布方面具有异质性。生态对象在景观单元间连续运动或流动,决定这些流动或景观单元间相互作用的是景观功能,在景观结构单元中,物质流、能量流和物种流方面表现出景观功能的不同。该原理为多种学科对景观的理解提供了共同语言和框架。高速公路是一条大尺度的线状景观廊道,运用廊道的思想去分析其物质、能量、信息的流动;同时把它放到周围广阔的背景基质中,考虑能量、物质、信息的交换,对生态保护很有积极意义。

b.生物多样性原理。

景观异质性程度高,一方面引起大的斑块减少,因而需要大斑块内部环境的物种相对减少;另一方面这样的景观带有边缘物种的边缘生境的数目大,同时有利于那些需要在复杂生境繁殖、觅食和休息的动物的生存。由于许多生态系统类型各自有自己的生物群或物种库,因而景观的总物种多样性就高。总之,景观异质性减少了稀有的内部种的丰度,增加了边缘种的丰度,同时提高了潜在的总物种的共存性,这是景观设计时应注意的方面之一。要使设计的景观发挥最大的生态效益,应尽量增加生物多样性,这样不仅能极大地丰富景观层次、增加审美愉悦,而且还能有效地改善景观质量、恢复生态功能。

c.物种流原理。

景观结构和物种流是反馈环中的链环。在自然或人类干扰形成的景观单元中,当干扰区对另外种传播有利时,会引起敏感种分布的减少。在相同的时间,种的繁殖和传播可以消灭、改变和创造整个景观单元。不同生境之间的异质性,是引起物种移动和其他流动的基本原因。在景观单元中物种的扩张和收缩,既对景观异质性有重要影响,又受景观异质性的控制。从生态角度来看,高速公路景观设计应注意的又一方面,是要尽量选用本地种来避免外来种的不良入侵,同时能提高存活率,减少经济成本。

d.养分再分配原理

矿质养分可以在一个景观生态系统中流入和流出,或者被风、水及动物从景观的一个生态系统到另一个生态系统重新分配。一般来说，干扰特别是当保护和调节机制强烈瓦解时，在一个生态系统中控制矿质养分，这有利于它们向附近的或另外的生态系统传输。矿质养分在景观单元间的再分配比例随景观单元中干扰强度的增加而增加。高速公路修建可能完全割断和破坏原有的能量流动，如何在自适应调整和人工修复间达到平衡需要因工程实际情况而定。

e. 能量流动原理。

高速公路修建时，随着空间异质性增加，会有更多能量流过一个景观中各景观单元的边界。例如，空气运动越过带有斑块的异质景观时显示出相当大的扰动，以及景观的大部分是边界生境时很容易被风穿透，热能被风水平携带，使它容易从一个景观单元被带到另一个景观单元。同时，有许多小斑块就有较大的边界比例，动物经常在邻近的景观单元之间运动，还通过草食动物输送植物物质，促使能量流动。可见，热能和生物量越过景观的斑块、廊道和基质的边界之间的流动速率，是随景观异质性增加而增加的。

f. 景观变化原理。

景观的水平结构把物种、能量和物质同斑块、廊道及基质的范围、形状、数目、类型和结构联系起来。干扰后，植物的移植、生长、土壤变化及动物的迁移等过程带来了均质化效应。但由于新的干扰的介入及每一个景观单元变化速率不同，一个同质性景观是永远也达不到的。在景观中，适度的干扰常常可建立更多的斑块或廊道。例如：沙质景观可被破坏到露出异质性基底，无干扰时景观水平结构趋向于均质性；适度干扰迅速增加景观异质性；强烈干扰可增加异质性，也可减少异质性。高速公路的修建势必造成景观的变化，如何使干扰适度，如何尽快恢复尚待研究。

g. 景观稳定性原理。

景观的稳定性起因于景观对干扰的抗性和干扰后复原的能力。每个景观单元有它自己的稳定度，因而景观总的稳定性反映景观单元中每一种类型的比例。实际上，当景观单元中没有生物量，如高速公路路体或裸露的沙丘，由于没有光合作用表面吸收有用的阳光，这样的系统可迅速改变温度、热辐射等物理特性，趋向于物理系统稳定性。当存在低生物量时，该系统对干扰有较小的抗性，但有对干扰迅速复原的能力，像耕地就是这样的情况。当存在高生物量时，像森林系统那样对干扰有高的抗性，但复原缓慢。

景观生态学的生命力在于，它直接涉足于城市景观、农业景观、公路景观等人类景观课题。Naveh 和 Lieberman(1984)指出：景观生态学是生物生态学和人类生态学的桥梁。为人类建设的可持续发展，更好地研究景观生态的基本原理来作为高速公路建设的指导是非常有必要的。

②公路景观设计与生态恢复。

公路的修建实际上是对自然生态系统的人为破坏，要使破坏的生态系统重新发挥作用，这就不能不与生态恢复学产生关系。生态恢复是帮助研究生态整合性的恢复和管理过程的科学，生态整合性包括生物多样性、生态过程和结构、区域及历史情况、可持续的社会实践等广泛的范围。与自然条件下发生的次生演替不同的是，生态恢复强调人类的主动作用，事实上，人类活动对所用生态系统均一定程度上产生影响。我们的从生态平衡的观点转向动态的观点看生态恢复，包括结构、干扰体系、功能随时间变化。生态恢复促进了乡土种、群落、生态系统、可持续的文化的繁荣。

退化的生态系统形成的直接原因是人类的活动，如公路的修建使沿线生态破坏，同时部分退化来自自然灾害，或两者叠加。由于社会经济文化的需要，往往会对退化的生态系统制定不同水平的恢复目标，主要包括：

a. 实现生态系统地表基地稳定性；

b. 恢复一定的植被覆盖率和土壤肥力；

c. 增加种类组成和生物多样性；

d. 实现生物群落的恢复，提高自我维持能力；

e. 减少或控制环境污染；

f. 增加视觉享受。

恢复生态学必须遵守一定的原则，如地理学原则、生态学原则、系统学原则以及社会经济技术原则等。

通过确定恢复对象的时空范围、评价样点并鉴定其退化的原因，找出控制和减缓退化的方法，根据社会、经济、文化等条件制定恢复目标与测量成功的标准，发展大尺度下完成有关技术的方法，广泛用于推广实践，同时，及时与有关部门交流协商，根据监测情况随时作出适当调整。

这里我们需要了解的是，生态恢复往往并不能恢复到我们要求的完全理想状态，恢复了生态系统的基本功能即是一个成功的恢复。自我设计理论和人为设计理论是唯一从生态恢复学中产生的理论，在旅游公路景观设计中，我们需要通过景观设计达到生态景观恢复的目的，也就是通过人为设计帮助自然的恢复，可以弥补基因的不足，大大缩短恢复的周期，实现所在区域的可持续发展。

(4)动态视觉特性理论

旅游公路景观设计其实就是基于视觉特性上的美学体现。人们在公路上进行活动，大约80%以上的周围环境信息是由视觉获得的，同时公路景观是一种动态和静态组合的系统，形成了特有(动态＋静态)的视觉特性艺术，所以动是它的特点，其魅力所在。驾驶员或者乘客乘坐不同的交通工具，在运动中观赏公路景观，形成的是动态连续的视觉艺术，具体表现为对公路景观两边风景的心理舒适度；当停下来休息时，观赏着休息区等静态景观，反映着观赏舒适度。但无论哪种，都是在这种视觉特性的驱动下对景观语言的倾向做出了优先选择。因此公路使用者的视觉特性不仅完全可以作为公路景观设计技术的重要理论依据，还能作为公路交通安全性能的判断依据。

动态视觉首先要充分理解驾驶员在公路上的驾驶动态视界的变化，对沿线公路视界要有一个整体的把握，在这个基础上，分析驾驶员的动态视觉变化，分清景观主次，确定动态视觉兴趣点，在通过合理的设计手法建设宜人优美的公路景观。因此，视界受到公路本身景观设计和观景点设置的影响，公路动态视界就是围绕着公路路域周围的景观或观景点。视界的变化受到观望高度、驾驶速度及距离的影响。

动态中人的景观尺度感、动态中人对环境的参与特点和人的心理感受是公路景观设计中至关重要的因素，公路景观设计应充分考虑人的视觉及行为特点，满足动态变化的要求。基于动态特性的公路景观设计方法是指根据驾乘人员的动态视觉特性，充分考虑行车速度对景观尺度、人的美感特性、景观组合方式等方面的影响，从人的动态体验出发，对公路沿线各种景观要素进行组合和优化设计。

公路景观设计面对的关键问题是如何处理速度(v)、时间(t)与景观效果的关系问题。这里的 v 和 t 不是传统物理学意义上的车速和时间，不能简单地理解为两地之间的位移跟速度和时间的线性关系。动态景观设计理论对 v、t 的理解，需从景观设计角度进行如下阐释：以车辆为参照物，v 可以理解为公路景观以及与公路相关的自然景观(包括大地景观、气象景观、植物季相变化景观等)、人文景观(城市、河堤、名胜古迹等)的不断运动；t 应该理解为上述一系列运动景观的动态组合。也可以这样表述：公路景观设计应该营造出一系列闪现在人视野中犹如电影胶片般的动态、连续的画面。由于公路上的车辆一般都会经历起步、提速、持续运行、减速、再提速、再持续运行……这样一系列不断反复的运动，相应的，这一系列动态画面景观也经历着同样的运动和变化，设计人员进行公路景观设计时应充分考虑这种变化，区分具体情况下人的不同视觉感受，而不能采取一刀切式的设计。

动态特性理论的基本要素如下：

①动态中的景观敏感度。

景观敏感度是指景观引起人们注意力难易程度的量度，相对于静态景观而言，车辆行驶过程中，公路景观的动态敏感度在很大程度上将会被弱化，因此，欲使公路景观对行驶中的驾乘人员起到与静态相同的视觉效果，就必须通过专门设计，弥补车速对动态景观敏感度的弱化影响。

动态中景观敏感度(s)的大小和车速(v)、驾乘人员前方视野中能清晰辨认景物的最大距离(D_{max})、清晰辨认景物的最小尺度(H_{min})、路侧能清晰辨认景物的最小距离(D_{min})4大因素密切相关，其关系可用下式表示：

$$s=f(v,\ D_{max},H_{min},D_{min}) \tag{9-16}$$

根据相关研究成果，为了达到最佳动态景观敏感度(s_{max})，不同车速(v)与 D_{max}、H_{min}、D_{min}之间有一定的对应关系，见表9-26。

车速与 D_{max}、H_{min}、D_{min} 之间的关系 表 9-26

v(km/h)	20	60	100	140
D_{max}前方视野最大晰辨距离（m）	150	370	660	840
H_{min}前方视野晰辨最小物质尺度(m)	0.35	1.10	2.00	3.00
D_{min}路侧晰辨最小距离（m）	1.71	5.09	8.50	11.9

以限速 60km/h 为例(当处于特定路段比如起步区、隧道内、急弯区时，需慢速行驶)，驾驶员前方的景观或景观单元的最远距离不应大于 370m，不应小于 5.09m；它们的高度应大于 1.10m。当景观或景观单元的三维尺度超出这些阈值时，驾驶员的景观敏感度为零，即对这个速度下行驶的驾驶员来说是"视而不见"的。

导致动态中景观敏感度变化的因素很多，除列出的 v、D_{max}、H_{min}、D_{min} 等 4 大因素外，敏感度的变化还受景物表面相对于视线的坡度、景物在视域内出现的概率、景物的色彩、质感、明度和人的视力、情绪以及天气的变化等很多不确定因素的影响。

②动态中人的景观尺度感。

静态中人的景观尺度感是在人的生活起居中形成的，包括人的对周围环境形成的空间感、场所感，一般是宜人的小尺度；而在车辆行驶情况下，车辆的运行使人们对公路沿线景观的尺度感发生了变化，进而带来道路与周围环境产生新的比例关系，路边景物一晃而过，只有尺度较大的物体才能看清，这种大体量的景观尺度是人们视觉的需要，符合动态中人的心理感知和生理特点。高速行驶下的汽车只有穿行于大尺度的景观空间，驾乘人员才能产生融入自然的感觉而不是被排斥感，所以，动态中人的景观尺度感常是宜车的大尺度。因此，公路景观设计中景观尺度的确定，应充分考虑动态中人的视觉、心理和生理的变化，根据路段的性质、车速等因素来综合确定。

③动态中人的视觉特性。

公路上驾乘人员的视点一直以一定的速度在运动，对景观的视觉感受也在不断地变化，在不同的路段环境中视觉感受是不一样的。在直线路段，沿前进的方向，视线正前方的画面呈单灭点，且视点在该画面上的位置保持不动，两侧景物稍纵即逝；在曲线段，视线正前方的画面变为双灭点，画面虽在不断地变化，但因视野开阔，视觉停留的时间较长；而在互通式立交的匝道上，视点沿着某一半径的圆弧运动，圆心部位往往是视线的焦点，视觉停留的时间最长。

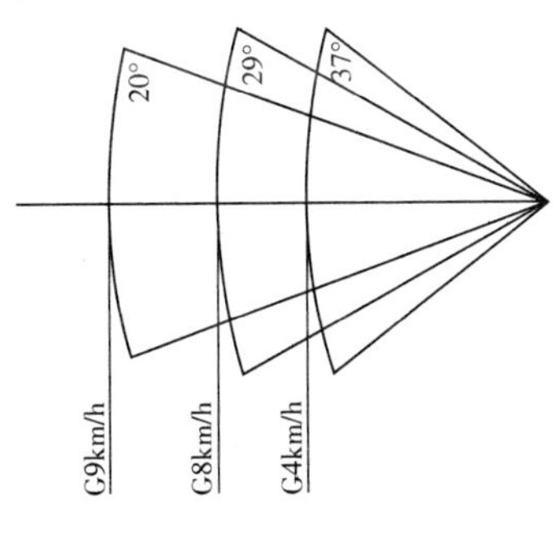

图 9-31 人的视场角

根据人机工程学(Human Engineering)理论，行人在街上行走或在车辆低速行驶时，眼睛视力最强的部分看到物体细节时的视场角为 3°，如集中精力观察某物体时人眼的舒适角度为 18°，有些情况下人们观察物体时头部不动而需转动眼球，一般眼睛容易转动的角度为 30°，其最大界限为 60°，如看不清，在身体不动情况下转动头部，视场角范围可扩大 40°～120°。公路上的驾驶员和乘客，随着速度逐渐提高，头部转动的可能性也渐渐变小，注意力被吸引在车道上，视域会越来越窄，注视点也会逐渐变远(见图 9-31、表 9-27)。

车速与视域的关系 表 9-27

车速(km/h)	20	40	60
视距(°)	8.55	16.95	25.45

驾驶员只有在慢速的情况下才能观察到街道两旁的景物，车速越大，驾驶员和乘客对面不容易注意到的范围就越大，当景物相对运动很快时，现象连续而且不清楚，一旦辨认不清就失去了机会。根据相关研究，至少需要 5s 的注视时间人们才能获得景物的清晰印象，也就是从开始注视到看清楚必须有一定时间。5s 注视时间获得景物印象的车速与距离关系见表 9-28。

若公路干道车速为 80～100km/h，从表 9-28 可以看出辨认距离为 33.95～42.5m。而单向道路一般为三车道，宽度为 9～11m，顺行车辆是无法看清路边景物的，因此只有加大景观的尺度才能满足要求。公路服务区内道路是生活性的，公路出入口空间是集散性的，均以低速交通方式为主，景观设计时要优先考虑人的静态视觉特性。

5s 注视时间获得景物印象的车速与距离关系 表 9-28

车速(km/h)	20	40	60	80	100
距离(m)	8.55	16.95	25.45	33.95	42.5

(5)美学理论

从直观表现来看，高速公路的美学特征主要是形式美和抽象美。形式美主要由两部分组成：一是审美对象自身的物质属性；二是审美对象物质材料的组合规律。而抽象美则是源于生活的一种美学提炼，它比形式美富有更深一步的审美内涵。高速公路景观是一种人为创造美的过程，需要每个设计者深刻理解并自觉运用美学的形成条件及规律，创造出宜人的立体空间环境。

①形式美的属性。

自然物质属性是构成形式美的物质基础，不同的物质材料具有不同的形式美特性，如跨线桥的造型多样、护面墙的形式不一、行道树的错落有致等，但这些千变万化的物质材料又都具有某些共同的形式美属性。

a. 形状。

形状是物体存在的空间形式，是形式美中最直观的因素，它主要由线、面、体组成。其中，线是点移动的轨迹，它是构成物体形状的基本因素，具有独立的审美意味。直线显示坚硬，横线显示平实，斜线显示有力，折线显示生硬，曲线显示流畅，垂直线给人以高耸感、严肃感，水平线给人以稳定感等。在高速公路景观的创造中，合理地运用各种线条可以创造一种特定的审美氛围。

面是线的扩大，当线具有一定的宽度后，就扩大为面。此外，线的围绕也能构成面，它往往构成物的轮廓，在形状中更为醒目，因而所包含的审美意味也更易为人感知。如正三角形给人以稳定感，倒三角形给人以危机感，正方形有刚直方正感，圆形有周密封闭感等。王维歌咏边塞景象的“大漠孤烟直，长河落日圆”，若用线、面来表现，上句正是一平一竖两条直线，下句则是曲线和圆圈，一线一圆，在人的视觉上构成几何形的形式美。

体是面的组合，由二维平面变为三维立体，构成长方体、立方体、球体、圆锥体等。一个体的构成往往包含着许多种面，例如服务区的雕塑景观，其上部、下部、正面、侧面，就可能分别由长方形、圆形、三角形、梯形等面组成。所以，体给人的美感比面更加丰富深刻。

b. 色彩。

色彩就其物理性能看，其实是波长不同的光。阳光通过三棱镜折射呈现出红、橙、黄、绿、青、蓝、紫七色光谱，为我们揭示了光与色关联的奥秘。按光波长短，大自然中的色彩不计其数，正常人的视觉大约能接受从 400～760nm 的光波，它虽然只占整个光谱不到 1/70，但仅此就能使人辨别出 200 万～800 万种不同的色彩。色彩是人们认识事物的重要依据，也是获取形式美必不可缺的要素。比起形状来，色彩的审美意味更浓、更普遍、更复杂，更具有独立的审美价值。

从心理学角度看，色彩往往具有某种象征意义，一般来说，红色是热烈兴奋，黄色表示明朗欢乐，蓝色意味轻松安详，绿色同平静稳定相联，而灰色多显抑郁阴冷等。

各种社会因素以及个人的审美差异都会对色彩美产生影响，构成对色彩美的巨大分歧，也就是色彩的矛盾性、多面性。比如白色既可象征纯洁、素净、宁静，又可意味肃穆、恐怖、悲哀。色彩美的个性差异更为明显，不同性格的人对色彩往往各有所爱。活跃、豪放、富有同情心的人喜欢红色，深沉冷静的人喜欢蓝色，轻浮的人多喜欢米黄色，古板的人多喜欢青色。在设计时，掌握必要的色彩知识，把握色彩的感情，进行植物配置、铺地色彩搭配或建筑小品标识颜色设计，能极大地给驾驶员缓解疲劳，给乘客带来愉悦。

c. 声音。

声音同色彩相似，属于形式美范畴的声音通常是指那些能激发人愉悦情感的音响。然而高速公路上由于车辆发动机和车身振动带来的噪声以及行车速度、路面结构、路堤路堑高度等因素导致的噪声污染，能使道路使用者心情烦闷，同时给周边居民的工作生活带来极大困扰，降低周边土地价值。因此，通过景观设计人为地消除噪声，对促进人的身心健康、美化生活环境、保证行车安全等都有一定作用。比如在中央隔离带绿化植被搭配时，把绿化作用和挡板作用相结合，在创造直观美感的同时，更有消除对向车队的声音对于驾驶员影响的作用。此外，设置路侧一定范围的防护林带时，以乔、灌、草来合理搭配，在满足隔声等功能要求的同时，也极大地丰富了道路的色彩，使坚硬的路面有了灵气。

②形式美的组合规律。

构成形式美的另一要素是审美对象物质材料的组合规律。形式美的组合规律从各部分之间的关系来看，包括整齐一律、平衡稳定、比例匀称、节奏韵律、对比映照、主从协调等，从整体来看，主要要求多样统一，这既是景观设计的手法，也是景观设计追求的目标。

a.整齐一律。

这是最简单的形式美法则，同一种形状、色彩、质地等的物体重复出现，黑格尔称之为“同一形状的一致的重复”。由于高速公路是一线状景观，整齐一律在其景观设计中十分常见，例如中央分隔带的隔板与植株，路侧向远处延伸的树木，排列整齐的护面墙及护坡等。整齐一律能体现一种统一有序的洁净美、严肃美，给人以单纯感、庄重感、规整感，还能表现出一定的气势。

b.平衡稳定。

平衡稳定是整齐一律的发展和变化，指审美对象两部分之间既存在着差异，又和谐地统一在一起。平衡两侧的物体可以是同量异质或等量异形。平衡主要有3种形式，即对称平衡、重力平衡和运动平衡。

Ⅰ.对称平衡。

它是以中轴线为中心，将物体分为数量或形体相等的两部分，并同中轴线保持相同的空间距离，从而达到平衡。对称既保持了整齐一律的长处，又避免了完全重复的呆板，给人一种庄重、沉静之感，故在生活现实中，对称平衡运用较为广泛。

不过，完全对称的平衡存在同多异少、活力不足的缺点，一般只宜于表现静态美，如表现高速公路沿线收费或管理建筑的庄严，或以模纹花坛突出某种气氛。

在某些情况下，只要求中轴线两侧的物体在布局上相对保持平衡，即满足布局均衡即可。这种方式比绝对对称要灵活，可以布置为量同形异或量同质异的方式。

如在进行服务区设计时，各类建筑所占的空间和建筑风格大体相似，可以给人以均衡感。但建筑物的形状、质感不一，则避免了完全对称的重复，又具有平衡的整齐、稳定之美，更符合人心理平衡的需求。

Ⅱ.重力平衡。

它源自物理力学中的杠杆原理，即不同质量的物体因与支点的距离不同而保持平衡。在审美活动中，人们不可能(也没必要)用物理方法去测试重力平衡，而主要依靠人的感觉和心理经验。一般情况下，人的视觉对于大的、色彩浓的、光影暗的部分，就会产生重感，反之就产生轻感。

在高速公路中，人工构造物比自然景观更让人产生厚重感，同等规模的异质景观不可能产生平衡效果。因此，在进行搭配时，小尺度的构造物要与大尺度的自然景观相搭配，同时自然景观的色彩尽可能深于构造物，这样，当人的视线移动时，同样可收到平衡的效果。

Ⅲ.运动平衡。

是一种动态平衡，即处于平衡关系的两极有规律地交替出现，使平衡不断被打破又重新形成，所谓“不平衡之平衡”。在高速公路的环境设计中，这种平衡常可以在建筑、雕塑等中出现，大多选取看似不平衡又即将恢复平衡之某一瞬间，通过静态造型来暗示动态之美。

c.比例、节奏、韵律。

在形式美中，比例是指物体各部分之间搭配得当、协调和谐。比例中最著名的是“黄金分割”律，依据这个比例所构成的形体最美。在高速公路景观设计中，由于高速公路的特性决定了比例有一种特殊的含义。对高速行驶的车而言，如何设计合理的尺度与比例，可以使得景观能够更好的被驾乘人员欣赏品味。一般来说，当使用者高速运动时宜采用大尺度景观，而小尺度景观适合低速或停车休息等场合，这种选择不一而同，设计时可因势利导。

节奏是事物运动过程中有秩序、有规律的反复，它由速度的快慢和力度的强弱两种因素构成。路段中的每一层次的景观之间都保持大体一致的距离间隔，构成类似相同音符的整齐排列，成为一种凝固的节奏。节奏大致可分为先抑后扬的鼓舞型和先扬后抑的沉静型。前者如奔涌澎湃的海涛，强劲有力；后者如远处传扬的钟声，余音袅袅，审美效应虽异，却能各臻其妙。除速度快慢、力度强弱等外，其他许多因素如动静交替、疏密相间、虚实对比等也可组成节奏。

同节奏密切相关的是韵律。韵律实际上就是节奏的律动产生的一种情调或意味。如果说节奏只是划分景观的区间间隔，那么韵律则使这种区分带来更强的审美气息。节奏、韵律一般是相连的，完全单一的节奏韵律感是不美的；要产生打动心灵的韵律，节奏就应富于变化。

d. 对比。

主从对比是把具有鲜明对比关系的因素统一起来互相映衬，从而更加突出各自特征，达到相得益彰的效果。对比在形式美中的表现也极为广泛，线条曲直、体积大小、色彩浓淡、声音强弱、光线明暗、空间虚实、节奏快慢等，无不存在着对比。像“红雨随心翻作浪，青山着意化为桥”（色彩对比），“蝉噪林愈静，鸟鸣山更幽”（声音对比），“春风桃李花开日，秋雨梧桐叶落时”（时间对比），“野径云俱黑，江船火独明”（明暗对比），“山重水复疑无路，柳暗花明又一村”（空间对比）等，随处可见。

主从，又叫“宾主”。如果说对比中的两部分各自处在平等的两极位置，主从则要求形式美的各部分之间要区分主次，尽量突出主体部分，不可喧宾夺主。主从同对比相比更强调主体，更能把握重心。主从的配合又可以从不同的角度、不同的层次、不同的方式进行，显得更加活泼、生动。应用到植物景观设计中，“万绿丛中一点红，动人春色不须多”，从量比看似乎绿多红少，实际上突出的反倒是那“一点红”，其审美效果比红绿对半更胜一筹。

e. 多样统一。

多样统一是形式美中最高级的表现形式，是和谐最完美的体现。多样统一不同于上述各项形式美法则主要处理局部之间关系的特点，它着眼于全局整体。它要求美的对象的各部分之间，既保存各自千差万别、丰富多彩的变化，又要求彼此之间构成一个统一的整体。多样统一实际上概括了上述形式美法则的各种类型，既避免了只讲整齐统一的呆板、单调，又避免了只讲变化多样的杂乱，并使双方完美地结合了起来。

多样统一有两种基本类型：一种类型是调和统一，利用各组成部分异中有同、相辅相成，凸显更淳厚的韵味，色彩中的黄同橙黄、红同紫红都属于邻近色，配在一起非常协调，园林中松柏与竹子同植一庭，参差呼应的形式更具特色；另一种类型是对立统一，现实中美的事物，几乎都是由许多大大小小、高高低低、长长短短、曲曲直直、粗粗细细的形体，以动静交替、虚实相生、急缓相间、疏密有致的形式，突破整齐平衡，发生千变万化而组成的。

此外，“缺陷美”也是值得关注的美学要素，这种美孤立看是缺陷、是丑，整体看是长处，又是美，是介于美与丑之间的一种特殊的美。盆景造型着意于拙朴原始，根雕艺术对树根疖疤瑕疵的巧妙利用等都是有意体现缺陷美的艺术效应。当然，缺陷美只是对形式美局部的调整，从总体上说，它们仍然遵守形式美的规律。

③抽象美的形式。

抽象美是现代派艺术中在突破传统的形式美方面的最常用的技巧和手法，它主要体现于造型艺术领域。这种美学思想既不是现实物象的再现，也不含有明确的象征喻义，主要通过一些线条、色彩和几何图形等来造型，康定斯基把它称为“无物象的表达形式”，但它仍然具有象的时空属性和感性外观。

抽象美学可以超脱真实物象的约束，又给人们留下了朦胧、模糊的艺术意蕴，可以任凭欣赏者去自由地猜测、想象。从某种角度看，抽象艺术近似于梦幻，它只给人一点暗示，引起人的理性思索。抽象美对待形式与形式美走上了两个极端：一个是极端强调形式与形式美，完全否定形式与内容的联系；另一极端是否定传统的形式与形式美，标新立异，创造出怪诞、失衡、扭曲、变形等新形式。

这种美学思想追求标新立异，对传统的艺术美或形式美既是一种猛烈的冲击，也是一种改造、革新。我们在进行高速公路景观设计时，应充分发挥抽象艺术的感化作用，使其成为沿线凝固的音符、立体的诗。尤其是高速行驶时，当具体的景观细节不易被人们所感知时，合适尺度的抽象雕塑、跨线天桥或收费亭能更好地传达感情。当然，我们也要尽量避免对传统美的过分否定，对艺术常规的彻底背弃而产生的许多怪诞、畸形、毫无审美价值的丑陋作品。

(6)场所精神理论

“场所精神”(Genius Loci)是一个古罗马概念，原意为地方守护神。古罗马人确信，任何一个独立的实在都有守护神，守护神赋予它生命，对于人和场所也是如此。在罗马人看来，在一个环境中生存，有赖于他与环境之间在灵与肉(心智与身体)两方面都有良好的契合关系。

由此可以认为，场所精神涉及人的身体和心智两个方面，与人在世间存在的两个基本方面——定向和认同相对应。定向主要是空间性的，即使人知道他身在何处，从而确立自己与环境的关系，获得安全感；认同则与文化有关，它通过认识和把握自己在其中生存的文化，获得归属感。

诺伯格·舒尔茨提出：“我们呼唤‘场所精神’。早在远古时代人们就已经认识到不同的场所有着不同的特征。这个特征是如此之强，它往往决定了居于其中的人们对环境的意象的基本性质，并让他们觉得归属于这场所。”他的“场所精神”包含了下面的陈述：“场所是有着明确特征的空间。建筑令场所精神显现，建筑师的任务是创造有利于人类栖居的有意义的场所。”

由此，我们看出场所与中国园林的“地灵、风水”有异曲同工之妙。每个地方、每个场所，都有它特定的“气氛”。但这不仅仅是一种抽象的概念，而应该可以用非常具象的方法表达出来。比如：地面的材料，一堵墙的质感、颜色，一排房子的高低，一座山的形，水的声音，一阵风的味道，甚至一道阳光的强弱，都是构成“场所精神”的整体性特质的综合元素。“场所”还有一个特质是它的内容性。意味着一种“大地之上，苍穹之下”的空间，包含了自然界中的所有景观(Landscape)。

至于说场所与艺术的关系，诺伯舒兹提出以下说明：“当人们将世界具体化而形成建筑物时，人们开始定居。具体化则是艺术创造本身的一个体现，而这与科学的抽象化正好相反。”由此看出，艺术的具体化指的是由创造思考转为创造物品或创造行为的一个实践。换句话说，不论这艺术品本身是幅写实画，或是座抽象雕塑，乃至于当代流行的行为艺术，都是一种具体产生的物品或事件。而这些事与物，便成为解释、表达，或包容人们生活中的场所的一个媒介。

中国传统园林就是和文化艺术紧密结合，通过各种艺术形式来体现其内在精神，这种精神是通过园林的物质形态来进行表达，使得情景统一、意象统一。如今传统园林背后的历史、文化和思维方式等与现代已迥然不同了，随着西方现代城市设计理念传入中国，如何在新时代、新文化的基础上体现城市景观的场所精神，是现阶段景观设计师所要解决的重要问题。

场所精神是场所的特征和意义，是人们存在于场所中的总体气氛。特定的地理条件和自然环境同特定的人造环境构成了场所的独特性，这种独特性赋予场所一种总体的特征和气氛，具体体现了场所创造者们的生活方式和存在状况。人若想要体味到这种场所的精神，即感受到场所对于其存在的意义，就必须要通过对于场所的定向和认同。定向是指人清楚地了解自己在空间中的方位，其目的是使人产生安全感。而认同是指了解自己和某个场所之间的关系，从而认识自身存在的意义，其目的是让人产生归属感。当人能够在环境中定向并与某个环境认同时，它就有了“存在的立足点”。

a.场所的组成。

构成场所的3个基本组成部分(见图9-32)：

Ⅰ.静态的实体设施。

是场所的实体建构，建筑物、景观和美学特征的体现。

Ⅱ.活动。

包括建筑物和景观如何被使用，身处其中的人们如何互动，以及文化习俗如何起到影响作用。

Ⅲ.含义。

一个非常复杂的层面。首先是人意向和体验的结果，大多数的场所特征源自人们对场所的实体和功能方面的反应。

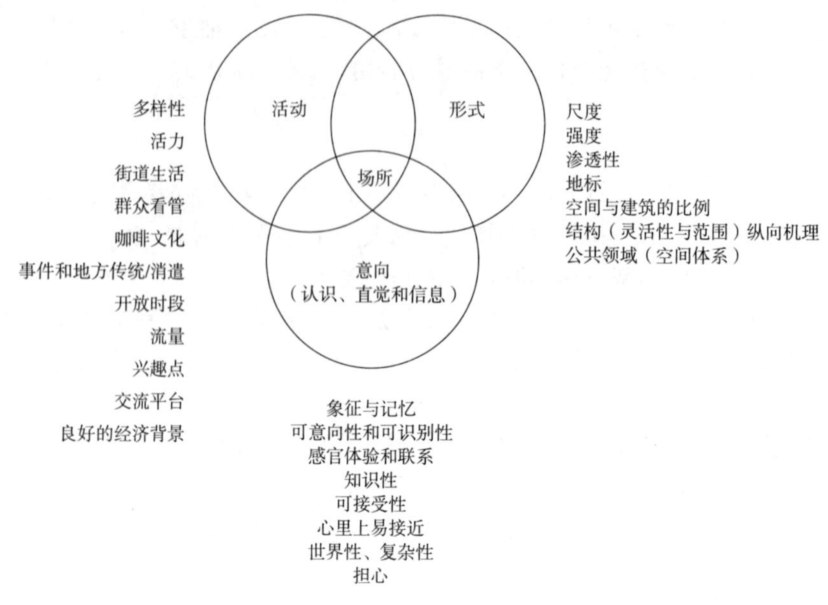

图 9-32　场所分析及构成

b.场所—文脉分析理论。

文脉(Context)与场所是一对孪生概念,体现为每个场所各自独有的特征。这种特征既包括各种物质属性,也包括较难触知体验的文化联系和人类在漫长时间跨度内因使用它而使之赋有的某种环境氛围。

人们为了发展自身,发展他们的社会生活和变化,就需要一种相对稳定的场所体系。这种需要给形体空间带来情感上的重要内容——一种超出物质性质、边缘或限定周界的内容,也就是所谓的场所感。于是,最成功的场所设计应该是使社会和物质环境达到最小冲突,而不是一种激进式的转化,其目标实现应遵守一种生态学准则,即去发现特定城市地域中的背景条件,并与其协同行动。

c.影响场所的若干因素。

Ⅰ.可达性。

只有使用者能够到达的场所才能提供给他们选择,因此可达性(即有多个可供选择的到达或穿越一个空间的路线)成为使场所具有生命力的中心问题。

任何场所的可达性依赖于从一个地点到达另一个地点的可选择的路线,但是这些可选择的路线必须是可以被看见的,否则就只有已经了解这个地区的人们才能利用这些路线。因此可见的可达性是非常重要的。

场所由公共交通路线所包围,公共交通网络划分街区的方式尤其是划分的尺度和形状对场所的可达性有很大影响。

Ⅱ.活力。

伊恩·本特利(Lan Bentley)在《建筑环境共鸣设计》一书中,“活力”一词被表述为“影响着一个既定场所,容纳不同功能的多样化程度之特性”,“能够适应多种不同用途的场所比起那些限制他们于单一固定功能的场所,可以提供给使用者更多的选择。能够提供这种选择机会的场所具有一种我们称作活力的特性”。

Ⅲ.多用途。

不同的用途导致多样的实体形式,并且不同的用途以不同的方式赋予场所多种涵义。

建设公路服务区,尽管态度不同,业主和规划者却都希望拥有高效的环境。业主关心经济效益,规划者希望环境在满足其他条件的同时要易于管理。

Ⅳ.经济。

如果场地使用的费用便宜,就容易实现多种用途;反之,如果费用昂贵,则用途较单一。

Ⅴ.场地边界。

空间的边界很重要,因为大多数活动都在那里发生;对大多数人、大多数场所来说,空间的边界才是场所。有活力的元素通常在周边建筑的地面层。

Ⅵ.机动车与步行活动。

只有当机动车交通量小于250辆/h且多数车辆的终点在区域内部的情况下才有可能出现“共享区域”。

d.旅游公路的场所精神。

旅游公路的场所不是指公路路域内的一个村庄、土地、地形、植被等形式特征,它是被赋予了地方文化的传承体,它是整个区域自然、文化、历史、社会变迁的景观符号化反应,是区域文化的载体。与公路的动态性和流动性特点紧密相关,可以从空间和时间两个层面来进行理解。从空间上看,它是不同的静止文化的联系纽带。高速公路连接众多不同的场所,既然是不同位置,就理所当然拥有各自不同的文化特色,公路不仅连接了这些场所,同时也为众多的文化提供了一个融合交流的通道。从时间上看,公路的文化内涵并不是一个静止的概念,宏观上有过去、现在和未来之别,微观上随着运动时间的变化发生更改和迁移。因此,我们应该动态地看待文化特征,把积淀于人们心中有关公路在不同时间因素下的记忆片段或憧憬用设计的语言加以外化表达。

尊重场地、因地制宜,寻求与场地和周边环境密切联系、形成整体的设计理念,已成为现代园林景观设计的基本原则。风景园林师的作用并非在于刻意创新,更多地在于发现,在于用专业的眼光去观察、去认识场地原有的特性,发现它积极的方面并加以引导。其中,发现与认识的过程也是设计的过程。因此说,最好的设计看上去就像没有经过设计一样,只是对场地景观资源的充分发掘、利用而已。这就要求设计师在对场地充分了解的基础上,概括出场地的最大特性,以此作为设计的基本出发点。就像“潜能布朗”所说的,每一个场地都有巨大的潜能,要善于发现场地的灵魂。

2)旅游公路景观设计方法

(1)基于生态特性的公路景观设计方法

近几年来,随着全球保护生态环境的呼声日益高涨,道路的规划、设计、建设者们开始注重生态理念在道路景观设计中的运用。道路规划设计与建设中,应努力把生态理念落实在一些具体的设计方法上。生态学的本意,是要求规划设计者要更多地了解生物,认识到所有生物互相依赖的生存方式,将各个生物的生存环境彼此连接在一起。这实际上要求我们具有整体的意识,小心谨慎地对待生物、环境,反对孤立的、盲目的整治行为。不能把生态理念简单地理解为大量种树、提高绿量。此外,生态学原理要求我们尊重自然,师法自然,研究自然的演变规律;要顺应自然,减少盲目的人工改造环境,减低道路景观的养护管理成本;要根据区域的自然环境特点,营建道路景观类型,避免对原有环境的彻底破坏;要尊重场地中的其他生物的需求;要保护和利用好自然资源,减少能源消耗等。

①基于生态特性的公路景观设计。

a.保护性设计。

保护设计是指在公路设计前充分调查路线沿线分布的各种有价值的自然和人文资源,设计中合理布置线位充分保护并利用这些有价值的自然、人文资源,使公路与这些有价值的资源和谐共处、互为依存。保护性设计的前提是摆正公路与所经环境的关系,认识到公路工程应是环境的自然组成因子,而不是“唯我独尊”的征服者,公路作为“后来者”应充分体现出对原有环境因子的“尊重与谦让”。

有价值的自然资源包括自然的生态系统,地形、地貌,植被(含古树名木等),自然的河流等。人文资源主要包括各种名胜古迹、村庄学校等。如当高速公路在植被良好的林区通过时,设计人员应当树立“不破坏就是最大的保护”的理念,除非迫不得已,任何通过后天人为的绿化方式也无法与经过长时间的自然演替而形成的结构功能稳定、物种景观多样的自然植被景观相媲美,所以在设计时应强调对原有植被的保护与利用。因征地需要,非移走不可的树木、植被,可考虑先集中假植然后回栽到与其原生境条件相似的地方,达到“事半功倍”的效果。同时,对于有历史及景观价值的古树名木、文物古迹等更应该妥善保护,合理利用。

b.恢复性设计。

恢复性设计是指在公路绿化设计中运用多种技术手段来恢复已遭破坏的生态环境。针对旅游公路建设过程中形成的大量边坡,以往传统的做法是建植种类成分较单一的草皮而达到固土护坡、减少水土流失的目的,但是人工建植的看似景观整洁优美的草皮却不符合自然规律的内在要求,经过一定时间后,不是枯黄消失重新形成裸露的边坡,便是被当地野生的植物吞噬殆尽,效果极不理想。在边坡植物防护技术一直领先的日本,一种新的边坡植物防护的理论逐渐成为工程设计中的主导,这种理论的核心便是"恢复设计",设计人员在确定一处边坡的施工工艺时,首先要对该边坡的地质条件、当地气候、水文条件及周围原有植被的情况等诸多因素进行全面的调查,在此基础上,提出模拟原有植被类型的边坡绿化植物选择方案,方案中不仅要考虑草本地被植物的使用,更为重要的是,要合理搭配(如当地原有的乔木及灌木植物种子),目的就是恢复原有的植被类型,依照这种设计方案施工形成的边坡植被类型能较快地与原有植被融合,不会因原有植被系统产生"免疫"而失败。同时,公路建设所形成的取弃土场的绿化恢复也属于此范畴。

c. 自然式设计。

基于"和谐舒适"的公路景观设计目标要求,大部分旅游公路所处区域是以自然为主的野外环境,旅游公路绿化设计选择"自然式"设计手法便成为必然。自然设计与传统的规则式设计相对应,通过植物群落设计和地形起伏处理,从形式上表现自然,立足于将公路景观充分融入自然环境中,创造和谐、自然的新景观。自然式设计的核心是运用生态学的原理和技术,借鉴地域植物群落的种类组成、结构特点和演替规律,以植物群落为绿化基本单元,科学而艺术地再现地带性群落特征的公路路域生态景观,它是顺应自然规律,利用修复技术,构建层次多、结构复杂和功能多样的植物群落,提高自我维持、更新和发展能力,增强系统的稳定性和抗逆性,实现人工的低度管理和景观的可持续维持和发展。

d. 乡土化设计。

乡土化设计是指通过研究旅游公路所经区域具有的独特的"乡土材料、乡土文化及乡土建筑技术"等,经过科学的分析论证,以继承与发展的态度融入公路景观设计中,达到尊重地域环境、体现地域特色、降低工程造价的目的。植被绿化中物种选择的"适地适树"原则属于此范畴。

②基于生态特性的公路景观设计技术。

a. 3S 技术——宏观格局分析。

3S 技术是一种能够快速准确地获得地面地理信息的技术。包括遥感(Remote Sensing)、地理信息系统(Geographical Information System)、全球定位系统(Global Position System)。

遥感(RS)能及时获得大范围、多时相、多波段的地表信息,为不同时序上从局域到全球各种现象的综合分析创造了条件。利用遥感影像可以进行景观特征分类,制作各种专题地图,制作三维地貌影像图及可视化。

全球定位系统(GPS)能快速精确定位。能将 RS 获取的数据实时、快速地进入 GIS 系统,并保证 RS 数据与地面同步调查数据获取的动态配准,动态地进入 GIS 数据库。

地理信息系统(GIS)能对空间数据进行采集、存储、更新、检索、统计、制图、模型应用和空间分析。GIS 不仅可以将不同格式、零散的数据和图像资料加以综合并存储在一起,便于局部分析及整体决策,而且方便地检查和更新空间信息,为进行生态景观评价分析提供了数据支持,也可以建立仿真模型,通过虚拟现实技术可以使专家对当地的情况进行整体深入了解,便于专家对生态景观进行评价决策。

3S 技术适用于旅游公路景观类型分析、格局变化、生态敏感区规划、内部景观和外部景观设计的研究应用。

生态敏感区是指那些对人类生产、生活活动具有特殊敏感性或具有潜在自然灾害影响,极易受到人为的不当开发活动影响而产生生态负面效应的地区。旅游公路区域生态敏感区的类型包括河流水系、滨水地区、山地丘陵、海滩、特殊或稀有植物群落、野生动物栖息地以及沼泽、海岸湿地等重要生态系统。

b. 三维仿真技术——中微观分析。

三维仿真技术适应于探讨公路的动态景观变化研究,能够通过自由变更视点来模拟出公路景观设计的概况。

公路景观设计所应用的主流软件包括平面设计软件(AutoCAD)、三维建模软件(3ds Max、Sketch UP);后期效果制作软件(Photoshop、Piranesi)。

三维仿真技术可以准确的、便捷的组织数据和设计素材，通常对公路项目的软件应用如下：

手绘草图并输入CAD进行矢量化的平面设计，确定方案。然后使用Photoshop对CAD平面矢量图进行平面效果制作，形成最终方案设计图纸。采用3D建模软件对重点区域（如互通、服务区等）进行建模和渲染，并结合Photoshop制作透视效果图。必要时可生成AVI动画演示。在虚拟模式下制作效果逼真的设计图，可以方便交流和修改，并指导施工。

（2）基于动态特性的公路景观设计方法

①基于动态特性的公路景观设计基本原则。

公路上所有的景观（包括人造自然景观、公路配套设施、公路上的桥梁及各类人工构造物）均应遵守统一与变化、节奏和韵律、均衡、尺度与比例等形式美的普遍原则，同时也要注意到动态中人的审美感受的特殊性。

a.透视性原则。

景观的布置不应影响公路的行车透视性要求，线路上的各组成部分的空间要充裕，保证有足够的视野和视距，使人们始终感到线路流畅，前方永远是康庄大道，视野开阔，景观协调，安全而舒适。

b.诱导性原则。

景观的布置应能使驾驶员在视觉上可以预知路线前方的路况和方向的变化，并且在空间上留有余地，使驾驶员可以及时地采取有效的操纵措施，保证行车的安全，并使车辆的运动状态的改变不至于太突然而导致驾乘人员的不适。

c.景观兼容性原则。

景观的布置要以环境中的自然景观为主、人工景观为辅，并且二者应相互兼容。公路周边的自然景观包括地形、地貌、山林水石，甚至云影天光，均是十分宝贵的景观元素，具有重要的景观价值，因而在设计中，应该尽一切可能，保留这些景观要素，并使之成为公路景观的一部分。

d.景观统一性原则。

公路的基本功能是满足车辆的运行，是运用一切可能的物质技术手段，去实现车辆运行的速度。与速度这一概念相协调，公路的整体景观在形象上应该是简洁而大气、流畅而轻盈，在色调上则应该是和谐而明快。在公路景观设计中，除把中央分隔带、路堤路堑边坡、两侧绿化带、互通立交、服务区和收费站、桥梁作为一个整体通盘考虑，使得景观有统一风格外，还要根据各自功能和服务对象设计不同的景观，在统一中求变化、在变化中达统一。以绿化为例，主线绿化应采用远乔木、中灌木、近花草的布置手法，同时进行大分段，设计不同形式且逐步过渡、连续不断、动中有变的“绿色长廊”。

e.景观协调性原则。

在确定公路的线形和路域内的景观时，要考虑其与环境景观要素在视觉感受上的协调，使路域内外的景观浑然一体，共同构成符合形体美学、均衡完美而又变化多姿的景观，使人们在使用公路系统的过程中获得舒适和愉悦。对于环境中景观不良的区域，可在线路选择时避让或远离从而弱化其影响。当无法避让时，也可通过设置隔离屏障或集密的绿化，将路域外的不良景观隔离开来，即要遵循“佳则收之、俗则摒之”的原则。

②基于动态特性的公路景观设计方法。

a.景观要素的布置。

针对动态中人的视觉特性，在公路景观要素的布置时，要考虑不同路段上视觉停留时间的长短所带来的影响。对灭点位置变化较小的长直线路段，可以考虑布置对景；对视觉停留时间较长的部位（如曲线路段、互通立交、匝道等），景观要素宜作强化处理，以加深景观的视觉印象；而对视觉停留时间短的部位，景观要素的处理可以适当淡化。

此外，还要考虑不同车速时驾驶员视域和注视点变化所带来的影响。在速度逐渐提高的路段，由于驾驶员的视域会越来越窄，注视点也会逐渐变远，设计具有警示和导向作用的路标、绿化等景观时，就应首先根据动态中人的注意力集中和视域变化的规律来确定其有效尺寸和距离。

公路景观类型是由自然的与人工的、有形的与无形的、生物的与非生物的各种复杂元素构成。这些元素的确定、决定了景观类型，影响着环境质量。一般来说，公路景观的构成要素中，既包括公路自身景观，还包括公路周边的自然环境景观要素和公路沿线人文景观要素。周边自然景观包括天然形成的地形、地貌和地物，如平原、山区、草原、森林、大海、湿地、沼泽等景物；人文景观是指人类建造的各种建筑物，如交通设施、城市、村镇、村庄、庙宇等社会文化艺术景物。

b.景观尺度的确定。

景观设计与建筑设计最大的区别在于，园林景观是随季节和时间变化的，是有生命的，是处在不断地生长、运动、变化之中的，具有瞬间性（即高速公路平均时速 80km/h 的动态状态下，环境中尺度小于 1.5m 的物体往往是被忽略的，这是景观设计需要考虑的）、连续性（即驾乘人员始终处于连续运动的状态下，会产生连续的景观序列）、异时性（即处于运动状态下的观赏者所看到的景观不是同时呈现的，而是在短暂的时间间隔后不断呈现的景象）等特点。

公路工程属于典型的线性工程，短则十余公里，长则数十甚至上百公里，基于此，公路景观是一种“点线面”混合结构的景观，公路景观是随着车辆的移动变换空间和时间的，这种空间和时间上的大尺度决定了公路景观的宏观性特点，这也决定了公路景观类型的研究尺度是以宏观为主的。

由于动态中人的景观尺度感是宜车的大尺度，因此，随着车速的提高，人的尺度感不断加大，景观体量也要相应地加大。比如，对于在公路景观中起重要作用的绿化植物，其风格可以是小巧精致和玲珑剔透的，也可以是一挥而就气势磅礴的，但公路大范围绿化种植，一般情况下，“大手笔”绿化种植与现代化公路在内涵上更为协调，更符合人的动态视觉感受。

③公路动态景观设计的表现手法。

作为一个专业的公路景观设计者，考虑到长长的公路是多变的，应该尽量避免产生乏味和疲倦感，因此首先需要做一个线路区域的景观序列分析，以提高驾驶兴趣为目的的图例说明，通过分析公路路域的景观兴趣点牢牢地吸引住驾驶员的注意力。这些景观兴趣点也就是公路的视觉景观资源（包括公路外景观和公路内景观）上看到的每一个景观兴趣点。这样，通过挖掘这些资源，可以在公路视觉范围内把视觉特性设计工作贯穿整个公路设计过程，从景观规划、线路选择到构造物景观等细节设计中。

a.景观序列应遵循的基本原则。

贴近地域特色。高速公路往往连接多个城市和多种地域文化，在不同区域采用不同地域的植物和文化符号，贴近当地风格，这就自然形成了不同特色的路段，就是“地域序列”。

与自然环境协调。同地域序列类似，高速公路通过不同的地貌，如山区段、丘陵段、平原段等，就会形成不一样的景观效果，相应的气候、植物等都有差别，景观营造也应结合特点分段考虑，形成不同的“环境序列”。

以上两个原则和相应的序列是客观形成的，并不像园林造园那样有明确的主次之分（见图 9-33）。

b.景观序列的组成。

Ⅰ.端点。这里，端点即高速公路连接一些大城市的入口，很多城市都把这一端点的景观当作一个城市的门面，是给人传达城市的第一印象的地方，所以单独成为序列中的一部分，景观档次相对较高，城市符号比较丰富，样式比较活跃，体现“迎”的气氛。应注意的是：公路没有绝对的起点和终点，所以从北京到天津，北京可以作为意识上的“起点”，但从天津再到北京，那北京又成了意识上的“终点”。所以在设计上要避免一个端点设计成“迎客段”，而另一端设计成“送客段”，避免造成尴尬。

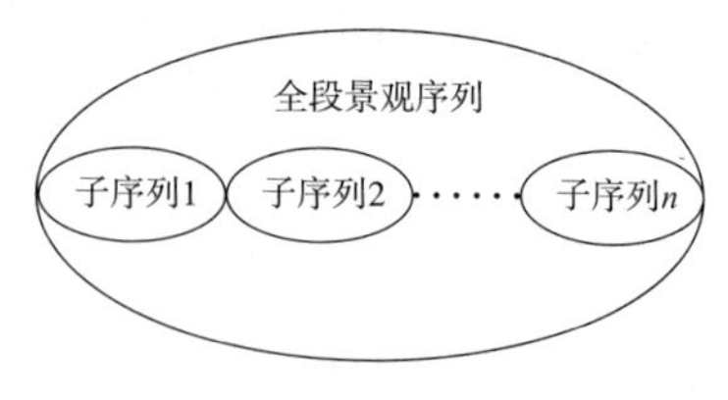

图 9-33 景观序列模型

Ⅱ.引导。形成的序列要配合交通知识标志和景观的过渡与引导。交通标志要符合标准，对于可以自行设计的标志，要符合序列段的地域文化特征。景观也要随序列的改变从一种形式和色彩过渡到另一种。

Ⅲ.韵律节奏。公路在视觉效应上应该是一条动态景观的廊道。由于此廊道具有长度大，并且视点又以一定速度运动的特点，因此，在公路景观设计中，应重视人的视感的变化及由此实现的美感特性中序列、节奏、韵律等法则的应用，这些法则的应用是实现富于动感、协调、优美的景观效果的重要手段。视点运动着的人们希望看到优美、和谐、变化和有序的景观，并存在坚持追逐这些景观，且不到终点就不停止的愿望。因此，遵循形式美的普遍原则并充分考虑动态中人的美感特性是公路景观设计成败的关键。

Ⅳ.高潮(见图9-34)。景观空间序列是由若干自然与人文景观元素构成的，由起景、过渡、高潮、过渡、结尾等几部分依次展开，一些复杂的序列还包括有序景、转折等部分。序列中的高潮可能存在多的一般为景观节点(互通或沿途的风景优异处等)，这是景观效果最佳所在。一个景观序列单元要有开始和结尾，并且至少有一个高潮。公路中的一座桥梁、一处立交、一个收费站、一处具有景观特征的自然风景或人工构造物，都可以成为景观中的高潮而通过序列去引导、去预示、去渲染和去展现。从序列的开始到序列的结束，通过这些引导、预示和渲染，人们就会体验到完美的视觉感受。因此，公路景观设计中应充分合理地利用景观特色带和景观过渡带，形成有张有弛的景观序列，避免视野过于复杂或过于单调。同时，应立足于沿线原有的景观特色，通过视线的引导，创造视觉的兴奋点。

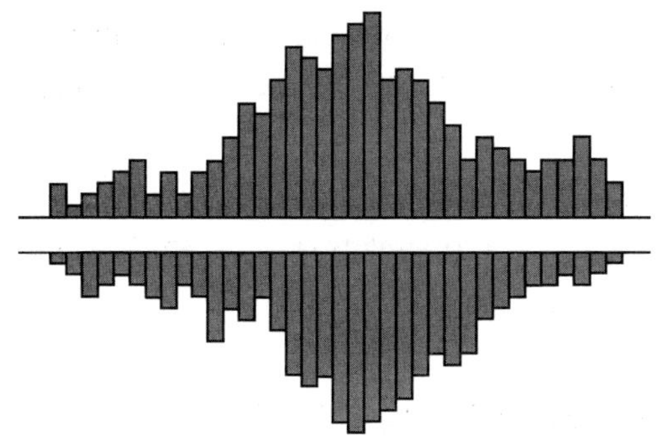

图9-34 子序列1(起景、过渡、高潮、过渡、结尾)

c.兴奋点。

公路景观作为一种线形景观，穿越的地域比较多，沿线各种自然景观和人文景观既包含点式的景观节点，又有成片状的农田、草原、水域、山林景观。这些景观在游人观赏的景观序列中构成了一系列的景观平台区和景观兴奋点。通过对公路沿线景观兴奋点的设计，有利于消除长途旅行和公路沿线长距离驾驶给游人和驾驶员带来的视觉疲劳，提高乘车旅游的舒适性，增加公路沿线景观的观赏性和行车安全性。运用景观兴奋点设计方法，依据公路景观评价中各景观节点的分值来确定它们的视觉景观兴奋度，结合公路景观序列空间布局的实际情况，进行公路景观整体规划设计，合理有序地把沿途的自然景观和人文景观展现给游客，使得游人乘车犹如观赏一幅幅风景画的效果。

设置基本原则：

Ⅰ.兴奋点的位置选择、景观色彩及造型的设计都应满足道路交通安全设计要求。

Ⅱ.尽量不用易引起驾驶员视线停滞和错觉的景观色彩和景观造型，注重景观宏观效果，减少对景观细部的刻画处理，保证旅游交通安全。

(3)基于美学特性的公路人文景观设计方法

人文景观是人为主导的景观，它反映了人与自然环境间的相互作用，能够提供历史见证，是研究历史文化的好教材，具有重要人文价值。人文景观涉及自然风光、民族风情、宗教信仰、文物古迹、民间工艺和历史人物等。作为旅游公路景观，自然风光是基础，但只有绚丽的自然之美而无人文景观相辉映，便会显得单调、平板。很少有景点属于单一的自然景观，自然景观中通常都渗透着文化景观。一些自然风景区之所以游客趋之若鹜，一个很重要的原因就是因为当地保留了大量的历史文化遗迹。文化景观作为旅游资源来开发，其价值较单纯的自然景观要高许多倍。

旅游公路作为连续的线形空间，沿线跨越了不同的景观区域，是展示和宣扬沿线地域文化的良好载体。文化参与并支配着公路结构的塑造，诠释着公路的外在形象，而且，地域文化的渲染对丰富公路景观的文化内涵和推动当地旅游业必将起到积极的作用。公路的人文价值，不仅体现在有形的文化遗迹上，而且体现在无形的文化内核上。因此旅游公路形象不仅要重视“物”的建设，“文”的塑造也不容忽视。正是由于文化参与并支配了公路结构的塑造，才使公路的外在形象有了人文价值的诠释。旅游公路人文景观的属性就是要充分表达公路及其所连接景区的主题及个性，实现内在美与外在美的和谐。

在进行旅游公路景观设计时，应该利用文化的引导，使用艺术美学手法创造富含地域文化的景观环境，为游客提供具有导向意义的文化信息。将公路所在景区的地域文化符号赋予公路本身及其构造物，将相关的自然环境因素作为其背景或底色，以丰富旅游公路的人文形象，使其体现沿线的文化特点。

设计基本三要素如下：

①设计场所精神的把握。

旅游公路人文景观设计时，应在深入分析公路沿线人文景观特点的基础上，把握文脉特征，依据其景观价值的高低和景观类型进行分类保护或有机更新。

首先，从旅游公路景观整体上看，当旅游公路穿越景区区域时，要灵活设计线形，通过挖掘景区特性文化来创造引人入胜的景观元素设计作品，让驾驶员在旅游公路上进行高速流动的同时能与景区文化进行交流；当旅游公路穿越城镇区域时，应考虑如何把公路景观建设与城镇经济发展结合起来，通过合理的规划设计保障公路交通功能的正常发挥和城镇景观的独特展现；当旅游公路穿越乡村区域时，应对公路两侧散落的民房进行必要的修饰和管理，对那些布局零乱的建筑应进行统一的立面色彩景观改造，对公路两侧不雅的景观应通过适当的植物绿化手段进行遮挡或屏蔽，满足公路视觉景观质量的高标准要求，确保整条旅游公路景观的和谐与雅致等。

其次，在景观重要节点设计上，要个性鲜明，反应当地文化特色，具有标志性。譬如旅游公路服务区作为区域文化积淀的载体和反映，在设计上要充分结合场地地形、满足服务基本功能的基础上，自然融合对建筑造型和色彩、绿化园地、景观小品的设计，营造文脉特色，构筑人性化停留场所。

②频率和方式。

要注意文化特征表达的频率和方式，以减少现代化的高速公路导致的文化趋同现象。例如作为一条旅游公路，沿线建筑风格应该在统一中求变化，避免单纯追求变化而缺乏统一脉络。

③设计的尺度及规模。

人文景观大小取决于周围环境的三维尺度，同时要满足交通安全需求。单独的景观根据所处位置决定，服务区、停车区、观景台等静态观景的位置可以使用较为细腻的景观，甚至利用中国古典园林的各种手法；其他位置都要求有一定突出的体积，在高速行驶的车辆上远远便可望见，给行车人一个视觉上的准备。相反，如果景观过于小，行驶中没有预见轮廓，近处时突然出现，不但起不到景观作用，还会突然分散人的注意力，造成交通隐患。

(4)“关联综合性”设计

景观往往是“生态”、“视觉”与“美学”等之间的相互作用，而不是纯粹的叠加。景观的视觉效应随审美主体的状态、景观的色彩以及景观小品布置的不同而异，旅游公路景观设计中最重要的一点是组织的艺术，也就是把景观要素艺术地组织起来，使之适合旅游公路的节奏流动变化，从而体验到舒适愉快的美感。按照方法论的原则，整体功能不是各部分功能的简单相加，而部分如果脱离整体也就是失去了原有的功能。因此，可以理解一个好的景观取决于景观的综合设计，使各部分的景观特征能展示出来，并把审美主体带入到最好的景观序列中。旅游公路不仅要满足汽车的动力学要求，还必须使旅客在行车过程中有充分的安全、舒适感，不能孤立地评价旅游公路景观要素，而应当把它们看作有机联系的整体，进行景观的综合设计。

因此，旅游公路景观设计在考虑公路的线形路域内的景观时，还要考虑其与环境景观要素在视觉感受上的协调，使路域内外的景观浑然一体，共同构成符合形体美学、均衡完美而又变化多姿的景观，使人们在使用旅游公路的过程中感到舒适和愉悦。对于环境中景观不良的区域，可在线路选择时避让或远离从而弱化其影响。当无法避让时，也可通过设置隔离屏障或集密的绿化，将路域外的不良景观隔离开来，使旅游公路成为集艺术、生态、园林、环保、美学等多功能于一体的生态景观走廊。

9.5.2 旅游公路景观设计技术研究

1)公路视觉景观设计技术

(1)视觉段落划分

高速公路是一种高速行驶下观赏的线性景观，跨越地域一般较长，大地景观类型一般也有所差异，在景观设计时，往往不能一概而论，平原、山地、丘陵、滨水等各种地貌直接影响景观的可视程度、心理感受、植被类型等，因此，对公路所跨越区域应有一个基本的分类，有针对性地进行景观设计。

要达到合理划分设计段落的目的，就需要对公路视觉风貌有一个总体而直观地把控。传统的设计方法中也不乏“段落划分”的手法，多基于前期的现场踏勘调研，了解到一个大概的地貌情况，如哪里有山、哪里有水、哪里有农田、哪里有村镇,根据路程的长短将公路较均匀地分为2～3段,有变化地给每个段落赋予主题,并规划出不同的景观形式与景观色彩进行绿化,这样的划分虽具有一定直观的道理,但缺乏科学性。

为了更科学合理地分析高速公路景观段落,我们要借助遥感技术配合现场踏勘将地貌图像更直观地展现:利用计算机对获得的数据进行解析,通过高度数据筛选出不同的地貌所占的比例,从而选出占有主要比重的几种地貌类型(如水系、平地、微丘、山地等)对公路进行第一次划分;筛选出主要的几种植被类型(如针叶、阔叶、乔木为主、灌木为主等)对公路进行第二次划分;筛选出公路周围环境主要色调(如植物绿色、红色,水体蓝色,村镇白色等)对公路进行第三次划分。另外,还可以通过分析视线远近、气候特征等因素对公路形成的视觉景观类型进行分段,分段参考因素要根据公路的实际情况具体实施。

基于遥感数据的几种不同视觉,段落划分依据不同,可能存在一定的差异、相似和互补性,对这些分段进行段落叠加,并人为分析其合理性,最终确定一条公路的视觉段落。

人为整合过程是结合科学分析数据,规划相关理论、景观美学理论等做出的划分调整。它的形成应遵循如下几个原则:

①符合景观序列技术理论。

段落划分是基于景观序列技术理论下利用遥感技术使划分更加科学合理,所以总体上是符合景观序列技术理论的。

②生态性。

公路跨越区域较广,不同的地段有不同的气候以及水文环境特征,划分时应充分考虑各类型地区的植被生长条件,生态优先,划分出不同区域,以便设计时使用不同生态习性的植物。

③连续性。

高速公路景观是一种高速流动的景观,划分段落不宜过于破碎,某种类型的段落长度相对较小的段落,在不影响"生态性"的基础上,可以和相邻近其他类型段落合而为一。如公路的地貌分区为"平原80km—水体30km—平原10km—水体40km—山地70km"。其中两个水体之间被10km的平原隔开,分割距离相对较短,这样就比较破碎,水体和平原同样视野较开阔,故可以将其并入水体区域,将分段调整为"平原80km—水体80km—山地70km"3段。

④标志性。

在以往的公路规划设计中,段落划分往往只是标记一个整数的桩号即可,行车到两个段落交界处,往往因为设计景观植物色彩、形态差异较大,在视觉上形成了一种景观戛然而止,另一种突然出现的唐突感,如A段路侧使用红花夹竹桃,B段使用双荚槐,交界处自然有明显的分界感。在城市园林设计中,我们可以采取丰富的植材精细地营造两种景观的过渡,但对于要求较粗放,可选植材有限的高速公路,显然不能采用城市园林的设计手法。

在分段时,我们可以利用景观节点来消除段落交界处的尴尬。如分段止于A点,而在距离A点几百米处有一处互通,则不妨将A点移至互通处,这样在结束一段景观类型,就自然地进入节点景观高潮,结束互通景观,再变化为另一种景观类型就不会有唐突的感觉,而且更能让人通过景观节点捕捉到景观改变的标志性。类似可用的景观节点还有隧道、服务区、主线桥梁、景观性突出的跨线桥等。

(2)景观节点的选择

景观节点有很多种,互通立交、隧道的选择更多考虑的是其连接的功能,但服务区、观景台,除了要考虑其服务功能,更要选择最舒适的视觉空间和最优美的景观环境。通过遥感影像的视觉分析以及现场的踏勘,可以较为准确地选择合适的地点。

服务区的选择要兼顾以下几点:

①位置适中,两个服务区之间或起止点到服务区距离不能太近或太远,一般为50km,最远不超过60km,满足服务功能又不能造成功能重复。

②地势平坦且面积足够大,方便施工建设与车辆出入。

③周围景观优美，符合旅游公路的风貌，有时也可以结合观景台的功能，有利于宣传旅游文化。

观景台的选择要兼顾以下几点：

①根据沿线线形特征和沿线的地形地貌等环境条件，合理地选定观景台休息区位置。要从公路的线形关系出发，避免将观景台设置在小半径的平、竖曲线上和陡坡区段内，以及曲线的凹处。有的路段穿越山高林密的山区地带，视距严重不良，要考虑观景台的布置对公路交通安全造成的影响，并且应紧密结合当地的地质条件，避免选在土质疏松，易发生地质灾害的地方。

②尽量选择景色优美、视野开阔的地段作为观景台。秀丽的山水、江河湖海，优美的自然景观及名胜古迹等最为旅行者所喜爱。

(3)景观植物选择与植物造景

①景观植物选择。

旅游公路大多邻近旅游区生态保护区等地域，周围环境中有着更多的自然美，相对于一般公路，更讲求绿化设计与自然美景相融合。一般的公路设计中，植物选择往往一步到位，在设计开始前，就将植物种类敲定下来，这对设计流程是一种推动，但同时也限制了设计的自由，对于本身植被就丰富多样的旅游路，这样的步骤显然不尽合理。

在景观植物选择前，首先要明确公路美学理论，并再次利用遥感相关数据分析理清各段落路侧植被类型、植被色彩、景观优势与不足，最后通过现场踏勘验证分析结果，补充更完整的当地植物调查资料和苗圃调查资料。

景观植物选择时，应充分考虑旅游公路的自然化的景观特征，进行“总—分—合”3步选择。

a.“总”。通过不同的景观功能角度入手，尽可能全面地收集适合某地区旅游公路造景的植物。可参照下面两种角度考虑：

动态型、静态型。即哪些植物适合公路主线的动态观景情况下营造色彩及竖向变化的景观；哪些植物适合在互通匝道内、服务区、观景台等相对静态的环境下造景。

融合性景观植物、造景性景观植物、点景性景观植物。即哪些植物与周围环境植物类型一致或相似可以相融合；哪些植物适合营造景观突出的景观效果；哪些植物适合“万绿丛中一点红”或“鹤立鸡群”的点景。通过第一轮筛选，得到的植物种类应该比较多，给设计过程一个较宽松的选择范围。

b.“分”。根据公路段落的划分，路侧、中分带、景观节点不同分项的特点，结合实际情况做出各分项初步设计方案，在上一步骤形成的植物范围内敲定各分项使用的植物种类。这一过程中要考虑设计原则、理念以及设计主题等因素，范围内的植物不一定都用到。

c.“合”。将上一步骤各个分项使用的造景植物做并集处理，估算各品种植物使用量，并结合苗圃调查结果，找出使用量过大或市场上苗源紧张的种类，应选择与之属性类似的品种做替换备选(如圆柏和刺柏类似可以相互替换)，并去掉原范围中没有使用到的植物，这样就形成了一条旅游公路的景观植物列表。

②植物造景方法。

现代公路绿化中，在公路用地范围内的不同区域根据立地条件选择不同类型的植物，最大限度地模拟当地的自然植物群落进行绿化设计，在适合的地点选择适当的绿化栽植模式，以期达到最佳的观赏效果和最佳的生态效益。

a.点植

在公路用地范围内的不同区域根据个体姿态的独特美感和特点而采用此法。适合点植或孤植的树木要求有较高的观赏价值。

姿态优美或体形高大雄伟或冠大荫浓。圆球形的树木如海桐、大叶黄杨、苏铁，尖塔形的如雪松、南洋杉、桦、冷杉、云杉，伞形的如合欢、凤凰木、棕榈、龙爪槭，垂枝形的垂柳，有浓荫的梧桐、悬铃木、香樟、榕树。

叶色突出。叶为红色的如红枫、红花继木；秋色叶为红色的如枫香、平基槭、元宝枫、栎类、乌桕，秋色叶黄色的如银杏、马褂木、无患子、金钱桦，叶色为镶嵌状的如洒金东瀛珊瑚、金心(金边、银心银边)大叶黄杨。

花大色艳芳香。观花效果显著的种类如广玉兰、玉兰、凤凰木、栾树、樱花、梅花、海棠、叶子花，花有芳香的如白兰花、桂花、波斯丁香。

观果效果好。果实形状奇、巨、丰的种类，如枸骨、接骨木、金银木、柚子、柿子。

b.规则式种植

收费站出入口、服务区出入口建筑物前、道路两旁等地方一般需要规则式布置，以衬托或严谨、或肃穆、或整齐的气氛。

对植。选用圆球形、尖塔形、圆锥形的树木，如海桐、圆柏、黑松、雪松、大叶黄杨、含笑(修剪成球形)。多数在建筑物前或入口处。

列植。行道树或绿篱的种植形式。行道树一般选用冠大荫浓、耐修剪、发芽早而落叶迟、花果不污染环境、抗逆性强、病虫害少、深根系的树种。北方多为落叶树，热带多用常绿树，如悬铃木、榆、槐、杨、广玉兰、香樟、银杏、合欢、凤凰木、羊蹄甲、假槟榔、木棉、栾树、无患子、喜树、杜英、椴树、马褂木、刺槐、七叶树、白蜡。绿篱或绿墙是用来分隔空间、遮蔽视线、衬托景物、美化环境以及防护作用，一般选择常绿、萌芽力强、耐修剪、生长缓慢、叶小的树种，如珊瑚树、大叶黄杨、小叶女贞、黄杨、枸骨、九里香、茶、圆柏、侧柏、女贞、栀子花、白蜡等。

c.丛植(群植或者片植)

丛植或群植在互通立交区或者服务区、停车区中或者大型平台边坡应用最多，属自然布置的人工栽培模拟群落。在种类搭配上除考虑生态习性、种间关系以外，以叶色为主进行组合，一般采用针、阔叶树搭配，常绿与落叶搭配，乔、灌、草搭配，形成具有丰富的林冠线和春花、夏绿、秋色(实)、冬姿季相变化的人工群落。群落上层选喜阳的大乔木，群落中层选耐半阴的小乔木，下层多为花灌木，耐阴的种类置于树林下层，喜光的种植在群落的边缘，地被层则选择耐阴的草本。这种群落的设计灵活性很大，依设计者个人的审美层次、爱好以及对景观绿化的审美理解和掌握植物的多少来具体体现，同样的树种在同一地点布置，不同的设计会有不同的植物景观效果。

(4)景观开合研究

和园林造园相通，在高速公路的景观营造中也讲究明暗开合、借景入景的设计手法(见图 9-35)。在高速公路上，除了隧道，人们都有很立体的空间感。而且也会存在“实隔”、“虚隔”、“开敞”的空间。实隔(见图 9-36)一般为路侧的山体、建筑或声屏障等构筑物，空间是相对封闭与压迫的，这种情况的产生和天然地貌、人为选线都有关系；虚隔(见图 9-37)一般就是植物的栽植情况决定的，是一种若隐若现的半封闭视觉空间，是设计中可以灵活运用植物进行安排的，可以增加景观的层次；开敞则是视线不受阻，自由地延伸到远处的自然景观中，给人开阔、自由的感觉。

图 9-35　植物屏障

图 9-36　山体实隔

在进一步分析景观开合之前，需要先说一下古典园林的借景——“除了中国园林的传统手法。有意识地把园外的景物‘借’到园内视景范围中来。园林中的借景有收无限于有限之中的妙用”。在公路上，原理大同小异，就是把公路以外的自然或人文景观借入公路景观，使公路景观提高层次，并融入周围环境(见图 9-38)。

图 9-37 虚隔并借景寺庙

图 9-38 开敞并借景山水

公路自身只是带状的狭窄空间，人们在行车过程中的所见所感，更多借用了公路以外的自然景观。虚实开合的应用也要结合景观变化：较大的水面、整齐的农田、古老的村庄、人文遗迹等可采用开敞的方式；高大的构筑物、山体，自然地林带，可采用虚隔，增加层次；遇到破败的景象、坟地、工厂等，可避让或增加植物进行实隔。开合变化不仅可以配合自然景观，也会让人在视线中不断改变景深，从中寻找乐趣。

对于旅游公路，路域景观与周围景观的相融十分重要。填方路侧应采取“净区”（见图 9-39）设置，容许过错车辆一定程度地驶离路面，并为驶离路面的车辆提供一个安全返回的空间；挖方地区尽量模仿自然山体的坡度，淡化高速公路与两侧的界线，将高速公路与周围环境融为一体。可将一些坡面合理地放缓，开阔人的视域范围，减少压抑感，同时增大绿化面积，减少拱形骨架等混凝土防护工程，还人们一个尽量自然的视觉感受。

a)

b)

图 9-39 路侧净区示意图

2）公路生态景观设计技术

（1）生态植物选择

旅游公路的生态要求与高等级公路相比有所不同，旅游公路则多处于生态环境较佳的山区，为保护公路沿线良好的植被和生态环境，表现地区特色，这类公路通常顺地形布设、随弯就势、蜿蜒起伏，尽量与环境相融洽。绿化工程也必须遵循与环境相融洽的原则，因此，所选绿化物种就要求在外形、生态习性等各方面与当地本土物种较为接近，对路基工程造成的环境破坏要有针对性的修复作用，且不会对本地物种产生侵害。这里强调生态植物与上一节提到的景观植物并不矛盾，是一种相辅相成的补充。

生态植物的研究偏重于功能性，主要有乡土植物、速生植物、护坡植物、生态刺篱等。

a. 乡土植物。乡土植物是指本地区天然分布植物或者已引种多年且在当地一直表现良好的外来植物品种。选择乡土植物主要考虑乡土植物的适应性和抗逆性，乡土植物对环境的融合性。

b. 速生植物。速生树种是指生长快、成材早的树木品种，我国常见的有杨树、桉树、柳树等。这些植物可以迅速达到绿化效果，适合作为防护林、背景树等。

c. 护坡植物。边坡的填挖造成了土壤结构的破坏，植物生长条件比较苛刻，需要结合工程防护措施采用一些抗性强、保持水土、改良土壤的植物尽快恢复土壤的生态性，形成绿色、稳定的边坡生态结构。

d.生态刺篱。一般高速公路红线范围都是用隔离栅来圈定的，一方面明确界限，另一方面防止人或动物进入高速公路而产生交通安全隐患。但旅游公路更加强调生态自然美，要求尽量掩盖或融合人工化的痕迹，钢丝铁网的隔离栅显然是一种大量存在的不良景观，可以根据地域条件选择一些适合的刺篱作为隔离栅的替代品，使景观更加和谐。

(2)边坡生态修复技术

公路边坡的是高速公路尤其是山区高速公路景观处理的重点和难点，影响公路整体景观的边坡因素主要有边坡坡率、坡顶坡脚的处理、边坡挡墙、排水沟、截水沟及边坡绿化等，上述几点是有机联系的整体，因此在考虑边坡的景观设计时应树立系统的观点，将与边坡相关的设施作为边坡的整体进行考虑。公路边坡设计的最终目的就是实现边坡与路线、边坡与周围环境的协调统一，尽量弱化边坡的人工痕迹，使公路边坡融入路线和周围环境中去。

①边坡坡率的选择及细部处理。

边坡坡率是塑造边坡景观的骨架和基础，合理确定边坡坡率能达到“事半功倍”的效果，依据边坡地质条件和周围用地条件灵活确定边坡坡率，景观要求：

a.坚硬的石质边坡的坡率。当为质地坚硬、稳定的岩石时，可采用较陡的坡率，甚至接近90°的坡率(见图9-40)。

b.较软的边坡坡率。当边坡质地较软时，则尽量放缓边坡(见图9-41)，既安全美观又可为以后植被恢复提供条件。

c.边坡的分级处理。除高陡不稳定边坡外，边坡可以一坡到顶而不进行分级处理(见图9-42)。

图9-40　陡直的石质边坡

图9-41　舒缓的土质边坡

d.坡脚与坡顶的处理。边坡坡顶和坡脚应进行圆弧处理(见图9-43)，使之与周围地貌协调。

图9-42　坡到顶的长边坡

图9-43　坡顶的圆弧自然过渡

②挡墙的弱化处理。

边坡挡墙是边坡的重要组成形式，对公路景观的影响明显而突出，以往公路工程建设过程中不太重视对边坡挡墙的景观处理，挡墙大多采用浆砌片石或混凝土浇筑等形式，无论是色彩还是材料质感都不能与环境协调，容易引起驾驶员的视觉疲劳，存在交通安全隐患。

a.硬质材质要求：

以隐蔽为主，装饰为辅，重在与周边环境的协调统一。在结构安全许可的条件下，尽量减小结构物体量，使其在环境中不显突兀。结构物装饰从周边环境中提取元素，尽量乡土化，避免与环境产生不协调感(见图 9-44)。

b.植被柔化要求：

前期主体设计中设置了一定数量的路堑矮墙等硬性防护措施以保证公路边坡的稳定，为弱化这些硬性防护结构物给过往驾乘人员带来的生硬视觉冲击，设计中结合路堑矮墙等硬性防护措施周边环境特点，采取在其上下方栽植攀缘植物的方式进行绿化覆盖，以弱化其生硬感(见图 9-45)。

图 9-44　乡土材料的挡土墙

图 9-45　自然美观的挡土墙

③植被景观融合处理。

边坡植被景观与周围环境应有自然的过渡，即要求坡上植被与周围环境植被类型有一定联系和一致性。如环境植被为常绿为主，边坡植被也应为常绿为主；环境植被偏于深绿的色彩，边坡就尽量不要与此色彩相反，如果考虑色彩主题一定要使用其他色彩，可采取由坡顶向公路逐渐的色彩过渡。融合的处理方式力求模糊人工痕迹，使景观更加接近自然生态。

(3)取弃土场生态修复

公路建设工程是线性建设项目，对地面的扰动较大，建设过程中需要大量的土石来填筑路基或者开挖山体建设隧道等，都可使地表裸露、土壤疏松、表土抗蚀能力减弱，使原生地貌和植被遭受破坏，特别是公路建设中取土场和弃土场区域。由于形成了新的坡面，加剧了土壤侵蚀，易造成水土流失，若不采取有效的植被恢复或者防护措施，必然导致水土流失的加剧和生态环境的恶化，因此在取、弃土场建设工程中，必须采取有效的植被恢复等生态防护措施及保护措施。

①植被恢复设计。

取土场为挖损地貌，其场地开挖后，由于植被破坏，地表裸露，易形成水蚀，此外，山体开挖面——土岩体易形成风化、坍塌、滑坡等重力侵蚀。在取弃土场生态绿化技术里，对于小型的取土坑，能够回填恢复的，利用路基建设不需要的废方进行回填，其上覆盖腐殖土种植草皮或复耕。其次，对于大型的取土坑，难以恢复原状的，经过研究和讨论，能利用为鱼塘等的最好，不可行的也要尽量种植被，可采用林、草、藤结合，这样生态恢复快、效果好，避免了大面积的土石裸露，提高了周围环境和自然景观。

弃土场为松散堆垫体，其表面裸露，透水性强，不均匀沉降剧烈，在雨水及地表径流的冲刷下极易形成水蚀。此外，降雨入渗和裂缝灌水又易造成滑坡和泥石流。因此要合理选择弃土场地址，以工程措施为先导，以逐渐接近周边自然环境为设计目标，建成的弃土场要求具有平坦的表面，高陡的要进行削坡升级，实施排水工程，弃渣弃土进行分项设计，增加稳定性，尽量恢复成适合一般农作物或树木的生长环境。从经验得出，对土质边坡可采取乔灌草结合的立体植被进行防护，对石质边坡的弃土场，可先进行覆土整治，再恢复植被。

这样植被工程3～4年后，植被覆盖了裸露面，根系下扎，植被固坡保土涵养水源的功能逐渐加强，取弃土场松散的堆积物自然沉降压实，其上的水土流失可逐渐得到控制。注意工程措施和生物措施结合防治水土流失，不仅可减小公路施工对生态环境的破坏，而且对保证公路正常运行，保证交通的畅通，减少因公路塌方等造成的经济损失都具有重要意义。

鉴于此，综合分析取弃土场植被受损状况，结合公路建设工程对生态系统的影响程度，对公路建设工程沿线取弃土场的植被进行监控，及时发现问题，并采取相应的措施，对公路生态环境的保护、恢复和建设有重大的意义。

②场地再利用设计。

在公路建设过程中，随着地形地貌的不同，产生的取弃土场的数量和品质不同，设置取弃土场的自然条件不同，采用的生态绿化技术也就不同，同时对生态环境的影响也不同，取弃土场的再利用方式也存在很大的不同，甚至千差万别。因此，取弃土场的合理选址是取弃土场再利用设计的关键。取土场、弃土场位置的确定一般要从两个方面考虑：一方面是取土场的土质要符合工程要求；另一方面是取、弃土场一般应为荒山、荒地、旱地。取土场同时可以兼作弃土场，弃土场的位置一般为沿线两侧的冲沟、凹地或荒地。

就现阶段而言，对于取弃土场的再利用方式一般为复耕、复垦或者生态绿化，复耕、复垦一般是还田、还地、还林于当地的有效手段之一，这里不做阐述，但是就生态绿化而言，对于公路取弃土场的生态绿化设计应坚持“恢复性设计”的原则，植物材料选择乡土化的种类，并模拟取弃土场当地原有植被的群落结构与生态习性，建植“原生态”型的地表植被覆盖体系，结合工程防护措施达到对取弃土场的生态防护目的，最大限度地减少水土流失的发生。同时经过植被恢复的取土场经过一定时间的自然演替后可以与周围自然生态环境有机融合，达到增加植被覆盖率和美化环境的目的。

③场地再利用设计要点。

a.表土的保护与利用。严格执行取弃土场地清表土的剥离、集中堆置及恢复利用的管理措施和技术要求，最好能与施工单位签订相关责任书，制定奖惩措施。

植被的保护与利用。取弃土场地的原有植被都应该尽可能地移植利用，应该严禁清表式的简单砍伐处理，尤其是地被植物层更应该严格移植利用。

b.取土场的开挖。山坡取土场开挖边坡应考虑与自然边坡相同，以保证开挖后的边坡稳定以及与自然环境的协调一致。

c.路侧较大型取土场的景观处理。距路稍远但又在视线范围之内的较大型取土场，在进行植被恢复的同时，可以考虑临路侧设置土堤式景观屏障，形成人工路堑进行景观遮挡。

d.取弃土场的恢复绿化。取弃土场的绿化应以防护为主，因此，选择栽植方式以自然式、乔灌木混交林为主。树种的选择应遵循“适地适树”的原则，选用当地易成活的落叶乔木、灌木进行逐行栽植。

e.利用取弃土场造景或补偿湿地、动物栖息地。路侧小型取弃土场可以考虑结合周围环境景观情况改造成观景台。水源充足的区域，由于积水和地下水反渗，取土坑会形成一个个的水塘，对其进行合理的改造利用，就可形成新的景观或开辟为新的活动场所，如利用水塘营造湿地景观以增加公路沿线的异质景观；被丛林环绕的取土坑池塘可形成供水禽栖息、产卵、育雏的自然保护地等。

(4)水岸生态修复

旅游高速公路景观敏感性一般较高，除了植被敏感，水体也是极易受到公路上人车活动影响的。一些较大的场地，如服务区、观景台可能邻近水系，施工造成的前期破坏应得到生态化的修复。

①视觉景观美化。

河流水系作为开放性的空间，有效地拓展了视域景观空间。水岸是一种独特的景观，在自然界中极具景观美学价值，可以进行多角度欣赏，如对岸景观、鸟瞰景观等。在护岸建设中，护岸景观的创造应依照自然规律和美学原则，进行护岸的平面纵向形态规划和横向断面设计。护岸景观元素的设计，通过景观的生态设计创造护岸的美感度，强化水系的个性和特色。护岸有曲直之分，但以曲为主，曲代表着自然、生命和变化，有自然和人工之分，以自然为主，并与技术手法相结合。

②亲水度及水岸设计。

水岸空间是游憩行为发生最频繁的地带。水体空间具有开敞的视野、新鲜的空气、愉悦的鸟鸣，吸引着人们前往接近水岸，进行各种亲水性活动，包括静态的垂钓、驻留、戏水等。而护岸的坚固密实与疏松，护岸的高度、陡峭度等都决定着水体的可达性。在旅游公路附近水域多为生态敏感型水域，在护岸设计中，了解大众行为心理，在水边有选择地开辟亲水设施，选择合理区段进行相应的护岸空间形态设计，约束人们的亲水行为，并加强环保意识的宣传。在特殊的情况下可以不设置亲水设施，使用绿化手段阻隔人们活动范围。

除亲水设施之外，驳岸应尽量与水面自然过渡，符合区域水岸风貌，虽由人作宛自天开。

非结构性护岸是按照自然水岸的模式，运用自然界物质形成的坡度较缓的水系护岸。根据人为干扰因素的强弱，又可分为两种：一是自然缓坡式护岸，这种护岸不需过多的人工处理，按土壤的自然安息角（小于30℃左右）进行放坡，并按每层厚250～300mm逐层夯实，面层种植植物或铺设细砂、卵石，形成草坡、沙滩或卵石滩。二是生态工程护岸，将生态工程技术应用到护岸中，固土护坡，保护水资源。生态工程技术主要致力于在护岸植被形成之前，运用自然可降解的材料，来保护岸坡。当岸坡的坡度超过自然安息角或土质不稳定时，需要对护岸进行人工防冲蚀和加固处理，可运用稻草、黄麻、椰壳纤维等自然界原生物质制作垫子、纤维织物等，通过覆盖或层层堆叠等形式来阻止土壤的流失和地坡的侵蚀，并在岸坡种植植被和树木。当这些原生纤维材料缓慢降解，并最终回归自然时，岸坡的植被已形成发达的根系而保护护岸。原生纤维材料中以椰壳纤维性能最佳，其保水性好，耐久性强，寿命可长达5～6年（见图9-46）。

图9-46　自然生态水岸示意图

结构性护岸中的柔性护岸。按照力学原则，运用木材、石材、混凝土等材料，结合植物种植形成的护岸，包混凝土构件护岸、干砌块石护岸、木桩护岸等。这种护岸融工程技术与生态技术为一体，一方面石材、混凝土等材料的硬度高，能抵抗较强的水流冲蚀，保证护岸的安全稳定；另一方面护岸材料之间具有许多的空隙和缝隙，有利于植物的根系生长，并允许水陆生态系统进行物质、能量和信息的交换，为鱼、虾等水生动物提供了可靠的栖居空间。柔性护岸适用于各种坡度的岸坡，但高度不宜太大，一般低于3m，当高度超过3m时，可采用台阶式，化整为零。

每种护岸都有自身的特点和适用范围，使用中需要根据水岸的具体情况，综合考虑经济、环境和景观等诸要素，确定断面形式及组合方式，加强生态技术的应用，这种技术的使用，不仅创造坚实的可持续的、美学上令人愉悦的水岸，而且为水生和陆地野生生物提供生存环境，并对地表径流起到净化作用。

3）公路人文景观设计技术

（1）公路人文景观概述

“景观”在园林科学中，是指具有审美特征的自然和人工的地表景色。景观包含了自然界的一切事物和人类的一切人文活动。高速公路本身从某种意义上讲也算是一种景观。“高速公路人文景观”是一个狭义的概念，它指的是在高速公路建设范围内，通过人工修筑或改造的具有一定审美意义的事物。主要来源于沿线的城镇景观、郊区景观、风景名胜等社会文化产物，反映公路沿线的民俗风情、历史文化和公路建设影响等。旅游公路不仅是一条环境优美的生态走廊，更是一条有着较高历史文化价值的景观长廊，能为驾乘人员提供观赏自然风光和文化习俗的良好条件。在对公路沿线人文景观进行规划设计时，应坚持自然景观与人文景观相融合的文化理念，将公路两侧具有较高观赏价值的人文景观通过视线诱导的方式引入到驾乘人员的视域范围内,以增加公路景观的亮点,激发人们的游览热情。

旅游公路沿线大多自然景色优美、民族风情浓郁、历史文化积淀深厚,是欣赏美景、品位文化的理想场所,公路景观设计应充分挖掘和利用当地的自然资源和人文资源,凸显公路景观的文化内涵,使驾乘人员沿道路蜿蜒行进时,既能领略到美丽的自然风光,又可感悟到独具特色的地域文化。旅游公路景观设计时,应在深入分析公路沿线人文景观特点的基础上,依据其景观价值的高低和景观类型进行分类保护或有机更新。当公路穿越城镇区域时,应考虑如何把公路景观建设与城镇经济发展结合起来,通过合理的规划设计保障公路交通功能的正常发挥和城镇景观的独特展现;当旅游公路穿越乡村区域时,应对公路两侧散落的民房进行必要的修饰和管理,对那些布局零乱的建筑应进行统一的立面色彩景观改造,对公路两侧不雅的景观应通过适当的植物绿化手段进行遮挡或屏蔽,满足公路视觉景观质量的高标准要求,确保整条旅游公路景观的和谐与雅致。

(2)公路人文景观选址

人文景观多是以景观点的形式镶嵌在高速公路上的,这是出于生态优先以及交通安全的考虑。另外,设置大量的人文景观也会造成视觉疲劳,缺乏景观重点。一般来说,高速公路可以作为人文景观营造的点都处于公路的景观与功能的节点,如互通立交、服务区、隧道、跨线桥以及公路起止点等位置。此外,还有个别路侧的挖方边坡、路侧较为宽阔的空地等位置。

①互通立交区人文景观。

互通立交区通常面积较大,视野开阔,比较适合作为景观的节点。在互通立交区,适合人文景观设置的区域基本有两个点:一是互通分流端;二是互通环形匝道。分流端的景观会给行车带来提醒和引导作用,同时成为互通区的标志性景观,但相反的,汇流端为了视线的通透不适宜作人文景观;环形匝道内的景观会给转弯行车一个视觉的中心,同时转弯处相对缓慢的行车也提供了多方位欣赏景观的机会。

②服务区人文景观。

服务区是车辆进入并短暂休息的场所,人们在服务区中可以完全静止地欣赏所有景观,特色的建筑、园林小品等组成的人文景观在这里更能充分发挥其观赏作用。另外,与之类似的点还有观景台、停车区等。

③隧道区人文景观。

隧道穿越山体,形成了出入口处的山体立面;双向行车道分离,形成了隧道三角端。这两个方面都提供了人文景观营造的载体,尤其是出入口形成的山体立面,好的隧道景观会给人震撼的视觉感受(见图 9-47)。

④跨线桥人文景观。

跨线桥与人的行车视线相垂直,是不可忽视的景观载体,桥梁本身的样式、色彩、锥坡的装饰都有可能成为一个闪光点(见图 9-48)。

图 9-47 隧道口人文景观

图 9-48 跨线桥下人文景观

⑤公路起止点人文景观。

公路起止点往往行车速度很慢,在此寻找适当的载体开门见山地进行人文景观塑造也是一个不错的选择。

⑥路侧区域人文景观。

路侧一般来说用地范围不足、行车速度较快的情况下，可营造的人文景观也很有限。一般仅有挖方边坡，尤其是硬化的坡面可以粗线条地使用浮雕或图案(见图 9-49)。

a)

b)

图 9-49 路侧人文景观

(3)地方及旅游人文景观营造

作为旅游公路，人文景观的营造应贴合旅游的特征和地域文化特征，让公路作为一种文化载体。通过对区域民族文化、旅游景点的调查，得到一些地域文化的符号、艺术、精神等特征，并结合遥感、实地调查等手段标记旅游景区的位置，在适合安置人文景观的位置合理营造，此类人文景观应有一定的独立性，又要相互之间有一些形式或内在的联系，使它们成为有机的整体。

另外，公路两侧尤其是红线内存在旧有的文化景观时，条件允许时，应及时采取保护措施，让它服务于公路文化景观。

(4)公路人文景观营造

高速公路本身是一种较独立的系统，公路人文景观也有一部分要服务于对公路的宣传和对环境的融合性装饰，如欢迎性的景观石、体现公路人精神的雕塑、融合环境的泥塑树桩样式的挡墙等。这些景观的设置应按照需求设计，一般欢迎性的景观应设置在公路起止点或与其他公路的交会点；体现精神文明的可以在重要节点；融合环境的装饰性景观应结合环境并做到全线同一类型的装饰措施保持一致。

4)公路节点景观设计技术

(1)互通立交

①互通立交景观设计的步骤(见图 9-50)。

②设计注意事项。

在互通立交景观设计过程中，需要注意以下事项：

a. 不影响主线高速行驶注意力。

b. 交通汇流处通视。

c. 以自然栽种为主。

d. 与周围环境协调。

e. 城市出入口应与城市景观结合。

f. 人工痕迹尽量少留。

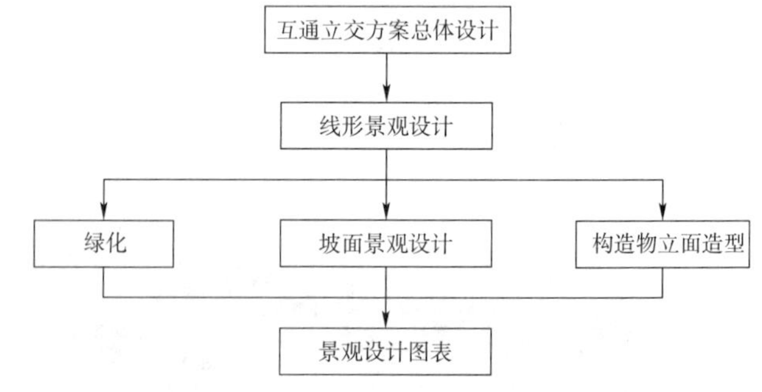

图 9-50 互通立交景观设计步骤

③植物种植设计。

互通立交的绿地养护水平相对于边坡和中央隔离带要精细得多，一般情况下还可以进行土质的改造，因此对施工的标准要求较高，而放宽了植物选择的范围，可以较少地考虑公路恶劣的条件而较多地考虑造景的实际要求。还有，当车辆行至立交区时，行驶速度较慢，驾乘人员可以从容地欣赏美景，所以对立交区景观的精细度要求较高。

互通立交景观多以远观为主，比较注重群体美的效果。绿化要围绕一个设计主题，以简洁明快、美观大方的格局，体现互通立交的宏伟气魄，也给人以开阔的视野空间，作为公路上的景观节点，在植物色彩上可以寻求丰富的交化，一般多选用秋色叶植物，同时立交绿化必须满足四面的观赏效果，并适应欣赏者瞬间观景的视觉要求，在空间和层次上追求丰富的变化。设计主要是通过乔灌草的合理搭配，以及通过修剪形成高低错落的植物搭配，来达到这一效果，匝道区域车速较慢，停留时间相对较长，视觉变化多端，是景观营造的重点区域。

a. 匝道景观设计。

在匝道两侧绿地的入口处，适当种植一些低矮的树丛、树球或三五株小乔木，增强出入口的导向性。

在匝道平曲线外侧，栽植成行的常绿小乔木起视线引导作用，间距按弯道的缓急考虑。匝道平曲线内侧栽植高度不超过 1.2m 的矮灌木或花丛，间接示意驾驶员减缓速度。

对于匝道边坡，无论是挖方边坡，还是填方边坡，都是反映高速公路路域景观水平的重要区域。应结合具体地形，在可视区域保证最佳的通视条件下，作重点美化，以地被植物为基础，点缀花灌木。

匝道多级边坡平台的绿化美化，基本与主线相同，建议选择与主线不同的植物品种，增强互通区的环境景观恢复效果(见图 9-51)。

a)　b)　c)　d)

图 9-51　匝道两侧景观

b. 互通立交中央景观设计。

互通立交中央的大片绿化地段称作绿岛，即主线与匝道围合区域，要全面绿化，提高单位面积内的绿量。在不影响驾驶员视线和交通安全的基础上，以常绿乔木为主，遵循木本植物与草本植物、常绿树与落叶树、针叶树与阔叶树、乔木与灌木、观叶树与观花、观果树相结合的原则，结合地形特点，建筑形式和人文特色，组合出错落有致的植物群落，构成春天万紫千红，夏天绿树浓荫，秋季层林尽染，冬季松梅傲立的自然景观。需要注意的是，乔木不可运用得过多，绿篱种植得不可过高，否则会产生阴沉压抑的感觉。绿化树种尽可能选择与公路其他绿化区域相似的种类和绿化形式，同时注重立体绿化。在立交桥顶设种植池栽植藤本植物，如五叶地锦、小叶扶芳藤等，最大限度地减轻建筑在视觉中所占的分量，实现桥体与周围环境的融合。桥下视线所及的地块也应进行绿化，桥下以耐阴、耐旱的草坪或花灌木来满足桥下雨水少、湿度小、光照较差的环境。

中心绿地在景观再造时，注意构图的整体性，力求图案美观大方、简洁有序使人印象深刻。小块绿地以疏林草地的形式群植一些标志性植物，使层次富于变化，反映地方风光的独有韵味，有时还可以人工创造水体，并利用植物，模仿湿地景观，达到生态补偿的作用，若周边有水系使其内外贯通效果更佳。进行植物选择时，综合考虑环境适应性、立地条件的特殊性、经济可承受性及反映本土文化的特色性，还应以性能优良的乡土植物为主，并加强对植物的形态、色彩和绿期的重视，同时注意同一品系分布不宜过分集中，以有效增强群落的抗逆性和抗多种病虫害的能力。

(2)观景台

高速公路观景台既是为行人提供休憩的场所，又能使行人获得美的视觉享受，是功能与艺术的结合体。对于在途公众来说，观景台不仅起到提供休憩、观景的作用，还能与周围景观相融合、延伸，产生丰富的意境。

①高速公路观景台分级研究。

高速公路观景台一般设置在风景优美的地点，以便引导驾驶员去休息，观赏周边美景，并综合考虑安全、地形、方便性以及与周围环境相协调等因素。同时，观景台作为一个路域附属设施，也考虑到与其他设施(如服务区等)的相互协调、配合作用。目前，高速公路服务区一般间隔为50km，最大不超过60km。同时，相邻两处服务设施的间距以15～25km为宜，最大不超过30km。因此，建议根据观景台与最近服务区的距离，将其划分为两级。结合我国高速公路的现状，建议一级观景台设置在距离最近服务区15～30km处，二级观景台设置在距离最近服务区3～15km处。

②观景台设置要素。

从功能上讲，观景台除体现公路沿线美丽自然的生态景观及浓厚的人文景观外，还应兼有休憩、通信、水电资源及科普知识介绍等功能。总体上讲，一级观景台要求设施齐全，除有供水、供电、上下水道、道路和绿化外，主要应有小凉亭、停车场、小卖部、通信、娱乐、卫生间、垃圾桶、加减速车道等。二级观景台设置主要强调简单适用，可设置基本的公共设施，或者不设。

③一级观景台设置要素。

一级观景台设置要素为小型停车场，小凉亭，小型电话亭，小型卫生间，加、减速车道，观景台边界。

小型停车场。小型停车场设置与服务区中停车场设计原则相同，但面积偏小，仅供10辆小汽车停放即可。

小凉亭。小凉亭设置1个，内设石桌石凳或者外设木、石凳，装饰石柱，点缀周边景色，以供游客休息，观赏美丽景观。

小型电话亭。为方便旅客中途传输信息，所以通信、网络也都应具备，同时也便于沟通管理部门以及路面现场与中心控制室的联系。

小型卫生间。由于观景台短时间内没有特别多人同时使用，使用率较低，所以设计少许的蹲位以满足需要即可。其位置大都设在小型停车场的前面，便于使用，且应为无障碍设计。

加、减速车道。为了保障行车安全，观景台的两端应分别设置加、减速车道，进出观景台的汽车应通过加、减速车道实现与主车道的分流与合流。

观景台边界。可在观景台外边界用栏杆或小型花坛进行隔离，在其中栽植一排低矮的灌木。

④二级观景台设置要素。

二级观景台的小型停车场与一级观景台的小型停车场设计原则相同，但面积偏小，仅供少辆车辆短期停放即可。卫生间、座椅、垃圾桶、加减速车道设置与一级观景台相同。若高速公路征地困难、用地紧张，则在路侧设置紧急停车带，供过往旅客驻足停留，观赏美景；同时，节约了土地资源，保护了生态资源，降低了工程造价。

⑤紧急停车带设置。

港湾式紧急停车带主要承担硬路肩宽度不足时故障车辆的临时停车作用，目前一般在右侧硬路肩宽度不大于2.5m的情况下设置。从暴露出的问题看，港湾式紧急停车带的宽度采用3m偏窄，间距采用500m偏密，过渡段偏短。港湾式紧急停车带的设置应灵活掌握，设置的间距建议采用1～2km，并与地形和线性条件充分结合为佳;宽度建议采用 5m;有效长度不小于 50m,加、减速车道长度宜为 50m 以上。

⑥景观要求。

观景台的景观设施有一定的要求,从公路中突显景观台,引导游人驻足。首先,在色彩上,观景台的建筑设施、装饰铺装等应与周围环境形成色彩的对比,如蓝色的湖边可使用红色的亭子;其次,在竖向上,相对于周围环境应在竖向上有所突出,可使用有特色的高大点景乔木,或使用休憩性建筑为观景台增加标志性。另外,对于旅游公路的观景台,可以有意识地提升观景台的文化气息,可以借人们驻足时,进行一些旅游景点的介绍或诗词等文化阅读,并结合景观石、景观亭等设施体现出来。

(3)服务区

①总体设计要点。

公路沿线房建场地内不同功能的大小建筑,尤其是服务区大型综合建筑,是驾乘人员最亲密接触的场所。设计中力争体现沿线的文化特征,使其成为展现当地文化的窗口,提炼区域建筑最具代表性的符号母题元素。

在充分结合场地地形、满足建筑基本功能的基础上,对建筑造型和色彩的刺激性予以重视,充分利用植物造景的手法结合建筑营造或浪漫轻松,或舒缓恬静的建筑环境氛围,构筑人性化停留场所,进而使建筑本身成为大自然中一道亮丽的风景线。

作为同一个项目,沿线建筑风格应该统一中求变化,避免单纯追求变化而缺乏统一脉络。

②环境景观设计要求。

a.环境功能区划。

服务区设置的重要目的之一便是为旅客提供安全舒适的休息场所,而服务区所受到的来自高速公路车辆噪声和汽车尾气、扬尘等污染是影响服务区舒适程度的主要因子,鉴于目前服务区征地范围受限制,不可能利用扩大服务区占地面积的方式解决,只能充分利用场地现状,合理对不同类型的车辆进行分区停放,同时利用规划绿地设置微地形结合植物的栽植手段将服务区与高速公路及高速公路内部不同功能区之间予以区分,进行“动静”分区,达到闹中取静的效果。

首先,对服务区车流量承载能力有预先分析,再结合不同车型停车位的设置及车辆需求的不同,通过引导标志、标线、绿化分车带等措施组织进出服务区的交通流,设计出满足交通功能的路线分割。

其次,考虑服务于人的功能,服务区主要建筑一般居中,通过建筑及微地形的排列,将服务区分为“动”、“静”两区,建筑前邻近公路的为“动”区,主要接待来往车辆的停靠、加油、维修等功能;建筑后远离公路的为“静”区,主要为人们营造一个适合休息、观景与喧闹隔离的半封闭环境。

最后,根据不同的环境情况、空间大小、活动需求,以人为本的将服务区功能细化,尤其是“静”区的划分,如观景台、休息区、运动区、耕作区等的划分。

b.环境景观营造。

合理的分区是景观营造的基础,根据不同分区将营造景观的素材进行合理分类,如表 9-29 所示。

基本景观素材分类表 表 9-29

类型 / 素材	1	2	3	4
植物	背景植物	障景植物	造景植物	点景植物
小品	建筑	雕塑	廊架	
铺装	一般铺装	景观铺装	生态铺装	
设施	标牌	垃圾桶	座椅	花池

根据需求,分配服务区的各个景观要素。

植物。首先选择服务区的骨干树种和背景树种,营造一个总体的植物色彩和植被类型;然后利用障景植物对各个细化的分区进行实隔或虚隔的划分,给人一种空间的引导;选取适宜的造景植物和点景植物针对每个区域的景观需求进行设计并兼顾区域间的色彩与类型的过渡。

小品。除主建筑外，其余景观建筑小品、雕塑、廊架等均要有一个相互协调性，不可风格迥异，同时都要与主建筑以及地域风貌相融合。小品与植物是相搭配的，有着烘托与被烘托的主次关系。有些小品，如景观石、雕塑等，在服务区景观中起到标志性作用，一般设在进入服务区较醒目的位置，如楼前或入口的绿化带中。

铺装。除车行的沥青水泥类铺装，为服务区选择一种主要的景观铺装也很重要，主要使人与车的空间相区分；在一些需要突出或气氛活跃的空间可以使用彩色的具有鲜明特色的铺装；在停车位、休息区、树池或硬质铺装与自然植被的过渡区可以使用生态铺装，如使用透水砖、嵌草砖等铺装材料。

设施。从景观角度讲，标牌、垃圾桶、座椅等基础设施也应注重与环境的融合，除了功能性，还应具有一定的景观性，一要考虑与建筑、地域文化相呼应，如标识牌在雕琢上采用民族图案和符号等(见图 9-52)；二要考虑与自然环境相呼应，如垃圾桶设计成树桩形状摆设在草地等(见图 9-53)。

图 9-52　特色指示牌

图 9-53　树桩垃圾桶

(4)隧道口

隧道洞口绿化要和洞口所在地的自然景色所表现出的意境相协调。在进行隧道洞口绿化设计时，不可顾此失彼，导致两者相互脱节。对此不仅在结构设计上要突出意境，在进行绿化设计时同样要与意境协调，这就需要在植物种类的选择、绿化效果的主景确定等方面加以考虑。另外，结合隧道当地的人文景观进行隧道洞口绿化设计，也是非常重要的一环。

①隧道三角地。

a. 一般而言，高大乔木不宜种植于公路弯道内侧、土质边坡和路肩，以免影响视线。但在洞口三角地可大胆采用植物防护措施，种植高大乔木和攀缘植物。在层次上形成从洞口向外过渡、从高到低的竖向层次，同时形成明暗过渡。经过施工养护，使其与强大的刚性框架结构及栅网维护相结合，最终既能根除泥石流滑落的危险、有效承受岩泥坍塌，又减光滤风、吸声降噪，还可绿化环境、保护水土，降低进洞时的黑洞效应、特别是出洞时光线太亮的眩光效应，并使其成为高速公路上的一道新景观。

b. 小品建筑。在隧道洞口三角地设计一些小品建筑，不仅展示民族文化，体现时代精神，增添隧道景观，还会引起联想，激发人们的志气。如福建省马尾隧道西洞门前的雕塑，既有纪念为该隧道建设流血流汗的功臣，又有激励后人奋发图强的新意。成渝高速公路龙泉山隧道前的小品建筑，虽不清楚设计者的真实意图，但它反映了时代精神和当代人的向往。

②公路隧道洞门。

公路隧道洞门景观处理是设计中不可忽视的，它包括挡墙、明洞、仰坡和路基衔接等。处理好它们间的关系会收到整体美的效果。

a.挡墙。为保持边坡稳定设置挡墙与洞门翼墙连接。要注意两个问题:一是挡墙高度和形状应与翼墙协调,或与洞门相匹配;二是宜避免高挡墙,形成“峡谷”,给人压抑感。

b.明洞。当隧道洞顶覆盖较薄,难于采用暗挖法施工;或洞口及洞门前路堑地段有坍方、落石等病害发生,危及营运安全时,应设置明洞。明洞要确保结构安全和稳定,同时兼顾美观及经济性。

c.仰坡处理。公路隧道洞门仰坡不宜高大,以有利于稳定和绿化。仰坡处理除放缓坡植草外,可用空心砖砌筑防护。如云南省楚大公路空心砖边坡防护形式,可引用到洞门仰坡防护中。空心内填土植草,砖后适当设置排水软管,以加强砌体的稳定性。这种防护形式可减少砌体圬工量,又能绿化仰坡,与环境协调。

d.洞门与路基的衔接。道路线位已定,洞门位置确定后,对门前路基的衔接应注意顺畅自然,不要在路隧交界处形成瓶颈。根据洞门建筑形式和规模,门前相当长的一段路基应作特殊设计,如做成变宽度路基、阶梯形边坡等,但也应避免受路线等级限制而造成洞门前的狭窄和拥挤。

参考文献

[1] 秦晓春,沈毅,邵社刚,等.低碳理念下绿色公路建设关键技术与应用的探讨[J].公路交通科技:应用技术版,2010(10):308-310.

[2] ZHOU KE. The carbon emission quantification of the low carbon road maintenance technology in China[J]. Applied Mechanics and Materials, 2013,261-262:833-840.

[3] Green highways: partnering to build more environmentally sustainable Roadways[J]. Focus, 2008(4): 1-2.

[4] 吴冰.可持续发展与绿色公路建设[J].科技信息,2008(19):640-641.

[5] OGWUDA O. A Materials Technology-Management (MT-M) framework for sustainable road construction. Recycling and Reuse of Waste Materials, Proceedings of the International Symposium, 2003:427-436.

[6] GAMBATESE, JOHN A. Sustainable roadway construction: energy consumption and material waste generation of roadways[J]. Construction Research Congress, 2005: 203-215.

[7] MARCUCCI, DANIEL J,JORDAN, et al. Benefits and challenges of linking green infrastructure and highway planning in the united states[J]. Environmental Management,51(1): 182-197.

[8] 彭玲.公路建设对土地资源的生态环境影响研究[O].成都理工大学, 2006.

[9] 曹龙熹,张科利,孔亚平,等.公路建设对区域水资源影响程度评价方法研究——以綦江流域为例[J].资源科学,2010(02):290-295.

[10] 孔亚平,李璐,张科利,等.公路建设对水资源影响评价与保护技术研究评述[J].交通标准化,2007(09):39-43.

[11] 姚志彬,王家林.公路建设中水土流失的特点及影响因素分析[J].黑龙江交通科技,2011(03):125-126.

[12] 李永铎.公路建设与可持续发展[M].合肥:合肥工业大学出版社, 2007。

[13] WEINSTEIN N, PAWLISH M, ENGLISH A,et al. Green highways. proceedings of the 2008 international low impact development conference for urban ecosystem and habitat protection[J]. Seattle, WA,USA,2008:16-19.

[14] RONG YAU HUANG, CHENG HUNG YEH. Development of an assessment framework for green highway construction[J]. Journal of the Chinese Institute of Engineers, 2008(31): 573-85.

[15] HU ZHIHUA. Sustainable comprehensive evaluation of highway construction project based on ANP-FCE model[J]. Advanced Materials Research, 2013: 1269-1274.

[16] LI MINGSHUN. Attribute theory—based evaluation of highway construction projects for sustainable development[J]. Advanced Materials Research,2012: 374-37.

[17] LEE, JIN CHEOL. Evaluation of variables affecting sustainable highway design with BE 2ST in-highways system[J]. Transportation Research Record, 2011:178-186.

[18] QIN ZHI BIN. A study of highway ecosystems evaluation based on sustainable development[J]. 2009 2nd International Conference on Intelligent Computing Technology and Automation, ICICTA, 2009: 286-290.

[19] LUECKENHOFF, DOMINQUE. Green highways and green streets for 21st century infrastructure, strategies[J]. Technologies and Future Directions 2010 Concrete Technology Forum: Focus on Sustainable Development, 2010.

[20] CHEN WUSI. Research on sustainable development evaluation method of city road-network[J]. Pro-

ceedings of the 2nd International Conference on Electronic and Mechanical Engineering and Information Technology, EMEIT, 2012: 477-481.

[21] 张生瑞. 公路交通可持续发展问题研究[M]. 北京：人民交通出版社，2005.

[22] 马中南，高建刚. 绿色公路的研究体系探讨[J]. 公路交通科技，2006(09):146-149.

[23] 王慧觉，杨运娥. 公路可持续发展能力建设的要点[J]. 武汉交通科技大学学报，2000(04):413-416.

[24] 石丽阳. 基于绿色理念的高速公路建设方案选择与管理研究[D]. 长沙理工大学，2011.

[25] 郝培文，蒋小茜，石载. 绿色公路理念及评价体系[J]. 筑路机械与施工机械化，2011(05).

[26] DHAKAL, KRISHNA P. Integrating sustainability into highway projects: sustainability indicators and assessment tool for Michigan roads[J]. Integrated Transportation and Development for a Better Tomorrow Proceedings of the 1st Congress of the Transportation and Development Institute of ASCE, 2011:987-996.

[27] TATARI, OMER. Sustainability assessment of highways: a malmquist index of U. S. states[J]. Proceedings of the 2011 IEEE International Symposium on Sustainable Systems and Technology, ISSST, 2011.

[28] EDIL, TUNCER, BENSON, et al. The wisconsin green highway construction rating system 2nd international conference on sustainable construction materials and technologies[M]. 2010.

[29] 孙磊，蔡洁. 绿色公路评价指标体系研究[J]. 科技信息，2012(03):491-492.

[30] 巩翼龙，魏大泉. 低碳公路交通评价模型的构建与应用——以黑龙江省为例[J]. 武汉大学学报：工学版，2012(06):798-803.

[31] 黄裕婕，秦晓春. 绿色公路定量研究的构思[J]. 公路交通科技，2010(10):296-299.